Oeuvres Complètes / De Mably, Gabriel-bonnot, Volume 4...

Gabriel Bonnot de Mably (abbé)

ŒUVRES

COMPLÈTES

DE

L'ABBÉ DE MABLY.

TOME QUATRIÈME.

Ce Volume contient les Livres VII et VIII des *Observations sur l'Histoire de France.*

ŒUVRES
COMPLÈTES
DE
L'ABBÉ DE MABLY.

NOUVELLE ÉDITION,

Revue, corrigée et augmentée.

TOME QUATRIÈME.

———————

A TOULOUSE;

Chez N.-ÉTIENNE SENS, Libraire-
Imprimeur, vis-à-vis St.-Romain.

A NISMES,

Chez J. GAUDE et Compe. Libraires-
Imprimeurs.

———————

1793.

OBSERVATIONS

SUR

L'HISTOIRE DE FRANCE.

LIVRE SEPTIÈME.

CHAPITRE PREMIER.

De la révolution arrivée dans la politique, les mœurs et la religion de l'Europe, depuis le règne de Charles VIII jusqu'à Henri II.

DEPUIS que le gouvernement des fiefs s'étoit établi dans toute l'Europe, et qu'à quelques légères modifications près, la foi donnée et reçue y fut devenue, comme en France, la règle incertaine et équivoque de l'ordre et de la subordination, tous les peuples éprouvèrent la même fortune que les Français. Les états continuellement occupés de leurs dissentions domestiques, et par conséquent incapables de réunir leurs forces et de les diriger par un même esprit, furent voisins sans se causer ni inquiétude, ni jalousie, ni haine. Il n'y eut que le zèle fanatique dont les chrétiens d'Occident furent animés pour la délivrance de la Terre-Sainte, qui, en suspendant par intervalles les troubles et les querelles que l'anarchie féodale devoit sans cesse reproduire, pût rapprocher les ordres divisés de chaque nation, les réunir par un même intérêt, et leur permettre de porter leur attention au-dessous. Ces siècles malheureux où l'on ne voit que des suzerains et des vassaux armés les uns contre les autres, offrent à peine quelques guerres de nation à nation ; et elles furent ordinairement terminées dans une campagne, parce qu'elles avoient été entreprises par des princes qui eurent trop d'ennemis domestiques dans leurs propres états, pour former un plan suivi d'agrandissement aux dépens des étrangers.

Mais pendant que les Français, par une suite des causes que j'ai tâché de développer, abandonnoient leurs coutumes barbares, s'accoutumoient à reconnoître un législateur dans leur suzerain, et virent en un mot la monarchie s'élever peu-à-peu sur les ruines des fiefs, les autres peuples éprouvèrent aussi leurs révolutions. A force de s'agiter au milieu de leurs désordres, d'être poussés çà et là au gré de la fortune et des évènemens, et d'essayer des nouveautés dans l'espérance d'être moins malheureux, ils se lassèrent enfin des vices de leur constitution. Les uns eurent le bonheur d'adopter des lois qui ralentirent l'activité de leurs passions, et ne donnèrent qu'un même intérêt à tous les citòyens; les autres s'accoutumèrent à obéir, en se courbant par nécessité sous le poids d'une puissance qui s'étoit formée au milieu d'eux, et tous se rapprochèrent d'une forme de gouvernement plus régulière. Quand, par la ruine des grands vassaux, toutes les provinces de France se trouvèrent enfin soumises à l'autorité de Charles VIII, l'Espagne partagée en différens états indépendans, et toujours en guerre les uns contre les autres depuis l'irruption que les Maures y avoient faite, étoit prête à ne former aussi qu'une seule puissance. L'Allemagne, de son côté, avoit déjà établi quelques règles propres à fixer les droits et les devoirs des membres de l'empire. Charles IV avoit publié la bulle d'or. Les diètes plus sages qu'autrefois, formoient déjà d'une foule de princes inégalement puissans, une espèce de république fédérative. Au défaut de lois capables de maintenir la tranquillité publique, l'empire voyoit sur le trône une famille qui l'occupoit depuis long-temps. Les domaines considérables qu'elle possédoit faisoient déjà respecter son autorité, et la succession de la maison de Bourgogne et de Ferdinand-le-Catholique, alloit bientôt la porter au plus haut point de grandeur.

Dès que la France et l'Espagne se virent tranquilles au-dedans, il n'étoit pas possible que leurs rois jouissent en paix, et sans inquiéter leurs voisins, d'une fortune qu'ils avoient acquise par des guerres continuelles. L'influence considérable que les empereurs commençoient à avoir dans les délibérations du corps germanique, leur donna aussi de l'ambition ; et s'ils ne se flattèrent pas de ruiner (1) leurs vassaux à l'exemple des rois de France, et d'asservir l'empire, ils espérèrent d'employer une partie de ses forces à faire des conquêtes au-dehors, sous prétexte de faire valoir des droits négligés ou perdus. L'intérêt véritable de tous ces états étoit sans doute de cultiver la paix ; mais étoient-ils assez éclairés pour profiter du calme intérieur dont ils commençoient à jouir, pour s'occuper plus de leurs affaires domestiques que de leurs voisins, et substituer des lois justes et certaines aux coutumes que l'ignorance et le gouvernement des fiefs avoient répandues dans toute la chrétienté ? Les passions des princes décident malheureusement de la politique, des mœurs, du génie et des intérêts des peuples ; et leurs préjugés dans le quinzième siècle n'étoient propres qu'à donner naissance à de nouvelles divisions.

Quel prince se doutoit alors qu'un empire affoibli par sa trop grande étendue,

doit mettre des bornes à son ambition et
à ses provinces, et qu'il hâte sa décadence
et sa ruine en faisant les conquêtes en apparence les plus brillantes ? Aujourd'hui
même, après tant d'expériences qui auroient dû nous éclairer, nous ignorons
cette importante vérité ; ou si elle est sue
de quelques philosophes qui ont appro-
fondi la nature du gouvernement et des sociétés, elle est inconnue dans les conseils
des princes. Quel roi contemporain de
Charles VIII savoit que la nation avoit le
caractère et les institutions d'un peuple inquiet et querelleur, mais non pas d'un peuple conquérant? Qu'on étoit loin de connoître ces lois d'union et de bienveillance
qui doivent ne faire qu'une grande société
de tous les états particuliers, et auxquelles la nature a attaché la propriété des
hommes ! Louis XI négligea, il est vrai,
les prétentions ou les droits que la maison
d'Anjou lui avoit donnés sur le royaume
de Naples : mais il est douteux si cette modération fut l'ouvrage d'une connoissance
approfondie de ses vrais intérêts, ou seulement de cette défiance qu'il avoit des
grands de son royaume, et qu'il n'osoit
perdre de vue.

Quand Charles VIII parvint à la couronne, l'Italie étoit partagée entre plusieurs états qui avoient pris plus promptement que les autres provinces de l'Europe
une forme certaine de gouvernement; et

sans prévoir les suites funestes de leur ambition, ils travailloient avec opiniâtreté à
s'agrandir aux dépens les uns des autres.
Rome, Venise, Naples et Milan, tour-à-
tour alliés et ennemis, aspiroient à la monarchie de l'Italie entière ; mais aucune de
ces puissances n'avoit des forces propor-
tionnées à la grandeur de son projet. Les
vices multipliés de leur gouvernement leur
lioient continuellement les mains, et leurs
milices également mal disciplinées et peu
aguerries, quoiqu'elles fissent sans cesse la
guerre, ne pouvoient rien exécuter de considérable. Les Italiens, aveuglés par leurs
haines et leur ambition, se flattoient toujours de réparer ces défauts irréparables
par l'adresse supérieure de leur conduite ;
et, à force d'avoir usé de ruse et de sub-
tilité, ils étoient réduits à n'employer dans
leurs négociations que la fourberie et la
mauvaise foi. Toujours accablés du poids
de leurs entreprises, ils tâchoient de sup-
pléer à leur impuissance par des efforts extraordinaires qui les affoiblissoient chaque
jour davantage. Tous avoient successivement des revers ; et cette vicissitude de fortune les condamnoit à s'épuiser, en res-
tant dans une sorte d'équilibre qui éterni-
soit leur rivalité, leurs espérances et leur
ambition.

Dans le spectable malheureux que présentoit l'Italie, il n'y avoit point de puissance, si elle eût su réfléchir, qui ne dût

voir une image et un présage des malheurs qu'elle épro uveroit en s'abandonnant aux mêmes passions ; mais personne ne voulut s'instruire, et l'Italie même devint le foyer de la discorde générale de l'Europe. Ludovic Sforce craignoit le ressentiment de la cour de Naples ; et n'osant compter sur les secours du pape et des Vénitiens, auxquels il s'étoit rendu suspect, ne trouva d'autres ressources contre le danger dont il étoit menacé, que d'inviter Charles VIII à passer en Italie pour y faire valoir les prétentions de la maison d'Anjou dont il étoit l'héritier. Ce projet insensé fut adopté avec empressement par le conseil de France, qui s'ennuyoit de la paix dont il n'étoit pas assez habile pour en tirer avantage. Il ne vit que les divisions des Italiens, la valeur des milices françaises, ses espérances et la honte de négliger une succession qui avoit coûté tant de sang à la maison d'Anjou. Sans attendre l'évènement de cette entreprise, les flatteurs de Charles le placèrent au-dessus de tous ses prédécesseurs. On couroit déjà de conquête en conquête : Naples soumise devoit servir à soumettre la Grèce ; comment Constantinople auroit-elle pu résister aux armes des Français ? Et on jouissoit d'avance de la satisfaction de règner dans des provinces voisines de l'Asie, et qui faciliteroient à de nouveaux croisés la conquête de la Terre-Sainte. Pour le dire en passant, ce furent les nouveaux intérêts et la nouvelle politique que l'expédition de Charles VIII devoit faire naître en Europe, qui firent oublier ses projets ridicules de croisades dont les esprits n'étoient pas encore désabusés. Les princes chrétiens furent bientôt trop occupés à se défendre contre leurs voisins ou à les attaquer, pour songer à détruire les infidelles. Charles VIII médita de chasser les Turcs des domaines qu'ils possédoient en Europe; et François I.er, en les appelant en Hongrie pour faire en sa faveur une diversion sur les terres de la maison d'Autriche, les fit entrer dans le systême de guerre, d'agrandissement et de défense que formèrent les princes de la chrétienté.

L'entreprise proposée par le duc de Milan fut à peine résolue, qu'on en fit les préparatifs avec une extrême célérité, ou plutôt on n'eut pas la patience qu'ils fussent faits pour entrer en Italie. Personne n'ignore les succès prodigieux que les Français eurent dans les commencemens de cette expédition. La terreur les avoit précédés; tout se soumit sur leur passage, et recyercha leur alliance ou leur protection. Tant de succès obtenus sans peine devoient augmenter la confiance aveugle des Français, et il n'auroit fallu que lasser leur patience, ou les battre une fois pour perdre sans retour un ennemi que le repos fatigue, qui ne pouvoit réparer ses forces qu'avec beaucoup de peine, et qui, ne prévoyant que des succès, n'avoit pris aucune précaution contre un revers. Le roi de Naples ne sut ni temporiser ni hasarder une bataille ; et ne consultant que sa consternation, il abandonna lâchement sa capitale, quand il auroit dû s'avancer sur sa frontière pour la défendre. Charles entra sans résistance dans les états d'un prince qui fuyoit ; les peuples s'empressèrent de lui présenter leur hommage : et on auroit dit qu'il visitoit une province depuis long-temp soumise à son autorité.

Tandis que les Napolitains, naturellement inconstans et toujours las du gouvernement auquel ils obéissent, ne songeoient qu'à secouer le joug d'un maître qui ne savoit ni les asservir, ni s'en faire aimer, la république de Venise, occupée à former une ligue en faveur de la liberté d'Italie, menaça les Français d'un revers aussi prompt que leurs succès avoient été rapides. Soit que Charles fût incapable de se conduire avec plus de prudence qu'il n'avoit fait jusqu'alors, soit qu'il connût enfin combien son entreprise étoit au-dessus de ses forces, il vit l'orage prêt à fondre sur lui, et ne tenta pas même de le conjurer. Il abandonna Naples avec précipitation, traversa avec peine l'Italie où il se croyoit en quelque sorte prisonnier, et ne gagne enfin la célèbre bataille de Fornoue que pour fuir en liberté dans ses états, et laisser à la discrétion de ses ennemis une poignée de Fran-

A 5

çais qu'il avoit inutilement chargés de conserver sa conquête.

Une entreprise commencée et terminée sous de si malheureux auspices, auroit dû dégoûter pour toujours les Français de la conquête du royaume de Naples, et plutôt inspirer à leurs ennemis des sentimens de mépris que de crainte, d'indignation et de vengeance. Si les uns par leur disgrace, et les autres par leurs succès avoient été capables de s'éclairer sur leurs vrais intérêts, et de connoître leurs forces et leurs ressources, peut-être que la fuite précipitée de Charles auroit calmé l'inquiétude que son entrée en Italie avoit produite dans une partie de l'Europe. Son incursion semblable à celle des anciens barbares, ne seroit peut-être point devenue le germe d'une révolution générale dans la politique.

Comment les Italiens et les puissances intéressées à leur liberté, ne virent-ils pas après la retraite de Charles, que ce prince manquoit de tout ce qui lui étoit nécessaire pour faire des conquêtes importantes et éloignées ? Ce qui s'étoit passé dans les derniers (2) états-généraux, n'étoit-il pas une preuve évidente de l'irrégularité, de la foiblesse et de l'ineptie de notre administration, et de l'indifférence encore plus fâcheuse avec laquelle les citoyens voyoient et supportoient les maux de l'état ? L'armée française n'étoit composée que d'une noblesse qui croyoit qu'il étoit de sa dignité,

d'être incapable de toute discipline, et de
mercenaires qui, faisant la guerre comme
un métier, vendoient leurs services : ce n'est
point avec de pareilles milices qu'on peut
faire de longues entreprises, ou s'affermir
dans ses conquêtes. Depuis long-temps les
finances mal administrées ne suffisoient
point aux besoins ordinaires de l'état. Les
Italiens en étoient instruits, puisqu'en entrant dans la Lombardie, Charles VIII
s'étoit vu réduit à la dure extrémité de mettre en gage les bijoux que la duchesse de
Savoie et la marquise de Montferrat lui prêtèrent ; et ne devoient-ils pas en conclure
que ses revenus ne pourroient subvenir aux
dépenses nouvelles de la guerre d'Italie ?

Que les Français n'aient prévu, avant
la conquête du royaume de Naples, aucune
des difficultés qui s'y opposoient, c'est une
suite naturelle de leur caractère inconsi-
déré ; mais le malheur doit donner des
lumières ; et après avoir été chassés d'Italie, ne devoient-ils pas voir que quelque
moyen qu'on employât pour engager les
Italiens à souffrir patiemment Charles VIII
parmi eux, on ne feroit que des efforts
impuissans ? Ce prince auroit promis, et
montré de la modération sans tromper personne. Comment les états d'Italie auroient-
ils été assez stupides pour ne pas craindre l'abus que nous aurions bientôt fait
de nos forces ? et se seroient-ils rassurés
sur la foi de quelques promesses ou de

quelques traités inutiles ? Il étoit impossible
que le royaume de Naples pût se résoudre à devenir une province d'une puissance
étrangère, à moins que d'y avoir été préparé par une longue suite d'évènemens qui
auroient lassé sa constance et changé ses
intérêts. Le courage des Français, après
avoir consterné les Italiens, devoit finir
par les aguerrir. Quelles que fussent nos
armées, elles se seroient fondues insensiblement dans un pays ennemi. Nos moindres échecs auroient eu les plus fâcheuses
suites, et les secours propres à les réparer auroient été lents et incertains, tandis
que les Italiens, faisant la guerre chez eux,
auroient trouvé après les plus grandes pertes des ressources promptes et certaines.
Tant que l'Italie ne seroit pas entièrement
subjuguée, les Français devoient craindre
une révolution, parce qu'il suffisoit que
quelque canton essayât de secouer le joug,
et eût quelque succès, pour rendre à tous
les Italiens leur amour pour l'indépendance.
Dailleurs, que pouvions-nous espérer en
négligeant les préliminaires indispensables
à tout état qui veut être conquérant? Avant
que de vouloir nous établir en Italie et y
dominer, nous aurions dû nous préparer
à cette conquête avec la même sagesse que
les anciens Romains, le seul peuple qui ait
eu la patience et la politique d'une nation
ambitieuse, accoutumoient leurs ennemis et
leurs voisins à leur domination. Nous aurions

dû d'abord ne paroître en Italie que comme auxiliaires, comme arbitres, comme pacificateurs, comme protecteurs désintéressés de la justice. Il auroit fallu essayer la domination par degrés, donner le temps aux Italiens de changer insensiblement de préjugés, et de contracter peu-à-peu de nouvelles habitudes, qui les auroient disposés à souffrir un roi de France pour maître.

Malheureusement les Français furent aussi présompueux après leur fuite, qu'ils l'avoient été en entrant dans le royaume de Naples; et ils n'attribuèrent leurs malheurs qu'aux fautes particulières de Charles. On crut que si ce prince ne s'étoit pas livré à cette sorte de lassitude qu'une grande entreprise donne toujours à un homme médiocre, rien n'auroit été capable de le chasser de sa conquête. On lui reprocha de n'avoir été occupé que de ses plaisirs, et d'avoir négligé de réduire quelques places qui tenoient toujours pour leur ancien maître. Charles avoit répandu ses bienfaits avec une prodigalité qui étoit devenue une calamité publique; bientôt il fallut vexer le peuple, et les grands furent peu affectionnés à un prince qui ne pouvoit plus acheter leur amitié. Pour rétablir des finances épuisées par de vaines profusions, on eut recours à une avarice infame, que le public ne pardonne jamais; les emplois furent vendus, les favoris de Charles firent un trafic honteux de leur crédit, et sa cour mit toutes les grâces à l'encan. Tandis que le gouvernement n'inspiroit que de la haine et du mépris aux Italiens, la discipline médiocre à laquelle les troupes avoient été formées, fut entièrement négligée. Le conseil enfin intimidé par la décadence des affaires, n'osa pas employer la force pour rétablir sa réputation, et en montrant de la foiblesse, donna de l'audace à ses ennemis. Que devoit-on attendre des négociations auxquelles on eut alors recours ? Elles seront toujours inutiles à une puissance qui a cessé de se faire craindre ; et les Français ne négocièrent en effet que pour être les dupes des artifices et de la mauvaise foi des Italiens.

En ne voyant que ces fautes qui avoient hâté et non pas causé la fin malheureuse de l'entreprise de Charles, les Français imaginèrent qu'il seroit facile de les éviter dans une seconde expédition ; et après être rentrés en France, ils eurent une impatience extrême de repasser en Italie. On murmuroit hautement contre la nonchalance du roi ; et personne ne se doutoit que quand il auroit autant de sagesse qu'il avoit eu d'imprudence, il éprouveroit encore les mêmes disgraces.

Qu'il auroit été avantageux pour la France et pour l'Europe entière que dans chacune de ses opérations, ce prince eût montré tout ce qu'on pouvoit attendre de l'expérience la plus consommée, de la fermeté la plus héroïque et des talens les plus étendus. Les Français alors étonnés d'échouer, en admirant le génie de leur maître, auroient sans doute appris qu'il y a des entreprises malheureuses par leur nature, et dont on ne répare pas les vices par les détails d'une bonne conduite. En connoissant les véritables causes de leurs revers, ils auroient compris qu'un état dont la politique n'est pas bornée à sa seule conservation, s'expose témérairement à tous les caprices de la fortune, et qu'il doit à la fin périr, parce que la fortune a plus de caprices que les hommes n'ont de sagesse. Si les Français avoient tiré cette instruction de l'entreprise de Charles sur l'Italie, ce règne auroit peut-être été aussi heureux pour la monarchie qu'il lui devint funeste, en lui donnant une ambition qu'elle ne pouvoit satisfaire et qui devoit l'épuiser. Les Français, retenus chez eux, auroient pu s'occuper de leurs affaires domestiques, réparer les torts de leurs pères, chercher les moyens d'avoir des lois et de les fixer, corriger en un mot leur gouvernement avant que le sentiment de la liberté fût tout-à-fait éteint; du-moins ils ne se seroient pas précipités dans les vices où le cours des passions et les évènemens survenus depuis le règne du roi Jean sembloient les pousser.

Malheureusement les Italiens ne jugèrent pas mieux que les Français de l'entreprise de Charles VIII. Si en repoussant ce prince dans ses états, ils avoient pu estimer sa conduite, et croire que sa retraite étoit l'ouvrage de leur habileté, sans doute qu'une juste confiance leur auroit fait connoître leurs forces, et ils n'auroient pas senti le besoin de chercher des secours étrangers pour se défendre. Mais Charles quittoit Naples sans en être chassé, et la bataille de Fornoue leur persuada qu'ils ne devoient leur liberté qu'à un caprice de la fortune ou de leur vainqueur. Ils craignoient qu'un second caprice ne ramenât une seconde fois leurs ennemis en Italie; et plus les fautes de Charles avoient été grossières, plus ils eurent peur que ce prince instruit par l'expérience ne se corrigeât. Ne voyant qu'une ruine prochaine, ou du-moins des malheurs certains, ils entâmèrent de tous côtés des négociations, et se représentèrent comme prêts à passer sous le joug de la France, si elle tentoit une seconde fois la conquête du royaume de Naples. Tous ces lieux communs depuis si rebattus, et qui sont devenus autant de principes pour la politique de l'Europe, furent alors employés par les Italiens. La France, disoient-ils, est une puissance ambitieuse qui se souvient que les états de l'Europe se sont, pour ainsi dire, formés des débris de la monarchie de Charlemagne; et n'en doutez pas, elle médite de les soumettre une seconde fois à son obéissance. Elle s'essaie sur nous à vous vaincre, et il est de votre intérêt de nous protéger. Il seroit insensé de croire que des succès lui donnassent de la modération ; il faut dès aujourd'hui s'opposer à son agrandissement ; après lui avoir permis de s'établir dans une partie de l'Italie, il ne seroit plus temps de réprimer son ambition.

Si les Italiens ne communiquèrent pas leur crainte aux puissances à qui ils s'adressèrent, ils réveillèrent du-moins la jalousie et l'inquiétude avec lesquelles elles avoient vu les premiers succès de Charles. Il y eut une fermentation générale dans le midi de l'Europe ; tous les états commencèrent à être plus occupés de leurs voisins que d'eux-mêmes. Il ne se forma pas une seule ligue pour attaquer les Français chez eux, et les empêcher de se porter au-dehors, mais on étoit déjà assez rapproché pour qu'on pût réunir promptement ses forces, et les opposer à la France, si elle reportoit encore ses armes au-delà des monts. Qu'on me permette de le dire, cette politique étoit le fruit d'une ambition mal entendue ou d'une terreur panique. Importoit-il au roi d'Espagne et à l'empereur de porter la guerre en Italie, et de s'y faire des établissemens, sous prétexte de défendre sa liberté ? Ces conquêtes étoient inutiles au bonheur de leurs sujets, et devoient les exposer aux mêmes

revers que Charles VIII venoit d'éprouver.
Quand il auroit été du plus grand intérêt
pour ces princes d'empêcher l'établissement des Français dans le royaume de
Naples, ne devoient-ils pas juger qu'il
seroit aussi aisé aux Italiens de se défendre
avec leurs seules forces, qu'il seroit difficile à leurs ennemis de surmonter les
obstacles toujours renaissans qui s'opposeroient au succès de leur entreprise ?

En effet, la cour de Rome revenue
de sa première terreur, auroit tout tenté
pour empêcher qu'une puissance plus redoutable pour elle que ne l'avoient été les
empereurs, ne s'établît en Italie, et ne lui
ravît l'espérance d'y dominer. Elle devoit
opposer aux Français les armes de la religion, bien effrayantes avant que Luther
et Calvin eussent publié leur doctrine,
qu'elle ne l'eût été depuis ; et quel n'étoit
pas alors le pouvoir de ses anathêmes et
de ses indulgences ? Ses relations s'éten-
doient dans toute l'Europe, ses émissaires
étoient répandus par-tout ; elle n'avoit
pas oublié l'art d'intriguer et d'affoiblir
ses ennemis, en semant la division parmi
eux. La république de Venise, à qui Comines prédit de hautes destinées, et qui
avoit du-moins sur tous les autres états de
la chrétienté l'avantage d'avoir un caractère décidé et des principes constans de
conduite, étoit pour l'Italie un rempart
puissant contre lequel le courage incon-

sidéré des Français devoit se briser. Malgré quelques vices qui gênoient ou retardoient les ressorts de son gouvernement, quoiqu'elle ne sût pas assez l'art de rendre sa domination agréable à ses voisins, et qu'elle eût le tort d'être à-la-fois ambitieuse et commerçante, cette république étoit cependant constante dans ses projets, et capable de la patience la plus courageuse dans les revers. Sa capacité dans les affaires lui avoit acquis le plus grand crédit; et ne pouvant jamais consentir à voir entre les mains des Français une conquête d'où ils auroient continuellement menacé ses domaines, et troublé la paix de l'Italie, elle auroit bientôt étouffé cette antipathie qu'elle avoit pour quelques-uns de ses voisins, et qui la portoit habilement à préférer des secours étrangers.

La haine de la république de Venise et de la cour de Rome contre les Français seroit devenue en peu de temps la passion générale de l'Italie. Les princes les moins puissans sentoient qu'ils ne devoient leur existence et leur liberté qu'à la jalousie qui divisoit les puissances les plus considérables; et ils en auroient conclu que dès qu'elles seroient opprimées par la France, il n'y auroit plus de souveraineté pour eux. La juste défiance des Italiens les uns à l'égard des autres, le souvenir de leurs trahisons passées et des injures qu'ils s'étoient faites , tout auroit été sacrifié à la crainte qu'un danger éminent leur inspireroit : on ne songe plus à faire des conquêtes ni à dominer ses voisins , quand on est occupé du soin de sa conservation ou menacé de sa ruine. Les mêmes motifs d'intérêt qui avoient autrefois porté les Italiens à mettre tant de ruse et d'artifice dans leurs négociations , et de se jouer de leurs sermens , les auroient actuellement invités , ou plutôt forcés à traiter entr'eux avec quelque candeur et de bonne foi.

La Toscane riche , florissante , toujours inquiète sur le sort de sa liberté , pouvoit occuper elle seule pendant long-temps les forces de la France. Si son gouvernement populaire et ses fonctions l'exposoient à faire de grandes fautes , ils lui donnoient aussi le courage et la constance qui multiplient les forces et les ressources d'un peuple. Le duc de Milan lui-même avoit à peine satisfoit sa vengeance , en appelant Charles VIII dans le royaume de Naples , qu'il dut ouvrir les yeux sur sa situation , et voir le danger dans lequel il s'étoit précipité. Aucun prince d'Italie n'avoit un intérêt aussi pressant que lui de se déclarer contre les Français. Ses états étoient plus à leur bienséance que tout autre , et il n'ignoroit pas les droits de la maison d'Orléans (3) sur le Milanez. Il est vrai que cette maison suspecte à Charles avoit

peu de crédit ; mais il ne falloit qu'une de
ces intrigues qui changent souvent en un
instant la face des cours, pour lui rendre
la plus grande autorité, et la mettre à portée de revendiquer son héritage. D'ailleurs
Charles n'avoit point d'enfant, et sa
mort pouvoit porter le duc d'Orléans sur
le trône.

Si les puissances qui se liguèrent avec
les Italiens, craignoient pour elles-mêmes
les forces réunies de la France, pouvoient-
elles desirer quelque chose de plus heureux que de voir recommencer une guerre
qui devoit occuper pendant long-temps,
et loin d'elle, le courage inquiet des Français ? Il étoit aisé de juger que les Italiens
étoient plutôt étonnés que vaincus, et que
Charles VIII ne seroit pas plus heureux
dans une seconde entreprise sur l'Italie,
qu'il l'avoit été dans la première. Les rois
ne se corrigent pas de leurs fautes comme
les autres hommes. Il falloit permettre à
Charles de s'épuiser laborieusement, en
courant après des conquêtes chimériques.
Il falloit laisser aux Italiens le soin de
conserver leur liberté, pour qu'ils la con-
servassent en effet, et croire que le désespoir leur fourniroit des secours pour
se défendre, ou pour se relever après
leur chute. Les Français étoient plus braves que les Italiens ; mais la bravoure
toute seule, qui décide quelquefois d'un

succès, d'une bataille, ne règle jamais le sort d'une guerre. En s'exposant patiemment à être vaincus, les Italiens se seroient aguerris, et auroient enfin appris à vaincre les Français. Le courage s'acquiert, l'histoire en fournit mille preuves, et nous avons vu de nos jours les Russes beaucoup moins braves que l'étoient autrefois les Italiens, défaire Charles XII et les Suédois. Si une armée n'est pas disciplinée, si elle n'est pas conduite par un général capable de s'affermir en politique dans les pays qu'il a conquis en capitaine ; si elle agit sous les auspices du gouvernement qui ne se propose aucun objet raisonnable, son courage l'empêchera-t-il d'être à la fin ruinée ? Mais en supposant que, par une espèce de miracle, la France eût réussi à conquérir et conserver le royaume de Naples, le roi d'Espagne et l'empereur devoient-ils penser qu'elle en seroit plus redoutable pour eux ? Il est certain que cette nouvelle possession seroit devenue à charge à ses maîtres. Il auroit fallu la conserver avec peine et par de grandes dépenses, et elle n'auroit contribué ni à la sûreté ni au bonheur des anciennes provinces de la domination française. L'inquiétude, les soupçons, les craintes et la haine des Italiens auroient préparé des alliés aux puissances jalouses de la grandeur des Français. Les intérêts du royaume de Naples et les intérêts de la France n'auroient jamais été les

mêmes, souvent auroient été opposés, et
en voulant les concilier, on les auroit également trahis. Les personnes qui ont exa-
miné la politique de la maison d'Autriche,
et l'embarras où la jetoient des états séparés les uns des autres, comprendront
aisément ce que je dis ici. Plus la France
auroit employé de force au-delà des monts
pour contenir les Italiens, plus elle auroit
senti la nécessité de ménager ses anciens
voisins. Charles VIII avoit donné la Cer-
dagne et le Roussillon au roi d'Espagne,
et restitué le comté de Bourgogne à l'empereur Maximilien, pour les engager à
être spectateurs tranquilles de son entrée
en Italie; et ses successeurs auroient encore été obligés d'acheter par de pareils
sacrifices la neutralité des mêmes princes.

La guerre de Charles VIII ne causa
qu'un ébranlement passager dans la politique de l'Europe; et malgré les alarmes
et les négociations des Italiens, cette première commotion n'auroit eu aucune suite,
si Louis XII, capable de renoncer par
sagesse à une entreprise que son prédéces-
seur avoit abandonnée par inconstance et
légéreté, eût donné le temps aux passions
de se calmer. Malheureusement ce prince
prit les préjugés de ses sujets pour la règle
de sa conduite; et craignant qu'on ne lui
fît les mêmes reproches qu'il avoit vu faire
à Charles, il se crut destiné à réparer l'hon-

neur de sa nation. Il jugea de l'étendue de
ses forces par la crainte qu'en avoient les
Italiens ; et fut d'autant plus empressé
à pòrter la guerre au-delà des Alpes, qu'outre ses droits sur le royaume de Naples, il
réclamoit encore le Milanez comme son
héritage. En augmentant ses prétentions,
il se flatta peut-être de rendre sa cause
meilleure, et il ne faisoit au-contraire que
multiplier les difficultés qui l'attendoient.
En effet, les Italiens devoient souffrir bien
plus impatiemment les Français dans le
duché de Milan que dans le royaume de
Naples. Il étoit plus facile aux rois de
France de conserver cette première conquête que la seconde ; ils pouvoient y faire
passer plus commodément des secours ; et
en établissant leur domination dans les deux
extrémités de l'Italie, ils l'auroient en quelque sorte enveloppée de leurs forces.

Dès que l'Italie se vit inondée d'armées
étrangères qui vouloient l'asservir ou qui
avoient été appelées à sa défense, elle servit de théâtre à une guerre dont il fut,
pour ainsi dire, impossible d'éteindre le
feu. Chacune des puissances qui avoient
pris les armes, ne tarda pas à se faire des
intérêts à part. Tandis que la France se
flattoit de débaucher quelqu'un des princes
qui protégeoient la liberté de l'Italie, ces
alliés infidèles avoient déjà conçu l'espérance d'asservir les Italiens qu'ils méprisoient ; et ceux-ci, voyant à leur tour qu'ils
étoient

étoient également menacés de leur ruine
par leurs protecteurs et leurs ennemis, songèrent séparément à leur salut, et y tra-
vaillèrent inutilement par des moyens opposés. Les uns se firent une loi de céder
à la nécessité, et d'éviter tout danger présent, sans examiner quelles en seroient
les suites. Les autres, plus courageux,
formèrent le projet insensé de chasser de
chez eux les étrangers, en se servant tour-
à-tour de leurs armes pour les perdre les
uns par les autres. Substituer ainsi aux intérêts d'une politique raisonnable les intérêts chimériques des passions, c'étoit jeter
les affaires dans un cahos qu'il seroit impossible de débrouiller. On n'eut plus de
règle certaine pour discerner ses ennemis
et ses alliés; on craignit et on plaça sa confiance au hasard, et, sans s'en apercevoir,
on s'éloigna du but auquel on tendoit. Tous
les jours il fallut éviter un danger nouveau,
vaincre une difficulté nouvelle, et se tra-
cer un nouveau plan de conduite; de-là
les ruses, les trahisons, les perfidies, les
fausses démarches qui déshonorent ce siècle, et les révolutions inopinées et bizar-
res qui étoient un triste présage que la
guerre ne finiroit que par l'épuisement de
toutes les puissances belligérantes, et que
le vainqueur, c'est-à-dire, le prince qui
seroit le dernier à poser les armes, ne se
trouveroit pas dans un état moins fàcheux
que les vaincus. En effet, la maison d'Au-

Tome IV. B.

triche n'acquit pas des établissemens con-sidérables en Italie, parce qu'elle étoit en état d'y dominer ; mais parce que ses en-nemis, moins riches qu'elle et plutôt épui-sés, ne furent plus assez forts pour lui dis-puter sa proie. Sa conquête ne lui fut d'au-cun secours pour exécuter les vastes pro-jets qu'elle méditoit, et l'affoiblit au-con-traire en multipliant ses ennemis.

On reproche cent fautes à Louis XII ; mais, à proprement parler, il n'en a fait qu'une, et c'est d'avoir voulu exécuter un projet dont l'exécution étoit impossible. S'agissant de s'établir en Italie, sans avoir les forces nécessaires pour intimider cons-tamment ses ennemis, et inspirer une con-fiance continuelle à ses alliés, les uns et les autres doivent changer de vues, de pro-jets et d'engagemens à chaque évènement favorable ou désavantageux des armées françaises. Parce que leur politique étoit flottante, celle de Louis l'étoit aussi ; et quelque négociation qu'il eût entamée, quelque traité qu'il eût conclu, quelque projet de campagne qu'il eût formé, son embarras étoit toujours le même ; de nou-velles difficultés demandoient de nouveaux arrangemens ; et quoi qu'il fît, il sembloit n'avoir jamais pris que de fausses mesures ; ce qu'il a exécuté hier, nuit à ce qu'il veut entreprendre aujourd'hui. Mais quand il n'auroit fait aucune des imprudences dont on l'accuse, ne voit-on pas qu'étant dans l'impuissance de réussir, en conduisant une entreprise au-dessus de ses forces, il paroîtroit toujours avoir fait une faute ? S'il partage le royaume de Naples avec le roi d'Espagne, il se fait un ennemi de son allié, et s'expose à perdre la portion qu'il a acquise ; mais s'il n'eût pas consenti à ce partage, il n'auroit jamais pu faire la conquête qu'il méditoit. Il lui importe d'humilier la république de Venise ; mais s'il tente d'exécuter ce projet avec ses seules forces, il y échouera nécessairement ; et s'il cherche des secours étrangers, il ne doit trouver pour alliés que des princes qui le craignent plus qu'ils ne haïssent les Vénitiens, qui lui donneront des promesses et l'abandonneront. S'il souffre que les Suisses lui fassent la loi dans son armée, leur alliance lui sera à charge ; et s'il se brouille avec eux, ils s'en vengeront en offrant leurs forces au duc de Milan dont il veut envahir les états.

« Nous ne devons pas mesurer les démarches du roi de France (fait dire Guichardin à un des principaux sénateurs de Venise) sur la conduite que tiendroit vraisemblablement un homme sensé ; c'est au caractère de celui dont on craint les desseins qu'il faut s'attacher, si l'on veut pénétrer ses conseils et découvrir ses desseins. Ainsi, pour juger ce que feront les Français, n'examinons plus les règles de la prudence qu'ils devroient suivre. Il ne faut faire

attention qu'à leur vanité, qu'à leur téméraire impétuosité, qui leur fait haïr le repos, et dont les mouvemens ne sont jamais
réguliers. » Mais quand les Français n'auroient eu aucun des vices que Guichardin
leur reproche, comment leurs mouvemens
n'auroient-ils pas été irréguliers, puisque
la nature même de leur entreprise ne leur
en permettoit pas d'autres ? Je voudrois
que cet historien nous eût tracé le plan de
conduite que devoit tenir Louis XII. Quel
fil la prudence pouvoit-elle fournir à ce
prince pour sortir du labyrinthe où il avoit
fait la faute de s'engager ? Sans doute il
faut étudier le caractère de son ennemi pour
prévoir ses démarches et s'y opposer ; mais
s'il est vrai que les affaires commandent
plus souvent aux hommes que les hommes
aux affaires, n'est-il pas plus essentiel d'examiner, si je puis parler ainsi, l'esprit d'une
entreprise que le génie de celui qui la diri-
ge ? Il auroit été digne de la sagacité de
Guichardin, en recherchant les causes qui
firent échouer Louis XII, de distinguer les
fautes qui tenoient à son caractère ou aux
vices des Français, de celles qui étoient
une suite nécessaire de son entreprise, et
que la politique la plus profonde et les talens pour la guerre les plus étendus n'auroient pu prévenir.

« Les rois, ajoute Guichardin, s'abais-
sent-ils à penser comme les autres hommes ? Résistent-ils à leurs desirs comme des

particuliers? Adorés dans leur cour, obéis au moindre signe, ils sont remplis d'orgueil et de fierté ; la moindre résistance les irrite, et la flatterie les accoutume à ne se pas tenir en garde contre la présomption. Ils se persuadent que d'un seul mot toutes les difficultés s'applaniront, et que la nature doit fléchir sous leur impérieuse volonté. Céder aux obstacles, paroît à leurs yeux une foiblesse. Leurs desirs servent de règles à leurs entreprises. Ils négligent les maximes trop communes de la raison, et décident les plus grandes affaires aussi précipitamment que les petites. Tel est le caractère ordinaire des rois ; et Louis XII est-il exempt de ces défauts communs à tous les princes? Non, et l'on ne peut douter de son imprudence, après les preuves récentes qu'il en a données. » Si Guichardin appliquoit ce lieu commun à Charles VIII ou à François I.er, on ne pourroit qu'y applaudir, puisqu'à-la-fois négligens, inattentifs et précipités dans toutes leurs démarches, ils étoient destinés à n'être jamais heureux, même en conduisant des entreprises d'une exécution facile. Mais Louis XII n'eut aucun de leurs défauts, et peu-être que tous ses torts, après être entré en Italie, se bornent à avoir espéré opiniâtrément de s'y établir.

Quoi qu'il en soit des alliances, des guerres, des paix et des trèves de ce prince, dont il seroit trop long d'examiner ici les détails, pour en faire l'apologie ou la censure, il est certain que le règne d'un roi, dont toutes les intentions étoient droites, qui vouloit le bonheur de son peuple, qui avoit des vertus et même quelques talens pour gouverner, ne servit qu'à préparer à la France et à l'Europe entière une longue suite de calamités. Il ne tenoit qu'à lui de dissiper entièrement les soupçons, les craintes, les espérances et les rivalités que l'entreprise téméraire de Charles sur l'Italie avoit fait naître. Les esprits alloient se calmer, et sa persévérance à poursuivre des prétentions qu'il eût été sage et heureux de négliger, fixa en quelque sorte les intérêts et la politique de ses successeurs. L'habitude de vouloir faire des conquêtes fut contractée avant que d'avoir eu le temps d'y réfléchir. L'Europe se trouva malgré elle dans un nouvel ordre de choses, et François I.er qui aimoit la guerre en aventurier ou en héros, n'étoit que trop propre à confirmer ses sujets, ses voisins et ses ennemis dans leur erreur.

Il ne faut pas cependant reprocher à ce prince seul d'avoir entretenu dans l'Europe la fermentation que les guerres de Louis XII y avoient fait naître. En effet, Charles-Quint n'avoit pas besoin que François I.er lui eût disputé l'empire, et voulût, à l'exemple de ses prédécesseurs, se faire un établissement en Italie, pour être jaloux de sa réputation et le haïr. Né avec cette ambition extrême qui ne voit aucun obstacle, ou qui espère de vaincre toutes les difficultés, il avoit appris dès sa plus tendre enfance, que la France avoit des torts avec ses pères. Héritier de la maison de Bourgogne, de Maximilien et de Ferdinand, il croyoit avoir des droits à revendiquer et des injures à venger. Outre les provinces considérables qu'il occupoit en Allemagne, ce prince possédoit l'Espagne, les Pays - Bas, la Franche-Comté et le royaume de Naples. Ces états dispersés lui offroient de tous côtés des frontières et des ennemis ; il auroit dû en être effrayé, et il ne regarda ces différentes possessions que comme autant de places d'armes d'où il pouvoit, en quelque sorte, menacer et dominer toutes les puissances de l'Europe. Son ambition s'accrut par les choses mêmes qui auroient dû la ralentir ; et il se persuada d'autant plus facilement qu'il parviendroit à la monarchie universelle, que l'Amérique lui prodiguoit des richesses immenses.

Assez habile pour découvrir les causes qui avoient fait échoir l'ambition de la France, il crut qu'une puissance aussi considérable que la sienne n'éprouveroit pas les mêmes disgraces. Il sentoit la supériorité de génie qu'il avoit sur les princes ses contemporains, et il eut la confiance qui l'accompagne ordinairement. L'Europe ad-

mira sa prudence, son courage, son activité; et si, malgré ses talens, il eut le sort
de Louis XII, le mauvais succès de ses
entreprises auroit vraisemblablement instruit ses alliés et ses ennemis de leurs vrais
intérêts, et les états ne se seroient point
livrés à cette politique de conquête et de
rapine qui devoit leur être si funeste. Malheureusement Charles-Quint parvint à force
d'art à faire quelques acquisitions, et il
n'en fallut pas davantage pour justifier sa
conduite. On crut que l'ouvrage qu'il n'a-
voit qu'ébauché pouvoit être consommé ;
les uns tremblèrent, les autres eurent plus
de confiance. On se fit de misérables principes de fortune, d'agrandissement et de
défense, qui furent regardés comme les
maximes de la plus saine politique ; et
toute l'Europe fut emportée par un mouvement rapide de préjugés, d'erreurs et de
passions, qui n'a été ni suspendu ni calmé
par deux siècles de guerres malheureuses
et infructueuses.

Tandis que les princes s'accoutumoient
à penser que tout l'art de régner est l'art
d'agrandir ses états, leurs sujets sortirent
de l'ignorance où jusque-là ils avoient été
plongés. On diroit que les esprits étonnés
par cette espèce de grandeur, et l'audace
que présentoit la politique nouvelle, s'agitèrent et sentirent de nouveaux besoins.
L'occident étoit préparé à prendre de nouvelles mœurs, lorsque les Grecs, qui

fuyòient après la prise de Constantinople
la domination des Turcs, transportèrent
en Italie les connoissances qui s'étoient
conservées dans l'empire d'Orient. Les lumières commencèrent à se répandre, mais
elles ne se portèrent malheureusement que
sur des objets étrangers au bonheur des
hommes. Les Grecs depuis long - temps
n'avoient plus rien de cette élévation d'ame
qui avoit rendu leurs pères si illustres. Vaincus par les étrangers, avilis sous un gouvernement tyrannique et fastueux, ils ne
connoissoient que des arts inutiles, et cul-
tivoient moins les lettres en philosophes
qu'en sophistes ou en beaux esprits. Des
hommes accoutumés à l'esclavage étoient
incapables de voir dans l'antiquité ces grands
modèles qu'elle offre à l'admiration de tous
les siècles, et d'y puiser la connoissance
des droits et des devoirs des citoyens, et
des ressorts secrets qui font le bonheur ou
le malheur des nations. Sous de tels maîtres les Italiens ne firent que des études
frivoles, et s'ils eurent plus de talens, ils
n'en furent guère plus estimables.

Une émulation générale excita le génie,
et dans tous les genres l'esprit humain fit
un effort pour franchir ses limites, et rompre les entraves qui le captivoient. Le commerce, autrefois inconnu ou du-moins extrêmement borné dans ses relations, fit subitement des progrès considérables. Une
certaine élégance qui s'établit dans quel-

ques manufactures de l'Europe, fit malheureusement dédaigner les arts grossiers qui jusqu'alors avoient suffi. Le faste des rois et le luxe des riches aiguillonnèrent l'industrie des pauvres, et on crut augmenter son bonheur en multipliant les besoins de la mollesse et de la vanité. Qui reconnoîtroit sous le règne de François I.er les petits - fils des Français, dont les mœurs encore rustiques se contentoient de peu, et n'avoient qu'un faste sauvage ? Le goût funeste des choses rares et recherchées se répandit de proche en proche dans la plupart des nations. Que nous sommes insensés de ne pas voir que plus de bras travaillent à la composition de nos plaisirs et de nos commodités, moins nous serons heureux ! Déjà l'Europe n'a plus assez de richesses et de superfluités pour suffire à la volupté impatiente de ses habitans. La navigation se perfectionne ; les hommes, dirai-je, enrichis ou appauvris par les productions des pays étrangers, méprisent les biens que la nature avoit répandus dans leur pays. On avoit doublé le cap Bonne-Espérance et découvert un nouveau monde sous un ciel inconnu ; et tandis que le midi de l'Asie nous prodiguoit des richesses, superflues, qui peut-être ont contribué plus que tout le reste à rendre les Asiatiques esclaves sous le gouvernement le plus dur et le plus injuste, l'Amérique, prodigue de son or et de son argent, augmenta et trompa l'avarice et le luxe de l'Europe.

L'impulsion étoit donnée aux esprits, et on eut l'audace d'examiner des objets qu'on avoit respectés jusque-là avec la soumission la plus aveugle ; en s'éclairant, les hommes furent moins dociles à la voix du clergé, et dès ce moment il fut aisé de prévoir que son autorité éprouveroit bientôt quelque revers. Je ne répéterai point ici ce que j'ai dit (4) ailleurs de la manière dont les papes profitèrent de l'ignorance et de l'anarchie qui défiguroient la chrétienté pour étendre leur puissance, et parvinrent à se faire redouter des rois, et régner impérieusement sur le clergé. Qu'il me suffise de dire que dans le haut degré d'élévation où la cour de Rome étoit parvenue, elle ne voulut s'exposer à aucune contradiction, et craignit autant de convoquer des conciles, que les rois craignoient d'assembler les diètes ou états-généraux de leur nation. On ne tarda donc pas de reprocher au gouvernement des papes les mêmes vices et les mêmes abus qu'on reprochoit à l'administration des princes qui s'étoient emparés dans leurs états de toute la puissance publique La cour de Rome eut des ministres et des flatteurs qui ne furent ni moins avides ni moins corrompus que ceux des rois ; tout s'y vendit, jusqu'au privilège de violer les lois les plus saintes de la nature.

Il faudroit bien peu connoître le cœur humain, pour croire qu'en obéissant à un chef si vicieux, le clergé n'eût pas les

mœurs les plus corrompues ; l'ignorance ,
la simonie , le concubinage et mille autres
vices déshonoroient l'épiscopat. Certainement l'église avoit besoin de la réforme la
plus éclante dans son chef et dans ses membres ; mais personne ne songeoit à la desirer. Après avoir souffert patiemment les
excès d'un monstre tel qu'Alexandre VI ,
sans le déposer , ses successeurs qui n'eurent aucune vertu chrétienne , passèrent
pour de grands papes. L'effronterie avec
laquelle le clergé se montroit tel qu'il étoit,
lui avoit, pour ainsi dire , acquis le droit
funeste de ne plus scandaliser et de ne se
point corriger. On auroit vraisemblablement permis à Léon X de faire un trafic
honteux de ses indulgences , et d'ouvrir et
de fermer à prix d'argent les portes du pa-
radis et de l'enfer , s'il avoit confié cette
ferme scandaleuse aux mêmes personnes
qui , jusqu'alors , en avoient eu la régie ;
il ne le fit pas , et cette faute devint le principe d'une grande révolution. Les facteurs
ordinaires de la cour de Rome se voyant
privés des profits qu'ils faisoient sur la
superstition , décrièrent , pour se venger ,
les indulgences , les bulles et les pardons
que d'autres avoient mis en vente.

À peine Luther eut-il levé l'étendard de
la révolte contre le pape , qu'on fut étonné
d'avoir aperçu si tard les abus intolérables
dont il se plaignoit avec amertume. Sa doctrine eut les plus grands succès ; et la cour

de Rome, qui auroit dû se corriger, ne
fut qu'indignée de l'insolence d'un moine
qui avoit l'audace de la censurer et de bra-
ver son autorité. Elle le déclara héréti-
que, et en séparant ses sectateurs de la
communion romaine, Luther lui jura une
haine éternelle. Calvin qui le fuyoit, porta
une main encore plus hardie sur la religion.
Le premier, qui se défioit du succès de
ses raisons, eut des ménagemens que le
second n'eut point, en voyant le clergé
consterné de ses défaites et à moitié vaincu.
Plus il tâcha de se rapprocher de la sim-
plicité des premiers siècles de l'église, plus
il éleva, si je puis parler ainsi, un mur de
séparation entre sa doctrine et celle de
l'église romaine.

On ne sauroit trop louer le zèle de ces
deux novateurs, si, respectant le dogme,
ils s'étoient contentés de montrer les plaies
profondes que l'ignorance, l'ambition,
l'avarice et la superstition avoient faites à
la morale de l'évangile. En attaquant les
vices des ecclésiastiques, il auroit fallu respecter leur caractère, et au-lieu de les irriter par des injures et des reproches amers,
les inviter avec douceur à se corriger. Si
on vouloit substituer à la monarchie absolue du pape l'ancien gouvernement des apô-
tre, il falloit instruire les évêques de leurs
droits, leur apprendre par quels artifices
leur dignité avoit été avilie, et par quels
moyens ils pouvoient la rétablir. Si Luther

et Calvin avoient défendu leurs opinions avec moins de hauteur et d'emportement, la cour de Rome auroit, selon les apparences, protégé avec moins d'opiniâtreté les abus qu'elle avoit fait naître : la vérité auroit peut-être triomphé et réuni tous les esprits.

Au milieu des disputes théologiques qui commençoient à occuper et troubler toute l'Europe, il n'y a eu que quelques hommes modérés, justes et éclairés, qui furent capables de tenir la balance égale entre les deux religions ; et les efforts qu'ils firent pour les concilier, ne servirent qu'à les rendre également odieux aux catholiques et aux réformateurs. On n'écouta que son zèle ; et quand il n'est pas éclairé, il dégénère bientôt en fanatisme. La France, ainsi que plusieurs autres états, se trouva partagée en deux partis ennemis ; révolution qui, jointe à celles que sa politique et ses mœurs avoient déjà souffertes, devoit influer dans son gouvernement, et donner de nouveaux intérêts et de nouvelles passions à tous les ordres de l'état.

CHAPITRE II.

Louis XII et François I profitent des changemens survenus dans la politique et les mœurs de l'Europe, pour étendre leur pouvoir et ruiner la puissance dont les grands s'étoient emparés.

LES changemens survenus dans les intérêts de la France, ou plutôt dans la manière de les envisager relativement aux étrangers, devoient nécessairement faire contracter de nouvelles habitudes aux Français, et les accoutumer à voir leurs intérêts domestiques d'un autre œil que leurs pères ne les avoient vus. La noblesse impatiente, légère, et dont le crédit étoit considérable dans la nation, n'aimoit et n'estimoit que la guerre, non pas comme aujourd'hui par un préjugé froid qui lui persuade que toute autre profession est indigne d'elle, mais par goût, et parce que n'étant en effet propre qu'à se battre avec beaucoup de courage, elle se croyoit destinée à défendre l'état et faire des conquêtes. Les premiers succès de Charles VIII en Italie flattèrent si agréablement sa vanité, que les disgraces qui le suivirent ne purent la retirer de son erreur. D'autres motifs peut-être contribuèrent encore à lui

faire illusion. Elle espéra de grands établissemens en Italie, les guerres étrangères lui ouvroient de nouvelles portes à la
fortune ; et devenant plus nécessaire et
plus importante, le gouvernement la ménageoit avec plus de soin. Quoi qu'il en
soit, la noblesse s'accoutuma à regarder la
conquête du royaume de Naples et du Milanez comme une entreprise très-sage. Plus
les obstacles se multiplièrent, plus elle
crut qu'il seroit beau d'en triompher. Plus
on s'occupoit des affaires du dehors, moins
on étoit attentif à celles du dedans. Si le
gouvernement hésitoit à faire des entreprises sur les immunités et franchises de la
nation, la noblesse lui reprochoit sa lenteur et l'accusoit de foiblesse. Le pouvoir
arbitraire acquérant ainsi de jour en jour
de nouvelles forces, ne redoutoit plus
cette inquiétude qui avoit autrefois agité
les Français, et qui auroit encore pu renaître, s'ils n'eussent été occupés que de
leurs affaires domestiques.

En effet, tous les ordres de l'état se
laissèrent enivrer par ces idées de gloire et
de conquête que la noblesse leur avoit communiquées. Le peuple lui-même, toujours
victime de la guerre dont il ne retire dans
une monarchie aucun avantage, ne parloit
ridiculement que de conquérir des provinces et d'humilier ses voisins, et croyoit
son honneur intéressé à voir régner son
maître sur Naples et sur Milan. Un pareil

préjugé étoit une preuve des progrès que
la monarchie avoit déjà faits, et un présage encore plus certain de ceux qu'elle
alloit faire.

Louis XII éprouva des disgraces assez
considérables pour devoir retirer ses sujets
de leur erreur ; mais ses vertus empê-
choient qu'on ne vît ses fautes, ou les faisoient excuser. Quand le poids des impositions auroit pu commencer à dégoûter de
la guerre, et rappeler le souvenir des états-
généraux et des anciennes franchises,
Louis, touché des maux publics, ne s'o-
piniâtra point à poursuivre ses avantages
ou à réparer ses pertes en Italie. On lui
savoit gré de conclure mal-à-propos une
trève ou une paix, et de paroître oublier
sa gloire et ses projets de conquête pour
ne pas épuiser la fortune de ses sujets. Ce
sentiment de bonté et de bienveillance, si
nouveau dans un roi, et qui a mérité à
Louis XII le titre de père du peuple, préparoit tous les cœurs à le seconder avec
l'empressement le plus vif, quand il voudroit recommencer la guerre. Sous un
prince qui paroissoit économe, l'avarice
des sujets ne causa aucune agitation ; et
parce que Louis ménageoit leur fortune,
ils l'en laissèrent le maître.

« Nous travaillons en vain ; ce gros
garçon, disoit-il en parlant du jeune comté
d'Angoulême son successeur, gâtera tout. »
Louis étoit le seul dans son royaume qui

pressentît cette triste vérité ; il est sûr du-
moins qu'on peut déjà remarquer une pro-
digieuse différence dans la manière dont la
nation avoit regardé ses immunités sous les
premiers Valois, et les regardoit actuellement. Les anciens états avoient voulu
compter avec le roi et prendre part à l'administration ; toujours attachés à leurs
vices économiques, ils n'accordoient jamais aucun subside sans faire reconnoître
que c'étoit de leur part un don purement
gratuit. Les derniers états tenus à Orléans
avoient promis à Charles VIII de ne lui
rien refuser, mais avoient du-moins demandé qu'on les convoquât, et ils sentoient par conséquent que la nation avoit
besoin de ce recours pour contenir le gouvernement, et prévenir les abus qu'on
avoit éprouvés sous le règne précédent,
par trop de mollesse et de négligence. Sous
son successeur, on parut au-contraire avoir
oublié qu'il y eût eu autrefois des états, des
dons gratuits et des contributions consen-
ties. La nation ne regarda plus ses assemblées que comme des formalités inutiles,
onéreuses (1) même à tous les ordres de
citoyens, et qui n'étoient bonnes qu'à retarder les opérations du gouvernement. Il
est vrai qu'en 1501 les états furent encore
tenus à Tours, mais ce n'est point une
preuve qu'il subsistât quelque sentiment de
patriotisme ou de liberté ; ils étoient l'ouvrage de la comtesse d'Angoulême pour

faire le mariage de son fils avec la princesse
Claude, et les députés des provinces ne
montrèrent aucun regret sur la passé ni
aucune inquiétude sur l'avenir.

François I.er étoit bien propre par ses pro-
digalités, son inconsidération et ses né-
gligences à retirer les Français de la sécurité imprudente que Louis XII leur avoit
inspirée ; mais jamais prince n'eut plus
que lui les mœurs, le génie, les vices et
les vertus de la nation qu'il gouverna, et
ne dut par conséquent jouir d'un empire
plus absolu. Ardent, impétueux, sincère,
libéral, brave, populaire, et ne respirant
que cet honneur que la chevalerie avoit mis
à la mode, on aima jusqu'à ses défauts
qui tenoient toujours à quelques qualités
estimables. La conquête du Milanez par
où commença son règne, et qui ne devoit
annoncer qu'une longue suite d'affaires difficiles et malheureuses, fut regardée
comme l'augure d'une prospérité constante.
Plus il montra d'ambition et fit d'entreprises téméraires, plus les Français qui étoient
courageux, ambitieux et imprudens, crurent que le prince qui leur ressembloit
étoit sage ; et toute la nation s'abandonna
à l'imprudence du roi en croyant s'associer
à sa gloire.

On ne vit que trop souvent que les subsides n'étoient pas employés aux choses qui
avoient servi de raison ou de prétexte pour
les établir. Le luxe excessif de la cour de-

voit déplaire aux personnes qui en payoient les frais aux dépens de leur nécessaire ; des mains infidèles et avares épuisoient le trésor royal et le peuple. Tandis que les maux de l'état se multiplioient, on n'a-voit pas même la consolation d'espérer qu'on pût y apporter un prompt remède. En voyant se former subitement une puissance aussi considérable que celle de Char-les-Quint, on jugeoit aisément qu'il n'é-toit plus question de vaincre les seuls Italiens et qu'une guerre qui paroissoit n'a-voir plus de terme, épuiseroit les forces du royaume. Sans doute qu'il y avoit encore quelques Français capables de penser que ce n'étoit que par des assemblées libres, fréquentes et régulières, qu'on préviendroit les malheurs dont on étoit menacé ; mais on conservoit sous François I.er les senti-mens de respect et de soumission que Louis XII avoit inspirés pour son gouver-ment ; et c'est ainsi que le règne d'un prince vertueux devient quelquefois funeste en accoutumant ses sujets à voir avec trop d'indulgence les vices de son successeur.

Quand la nation avoit lieu de faire les plaintes les plus vives et de redemander son ancien gouvernement, elle se contenta de murmurer ; et même quelque évènement imprévu ne manquoit pas d'étouffer bientôt les murmures. Les Français sans tenue retomboient dans leur léthargie, parce que le prince, lassé de ses plaisirs, paroissoit sortir de la sienne; on reprenoit ses espérances et son enjouement, et les abus recommençoient à renaître. Se plaint-on de la déprédation des finances? on fait périr Semblançay qui étoit innocent, et on croit que tout le mal est réparé. Si par son imprudence, François réussit assez mal dans quelques entreprises pour devoir perdre l'affection de ses sujets, on admirera encore en lui quelque qualité estimable. La bataille de Pavie devoit relâcher les ressorts du gouvernement; mais il supporta son infortune avec tant de noblesse et de fermeté, qu'on ne lui montra que de l'attachement et du zèle; et pour le consoler de ses malheurs, on permit à sa mère d'abuser comme elle voudroit de son autorité.

Qu'on ne soit pas surpris de cette conduite. Les ames avoient contracté une molesse qui annonce et hâte les plus grands abus. Lorsqu'une nation acquiert des lumières et se police sous la main d'un législateur habile, elle prospère, parce qu'elle connoît mieux ses devoirs, aime à les remplir et a la force de surmonter les obstacles qui s'y opposent. Mais quand les lumières nées au hasard ne se répandent que sur des objets indifférens au bien de la société, qu'on n'encourage l'industrie que pour faire naître de nouveaux vices avec des besoins inutiles; que la politesse et la douceur des mœurs n'est que le fruit d'une fausse délicatesse et d'un rafinement puérile dans les plaisirs, les lumières, les grâces et la politesse d'une nation ne servent qu'à l'avilir. Le citoyen occupé de petits objets, et concentré, pour ainsi dice, dans les intérêts personnels et domestiques de sa paresse, de son luxe, de son avarice, de sa prodigalité, de ses commodités ou de son élégance, est entièrement distrait de l'attention qu'il doit à la chose publique, et bientôt devient incapable d'y penser sans une sorte de travail qui le fatigue et le rebute. Le règne de François I.er forme une époque remarquable dans le caractère de sa nation. J'en appelle aux personnes qui connoissent le cœur humain. Croira-t-on qu'en prenant des affections frivoles, et contractant le goût de l'or, de l'argent et des superfluités, les hommes conserveront quelqu'estime pour les choses estimables? Les idées du bien sont à la cime de l'esprit, et ne descendent point jusque dans le fond du cœur. Toutes ces misères que les nations corrompues appellent politesse, grâce, agrément, élégance, sont autant de chaînes qui doivent servir à lier et garrotter des esclaves. En perdant leur ignorance et leur rudesse, les Français policés par un prince qui n'aimoit et ne protégeoit que les choses inutiles au bonheur de sa nation, ne firent que changer de vices. Ceux que nos pères perdirent, avoient du-moins l'avantage de donner à leur caractère une force qu'ils n'eurent plus quand ils acquirent des qualités agréables ; et comme l'inconsidération des Français avoit agrandi l'autorité royale, leur frivolité devoit désormais l'affermir.

Si les grands, qui s'étoient rendus les dépositaires et les ministres de l'autorité royale pendant le règne de Charles VI et de son fils, et qui firent la guerre du bien public sous celui de Louis XI, avoient plus songé à donner du crédit à leur ordre qu'à se rendre personnellement eux-mêmes puissans, il leur auroit été facile d'établir assez solidement l'autorité de la grande noblesse, pour qu'aucun évènement ni aucune circonstance ne pussent la renverser (2). S'ils avoient compris que pour affermir leur empire sur la nation, et conserver malgré le roi l'exercice de son pouvoir dont ils s'étoient emparés, il étoit nécessaire de recourir à des lois et de former entr'eux une sorte de constitution qui les maintînt en vigueur, il n'en faut point douter, nous aurions vu se former parmi nous un gouvernement à-peu-près semblable à celui que les Polonais ont aujourd'hui. Les successeurs de Charles VI n'auroient eu qu'un vain nom et des honneurs encore plus stériles. Le roi entouré de princes, de pairs, de grands officiers de la couronne, de palatins, de sénateurs qui auroient eu une autorité propre et personnelle, n'auroit été lui-même que le simu-

lacre de la majesté de l'état. Je n'en dis
pas davantage ; il est aisé d'imaginer par
quels moyens la haute noblesse seroit parvenue à composer elle seule avec les principaux ecclésiastiques le corps de la nation,
en condamnant le reste des citoyens à souffrir les abus d'une aristocratie arbitraire.

Heureusement les grands étoient trop
divisés entr'eux et trop accoutumés à mépriser ou ignorer les lois pour se réunir,
s'entendre et former le plan d'un nouveau
gouvernement. Chacun ne songea qu'à ses
intérêts particuliers sans s'embarrasser de
l'avenir, et se saisit comme il put d'une
portion de l'autorité royale, dont il ne
se déclara que le dépositaire et le ministre. Dès que leur ambition s'en étoit tenue là, il étoit facile à Louis XII et à
François I.er de se servir du changement
qui étoit survenu dans le caractère et les
mœurs de la nation, et de l'autorité qu'ils
avoient acquise, pour secouer le joug des
grands et les rendre aussi dociles que les
autres citoyens. Aucun d'eux ne pouvoit
s'emparer d'une branche de l'autorité
royale, ou la conserver malgré le roi, parce
que Louis XII ni François I.er n'avoient
plus besoin de leur secours pour régner
sur le reste de la nation, qui se précipi-
toit au-devant du joug.

Les grands n'ayant point eu l'art de
former un corps dont tous les membres
eussent un intérêt commun, ils se trouvèrent

vèrent tous ennemis les uns des autres.
Ceux qui jouissoient de la confiance du
prince, et ceux qui aspiroient à la même
faveur, furent jaloux, se craignirent, et
le roi se servit sans peine de leur rivalité
et de leur crainte pour les dominer les
uns par les autres. Tous furent également
soumis ; et leur ambition qui pouvoit autrefois causer des troubles dans le royaume
et changer la forme du gouvernement,
fut réduite à faire des révolutions à la cour,
c'est-à-dire, à employer les voies basses
de l'intrigue pour élever un courtisan sur
les ruines de l'autre, disgracier un ministre
en faveur, et créer un nouveau favori,
tandis que le prince, qui par un mot
décidoit de leur sort, paroissoit de jour
en jour plus absolu au milieu des grands
humiliés.

C'est par une suite de cette nouvelle disposition des choses que Louis XII gouverna
souverainement tous ceux que ses prédécesseurs avoient craints. Mais François I.er y
mit plus d'art. Il avoit soin de se faire instruire (3) des personnes qui par leur nais-
saissance, leur crédit et leurs talens, avoient
acquis une certaine autorité dans les provinces ; et il se les attachoit en leur donnant des emplois considérables à la guerre,
dans l'église et dans la magistrature. Ses
espions répandus dans tous les ordres de
l'état, étoient chargés de contenir, non-
seulement par leur exemple et leurs dis-

cours, les esprits inquiets et remuans, mais d'avertir même le conseil de la disposition de leur province à chaque évènement considérable, de ses murmures, de ses plaintes, et en un mot de tout ce qui étoit capable de déranger le cours de la docilité à laquelle la nation étoit inclinée. Que de certaines familles ne se glorifient donc plus des grâces qu'elles obtinrent dans ce temps-là, puisqu'on sait à quel prix elles étoient méritées et accordées.

Les provinces étant ainsi contenues dans la soumission, il n'étoit plus possible que les grands y formassent des cabales et des partis, rassemblassent des forces, et se rendissent assez puissans pour inquiéter le gouvernement. Le duc d'Orléans qui avoit fait la guerre à Charles VIII, n'auroit pas pu opposer cent hommes d'armes à François I.er Aussi le connétable de Bourbon persécuté par la duchesse d'Angoulême, n'eut-il d'autre ressource pour se venger que de traiter avec les étrangers et d'aller servir Charles-Quint. Un amiral et un chancelier furent poursuivis en justice; leçon frapante pour les grands qui n'auroient point voulu être courtisans, ou qui n'auroient point eu l'art de l'être. Autrefois il eût été dangereux de mécontenter un connétable; il eût trouvé des amis, des partisans et des défenseurs. Sous François I.er, le connétable de Montmorenci alla lan-

guir dans ses terres, supporta obscuré-
ment sa disgrace, et apprit qu'on n'étoit
grand que par la faveur du roi.

Je ne dois pas oublier ici que ce fut
pour s'attacher plus étroitement le clergé,
que François I.er fit avec Léon X le con-
cordat, et soutint avec tant d'opiniâtreté
un traité qui le rendit le distributeur des
dignités et de la plus grande partie des
domaines de l'église. Des biens destinés au
soulagement des pauvres et à l'entretien
des ministres de la religion, devinrent
le prix de la corruption, et la firent naître.
Le roi tint, pour ainsi, dans sa main, tous
les prélats; dont l'ambition et la cupidité
étoient insatiables, et par leur secours
disposa de tous les ecclésiastiques dont le
pouvoir est toujours si considérable dans
une nation.

C'est dans ce temps-là qu'on substitua
aux états-généraux des assemblées de notables (4); établissement d'autant plus per-
nicieux, que paroissant favoriser la liberté
nationale, il ruinoit en effet ses fondemens.
On espéra que ses assemblées produiroient
quelque bien, et on en fut plus disposé
à oublier, ou du-moins à ne pas regreter
les états-généraux. Les notables furent
convoqués, et bien loin que la nation tirât
quelqu'avantage de leurs assemblées, elles
ne servirent qu'à avilir de plus en plus les
grands. C'étoit une fureur que d'y être
appelé, mais il avoit fallu s'en rendre

digne par des complaisances, et on ne s'y rendit que dans le dessein de trahir l'état. Ces assemblées n'eurent aucune autorité, et n'en purent prendre aucune, parce qu'elles n'avoient aucun temps fixe pour leur convocation, et qu'elles dépendoient de la volonté seule du roi. Cependant, soit qu'on craignît que les grands ne se crussent trop considérables si on les consultoit seuls, soit qu'on ne cherchât qu'à les humilier, on appela à ces assemblées des magistrats, et même quelquefois des bourgeois d'un ordre moins distingué.

CHAPITRE III.

De l'autorité du parlement sous Louis XII, François I.er et Henri II. — Examen de sa conduite. — Pourquoi il devoit échouer dans ses prétentions de partager avec le roi la puissance législative.

TANDIS que tous les ordres de l'état oublioient ou négligeoient leurs anciennes prérogatives, et se soumettoient sans résistance au pouvoir arbitraire, le parlement, qui avoit considérablement augmenté ses droits et ses prétentions sous le règne de Charles VI, n'étoit point satisfait de sa fortune, et résistoit à l'impulsion généra^le qui entraînoit le reste de la nation. Formant un corps toujours subsistant, toujours assemblé, et par conséquent toujours moins distrait de ses intérêts que les trois ordres de l'état, il devoit avoir plus de suite et plus de tenue dans sa conduite ; du droit qu'il avoit acquis d'enregistrer les lois, de les désapprouver ou de les modifier, il pouvoit tirer les conséquences les plus avantageuses à son ambition ; mais il ne les vit pas d'abord, ou n'osa se livrer trop précipitamment à ses espérances.

Les corps ont une routine ou une habitude à laquelle ils obéissent malgré eux ; et après avoir travaillé avec tant d'ardeur depuis le règne de Philippe-le-Bel à rendre l'autorité du roi arbitraire, le parlement devoit être quelque temps à concilier son ancienne conduite avec l'idée qu'il avoit prise, et qu'il auroit voulu donner au public de son enregistrement. Sous le règne de Charles VII, il étoit encore trop voisin du temps où il n'avoit pu se déguiser qu'il ne tînt toute son autorité du roi, pour oser prétendre au partage de la souveraineté. Il avoit offensé ce prince (1), il devoit réparer ses fautes ; il craignoit sur-tout l'indignation des grands, qui, s'étant emparés de l'autorité royale, trouvoient trop d'avantage à gouverner arbitrairement, pour souffrir qu'une compagnie de praticiens ou de jurisconsultes, sous prétexte de défendre les lois, s'opposât à leur volonté, et s'emparât d'un pouvoir qui leur avoit rendu les états odieux.

Ne voulant plus être ce qu'il avoit été, et n'osant cependant laisser voir ce qu'il désiroit d'être, le parlement se conduisit encore avec une grande circonspection sous le règne de Louis XI. Quelque jaloux de son autorité que fût ce prince, il ne fut point alarmé de l'enregistrement; il jugea qu'il falloit (2) contenir le parlement, ne pas diminuer ses droits, mais l'empêcher de se faire de nouvelles prétentions. Cette compagnie conserva sous Charles VIII la même modestie; et selon les apparences, elle auroit profité des divisions et les troubles de l'état pour augmenter son pouvoir, si plusieurs de ses principaux membres n'avoient trouvé leur avantage particulier à se dévouer aux volontés de la cour. Le parlement chemina moins sourdement sous les règnes suivans. Soit qu'il fût enhardi en voyant qu'on ne convoquoit plus les états-généraux, dont le souvenir s'effaçoit de jour en jour, soit qu'il espérât que les abus multipliés du pouvoir arbitraire rendroient ses prétentions agréables au public, il fit quelques démarches qui devoient déplaire à la cour; et son autorité parut si incommode à François I.er, qu'il songea à la réprimer.

La duchesse d'Angoulême ne pardonna pas au parlement les modifications qu'il mit à la régence que son fils lui avoit con-

fiée pendant qu'il feroit la guerre en Italie,
Pour commencer à se venger de cette prétendue injure, elle n'appela aucun magistrat
à l'assemblée des notables qu'elle tint après
la malheureuse journée de Pavie. Mais son
ressentiment ne fut pas satisfait; et quand
François revint de Madrid, elle l'engagea
à ne pas laisser impunie la témérité in-
sultante du parlement. Ce prince le manda;
et dans la salle du conseil où cette compagnie fut reçue, on publia un édit qui lui
enjoignit de se borner (3) à la seule administration de la justice. En annullant
toutes les limitations mises à la régence
de la mère du roi, on lui défendit de modifier à l'avenir les édits qui lui seroient
adressés.

On ne se contenta pas de réprimer l'ambition qui portoit le parlement à se regarder comme législateur : pour l'humilier
davantage, on voulut borner sa compétence. On lui défendit de prendre connoissance des contestations relatives au con-
cordat, et on lui déclara qu'il n'avoit aucune juridiction sur le chancelier. Ce dernier article détruisoit tout ce que cette
compagnie avoit fait pour devenir la cour
des pairs. En effet, il ne faut pas douter
que si le chancelier n'eût pas été justiciable
du parlement, les pairs et les princes,
alors bien supérieurs à ce magistrat, n'eussent bientôt décliné la juridiction du parlement. On auroit vu se rétablir les usa-

ges pratiqués (4) avant le procès du duc
d'Alençon. Le parlement, si fier de son
titre de cour des pairs, n'auroit encore
été que la seconde cour de justice du
royaume; il se seroit formé, pour la seconde fois, un tribunal composé du roi,
des pairs, des princes et des grands officiers de la couronne. Peut-être y auroit-
on bientôt porté les affaires de la plus haute
noblesse; et l'on juge combien le parlement, condamné à ne juger que les citoyens
les moins considérables, auroit perdu de sa
considération.

On ne lui épargna dans cette journée
aucune mortification. François I.er se plaignoit dans son édit des abus énormes qui
s'étoient introduits dans l'administration de
la justice. Il vouloit sans doute parler des
épices (5), usage vil et injuste qui change
les magistrats en mercenaires, et avec lequel nous ne nous serions jamais familiarisés, si nous savions que la justice est due
au citoyen, et que c'est un crime de la
lui faire acheter. On accusoit le parlement
de former des intrigues et d'entrer dans
les cabales. Pour lui ôter toute espérance
de se relever, on ordonna aux magistrats de
prendre tous les ans de nouvelles provisions;
et c'étoit en effet ne leur laisser qu'une
existence précaire, telle qu'ils l'avoient
eue avant le règne de Charles VII, et de les
réduire à la fâcheuse alternative ou d'obéir
aveuglément à tous les ordres de la cour,

ou de perdre leur état. François terminoit son édit, en les menaçant de se faire instruire en détail de tous les abus dont il n'avoit parlé que d'une manière vague, et se réservoit d'y apporter un remède efficace. C'est-à-dire, pour entrer dans l'esprit de cette loi, que si le parlement, intimidé et docile sous la main qui le châtioit, se soumettoit aux ordres de la cour, le prince fermeroit les yeux sur les abus qui n'intéressoient que le public.

Le parlement étoit déjà trop puissant pour qu'un pareil édit ruinât ses espérances et son ambition. Dès qu'on lui laissoit le droit de faire des remontrances, on lui laissoit la liberté de se conduire à-peu-près de la même manière qu'il avoit fait jusqu'alors, et les moyens de reprendre peu-à-peu la même autorité dont on avoit cru la dépouiller. Qui a le droit de faire des remontrances, a le droit de reprendre des erreurs, et de paroître avec toutes les forces de la justice et de la raison; et ce droit n'est pas vain dans une société qui conserve encore quelque pudeur. Qui a le droit d'indiquer ce qu'il faut faire, acquiert nécessairement un crédit qui doit faire trembler tout gouvernement qui se conduit sans règle.

Le droit de remontrance étoit une arme d'autant plus redoutable dans les mains du parlement, que la menace de corriger les abus, et l'ordre de prendre tous les ans de nouvelles provisions, ne pouvoient lui donner aucune inquiétude. Tout le monde savoit le besoin extrême que le roi avoit d'argent pour la guerre et ses plaisirs, et que détruire les profits des officiers de justice et leur état, ce seroit diminuer dans le trésor royal le produit des fonds qu'il tâchoit d'y attirer, en vendant les magistratures. C'est peut-être à l'occasion de cet édit que le parlement établit dans son corps la doctrine longtemps secrète de ne point regarder comme lois, les ordonnances, les lettres-patentes ou les édits enregistrés sans délibérations précédentes, et par l'autorité du roi séant en son lit de justice ; doctrine qu'il étoit nécessaire d'établir, si l'enregistrement n'est pas une vaine formalité ; mais doctrine qui n'a acquis aucun crédit, parce que le parlement n'est pas assez fort pour la faire regarder comme une vérité, et que le public se voit tous les jours contraint d'obéir à des lois que cette compagnie n'a enregistrées que malgré elle.

Quoi qu'il en soit, François I.er, pour ne pas irriter ses sujets par un acte trop despotique, ayant laissé au parlement le droit de faire des remontrances, se vit encore contraint de le ménager. Les besoins de l'état, ou plutôt de la cour, obligeoient de publier souvent des édits bursaux ; si on faisoit des remontrances vives et fortes sur un objet si intéressant,

Il étoit à craindre que le public n'ouvrît les yeux sur sa situation, et un rien auroit suffi pour faire regreter et rétablir les états-généraux. La politique de la cour fut donc de permettre au parlement une sorte de résistance molle, qui laissoit croire au peuple qu'il y avoit un corps occupé de sès besoins, et qui veilloit à ses intérêts. De sorte que le parlement humilié et non pas vaincu, fut obligé de changer un peu de conduite, mais non pas de principes, et il continua à se regarder comme le dépositaire et le protecteur des lois, et peut-être même comme le tuteur de la royauté.

Pour que le gouvernement ne lui contestât pas son droit, il en usa avec modération ; il songea à se rendre agréable, et s'appliqua à étendre l'autorité royale, quand le poids n'en devoit pas retomber sur lui. Il fléchit quand il crut qu'il y auroit trop de danger à résister, ou qu'il ne s'agissoit que de passer des injustices dont il ne sentiroit pas le premier les inconvéniens. Il mit de certaines formes dans son obéissance, afin de la rendre équivoque, et de contenter à-la-fois, s'il étoit possible, la cour et le public. Soit qu'il faille l'attribuer à une politique fausse et trop commune, qui, ne sachant se décider, se contrarie elle-même, soit que ce soit la marche naturelle d'un corps qui ayant des projets au-dessus de ses forces, a tour-à-tour de la crainte et de la confiance, sa conduite fut si embrouillée et si mystérieuse, qu'on ne savoit pas mieux sur la fin du règne de François I.er ce qu'il falloit penser de l'enregistrement, qu'on ne l'avoit su sous Charles VII. Le conseil et le parlement gardoient tous deux le silence sur cette matière, ou du-moins n'osoient s'expliquer d'une façon trop claire et trop précise, dans la crainte d'élever une contestation dangereuse et de se compromettre. Chacun attendoit avec patience un moment favorable pour découvrir, si je puis parler ainsi avec Tacite, le secret de l'empire, et expliquer une énigme que nos neveux ne devineront (6) peut-être jamais; mais qui, nous laissant incertains entre le despotisme de la cour et l'aristocratie du parlement, jette dans notre administration je ne sais quoi de louche et d'obscur, qui nuit à la dignité des lois et à la sûreté des citoyens, et indique un gouvernement sans principes, qui se conduit au jour le jour par les petites vues de quelqu'intérêt particullier.

En effet, dans les temps encore peu éloignés de la naissance de l'enregistrement, on put pardonner au parlement d'enregistrer une loi qui paroissoit injuste et dangereuse, en ajoutant que c'étoit « par le très-exprès commandement du roi. » Il se croyoit alors obligé d'obéir, parce qu'il pensoit que la puissance législative étoit entre les mains du roi sans restriction ni modification ; et le public n'exigeoit rien de plus d'une compagnie de jurisconsultes dont les fonctions avoient paru bornées à l'administration de la justice. Mais lorsque , commençant à voir dans son enregistrement le germe d'une grandeur nouvelle , elle crut avoir le droit de rejeter les lois proposées ou de les modifier , pourroit-on me dire ce que signifioit cette ancienne formule dont elle continuoit à se servir ? Le parlement pensoit-il que cette clause eût la vertu magique de laisser sans autorité les ordonnances qu'il feignoit d'enregistrer ? En ce cas , je demanderois pourquoi il obéissoit ensuite et nous faisoit obéir à un édit auquel il n'avoit pas donné le caractère de loi ? Si dans ses principes cette clause laissoit subsister la loi dans toute sa force , par quels sophismes nos magistrats pouvoient-ils se persuader qu'ils ne prévariquoient point en devenant les complices et les instrumens de l'injustice ? par quelle imprudence nous avertissoient-ils de mépriser une ordonnance à laquelle il falloit cependant nous soumettre ?

Malgré les traverses que le parlement avoit éprouvées , et son attention à ne pas user imprudemment de l'autorité qu'il croyoit avoir , il continua à se rendre plus puissant et plus importun. Soit qu'on ne fût que choqué, comme la plupart des cour-

tisans, de la résistance ou plutôt des chi-
canes que cette compagnie faisoit aux volontés de la cour, soit qu'avec L'Hôpital,
l'homme de notre nation qui par ses lumières, ses mœurs et ses talens, a le plus
honoré la magistrature, on fût touché des
abus qui régnoient dans l'administration
de la justice, il se forma un orage considérable contre un corps qui abusoit de son
crédit pour partager l'autorité des ministres, et dont les mains ne paroissoient pas
pures. Il étoit cependant difficile d'accabler le parlement, car la multitude croyoit
avoir besoin de sa protection; et pour réussir dans cette entreprise, il fallut la présenter comme une réforme avantageuse à
l'état.

Sous prétexte d'accorder quelque repos
à des magistrats qui avoient si bien mérité de la patrie, et qui malgré leur zèle
étoient accablés sous le poids de leurs fonctions pénibles et perpétuelles, on résolut
donc de partager le parlement en deux
semestres qui se succéderoient l'un l'autre.
Par le moyen de ce nouvel établissement,
la justice, disoit-on, devoit être adminis-
trée avec d'autant plus de dignité, de vigilance et d'exactitude, que les magistrats, après avoir vaqué pendant six mois
à leurs affaires domestiques, ou médité dans
leur cabinet sur les lois, loin de porter
encore au palais la lassitude de leurs fonctions, y reparoîtroient toujours plus éclai-

rés, plus assidus et plus attachés à leurs devoirs. Le parlement voyoit sans doute le piège qu'on lui tendoit, et qu'on ne cherchoit qu'à le diviser pour l'affoiblir ; mais ce fut inutilement. Le conseil prévint ses plaintes, ou du-moins empêcha qu'elles ne fussent appuyées par celles du public en diminuant les épices ; il dédommagea les juges par une augmentation de leurs gages ; le roi se chargea de payer les contributions auxquelles la justice avoit condamné les plaideurs.

La cour triomphoit. On ne doutoit point que le parlement, pour ainsi dire divisé en deux corps, qui n'auroient presqu'aucun commerce entr'eux, ne perdît son ancien esprit. En répandant à propos quelques bienfaits, en semant des soupçons, des rivalités et des haines, art funeste dans lequel les courtisans les moins adroits ne sont toujours que trop habiles, il paroissoit aisé de s'assurer de la docilité de l'un des deux semestres, et on devoit lui porter les édits qui pouvoient occasionner de longues et fastidieuses remontrances. On se flatta d'un succès d'autant plus prochain, qu'étant nécessaire d'augmenter considérablement le nombre des magistrats, on ne vendroit les nouveaux offices qu'à des personnes dont le gouvernement seroit sûr, et qui déplairoient à leur compagnie. Un historien (7), plus à portée que tout autre de rendre compte des suites qu'eut cette

révolution , nous apprend que le parlement devint en quelque sorte un nouveau
corps. Les conseillers des enquêtes qu'on
avoit coutume , dit-il , de n'admettre à
la grand'chambre qu'après qu'ils avoient
acquis une grande expérience , y monté-
rent avant le temps convenable. Comme
la plupart , faute de sagacité , n'étoient
pas en état d'occuper ces places , il arriva
qu'au-lieu de rétablir la discipline et la
dignité du parlement , ainsi qu'on avoit
feint de le desirer , on détruisit presqu'entièrement l'une et l'autre.

Le parlement auroit été perdu sans retour, si les ministres du roi avoient pu
prendre les mesures nécessaires pour maintenir leur ouvrage ; mais au bout de trois
ans , le mauvais état des finances ne per-
mettant pas de payer les gages considérables qu'on avoit promis, il fallut suppri-
mer les offices de nouvelle création , et
permettre aux anciens juges de recevoir
encore des épices des plaideurs. Fut-ce
un bonheur, fut-ce un malheur que cette
seconde révolution qui rétablit le parlement dans son premier état ? Je n'ose le
décider ; qu'on en juge par le bien qu'il
produisit dans la suite, et par les maux
qu'il ne put empêcher. Peut-être que si
la nation n'avoit pas compté sur ce secours
impuissant, elle auroit été assez inquiète
pour réprimer l'autorité arbitraire du gouvernement, et donner un appui utile à sa

liberté, au-lieu que trompée par les espérances qu'elle avoit conçues du crédit et
des vues du parlement, elle s'en reposa
sur lui de son bonheur, et contracta une
sécurité nonchalante qui est le signe certain de la décadence et de l'avilissement
d'un peuple. Quoi qu'il en soit, le parlement qui n'avoit pas eu le temps de perdre son ancien esprit, continua à faire des
entreprises et à être repoussé par une puissance supérieure à la sienne.

Ce fut pour humilier le parlement de
Paris, dont les prétentions devenoient de
jour en jour plus considérables, que Charles IX, dit Davila, se fit déclarer majeur
au parlement de Rouen. La cour des pairs
crut recevoir une injure mortelle, et se
plaignit de cette nouveauté, dans le fait
assez indifférente à l'état, comme s'il eût
été question du renversement de la monarchie. Tout le monde sait de quelle manière Charles reçut ses députés, quand
ils vinrent lui faire des remontrances à ce
sujet. Vous devez vous souvenir, leur dit
le roi, que votre compagnie n'a été établie par mes prédécesseurs que pour rendre la justice aux particuliers suivant les
lois, les coutumes et les ordonnances
qu'ils publieroient. Les affaires d'état ne
regardent que moi et mon conseil, et
vous devez n'y prendre aucune part :
défaites-vous de l'ancienne erreur où vous
êtes de vous faire les tuteurs des rois, les

défenseurs du royaume et les gardiens de Paris. Si dans les ordonnances qui vous sont adressées, vous trouvez, ajouta-t-il, quelque chose de contraire à ce que vous pensez, je veux que, selon la coutume, vous me le fassiez au plutôt connoître par la voie des représentations ; mais je veux qu'aussitôt que je vous aurai déclaré ma dernière volonté, vous obéissiez sans retardement. Sans prendre un ton si absolu, en vertu de quel titre[1], pouvoit leur dire Charles IX, vous croyez-vous supérieurs au parlement de Rouen ? Quelle loi m'ordonne de me transporter chez vous pour me faire déclarer majeur ? Je le suis en vertu de l'ordonnance de Charles V, et il me suffit de vous envoyer une déclaration pour vous apprendre que j'ai atteint l'âge prescrit par la loi. Pourquoi ne serois-je pas le maître de faire au parlement de Rouen une faveur que je ne vous dois point? et de quoi vous plaignez-vous si je ne vous fais aucun tort?

Le parlement étoit accoutumé depuis trop long-temps à recevoir de pareilles réponses, pour que celle-ci n'eût pas le sort des précédentes. Il devoit même être d'autant moins disposé à obéir, qu'il voyoit la cour agitée par des factions puissantes, et avoit appris avec tout le royaume à mépriser un gouvernement qui flottoit dans une perpétuelle irrésolution. Les voix furent partagées, quand on opina sur l'en-

registrement de l'édit de majorité ; & le
conseil rendit un arrêt (8), par lequel il
cassoit et annulloit tout ce qui avoit été
fait à cet égard par le parlement comme
incompétent, de la part d'une compagnie
à qui il n'appartient pas de connoître des
affaires publiques du royaume. Il lui étoit
ordonné d'enregistrer l'édit de majorité,
sans y ajouter aucune restriction, modification ni condition. On lui défendit d'a-
voir jamais la présomption d'examiner,
statuer ou même délibérer sur les ordonnances qui concernent l'état, sur-tout lorsqu'après avoir fait des remontrances, ils
auroient appris la volonté absolue du roi.

Le parlement obéit, dans la crainte
qu'une plus forte résistance ne servît qu'à
constater sa défaite d'une manière plus certaine ; mais il conserva, suivant sa mé-
thode ordinaire, l'espérance d'être plus
heureux dans une autre conjoncture. En
effet, il avoit et a encore le talent de ne
se rappeler de son histoire que les évènemens qui lui sont avantageux, et de remettre toujours en avant les mêmes prétentions
qu'il paroît avoir abandonnées plusieurs fois.
Cette ressource ou ce manège de la vanité
et de la foiblesse finit toujours par être perni-
cieux à l'ambition. Malgré l'inconsidération et la frivolité des Français, il étoit
impossible que, s'accoutumant à faire des
démarches qui devoient paroître fausses au
public et téméraires au conseil, le parle-

ment ne fût pas enfin accablé par une puissance qui lui étoit supérieure.

Sans doute que les oppositions et les remontrances de cette compagnie , toutes inutiles qu'elles étoient à l'agrandissement de sa fortune , ont d'abord opposé quelques obstacles aux abus du pouvoir arbitraire ; mais elles étoient incapables de fixer les principes du gouvernement , et d'empêcher que la liberté publique ne fût enfin opprimée. Le conseil ne trouvant qu'une résistance inégale à ses forces , ne sentit point la nécessité de se tenir dans les limites que la justice , les lois et les coutumes lui prescrivoient. Retardé , mais non pas arrêté dans sa marche , il s'accoutuma à aller toujours en avant. Le succès étoit certain , il ne s'agissoit que de marcher avec quelque lenteur , et de ne pas vouloir commencer en un jour des entreprises qui devoient être l'ouvrage de la patience et du temps.

Tandis que le roi déclare éternellement aux magistrats du parlement qu'ils n'ont été créés que pour rendre en son nom la justice aux particuliers , ils persévérèrent constamment à se regarder comme les gardiens et les protecteurs de la liberté publique, mais sans oser le dire nettement. Cette conduite n'étoit-elle pas la preuve d'une foiblesse égale à leur ambition ? Et si elle étoit incapable d'intimider et de contenir les ministres , pouvoit-elle rassurer une nation sensée ? Rien n'est plus extraordinaire que la politique des gens de robe. Le roi répète continuellement qu'il est le suprême législateur, la source et le principe de tout droit public et particulier ; qu'il ne tient son autorité que de Dieu seul, qu'il ne doit compte qu'à lui de ses actions ; et le parlement convient de cette doctrine. D'où lui vient donc ce droit qu'il s'arroge de protéger la nation ? Et si le roi veut l'en priver, pourquoi refuse-t-il d'y consentir ? En ne donnant aucune borne à la puissance royale, par quelle raison peut-il cependant s'attribuer le privilège d'examiner, de rejeter ou de modifier les lois ? S'il ne voyoit pas que ce droit négatif et modificatif le rendroit lui-même suprême législateur, ses lumières devoient être extrêmement bornées, et par conséquent bien incapables de servir le public. S'il sentoit au-contraire l'importance de ses prétentions, pourquoi ne prévoit-il pas que le conseil tentera tout pour ne pas laisser échapper de ses mains la puissance législative dont il est en possession, et qu'il n'en souffrira pas même le partage ? Le parlement ne prévit rien, ou s'il prévit quelque chose, il faut convenir qu'il prit pour élever et affermir sa fortune, les moyens les plus propres à la renverser.

Son premier tort fut de ne pas connoître sa situation, et d'avoir espéré ou craint

sans se rendre compte de ses espérances
ou de ses craintes. Quand on supposeroit,
qu'il ne vouloit qu'affermir l'autorité royale
dans les mains du roi, en prévenant les abus,
que ses ministres en feroient, et qui la
rendroient désagréable à la nation, et par
conséquent peu sûre, ne devoient-ils pas
prévoir les difficultés sans nombre qui s'opposeroient au succès d'un pareil projet ?
Il étoit facile aux grands qui s'étoient faits
ministres de l'autorité royale pour en faire
l'instrument de leur fortune, de lui rendre
le parlement suspect et même odieux. Fal-
loit-il espérer que le prince, élevé comme un sage au-dessus de ses passions,
jugeât que c'étoit pour son avantage qu'on
s'opposeroit à ses volontés ? Des rois qui
avoient refusé de concerter leurs opérations avec les états-généraux, devoient
nécessairement avoir plus d'ambition que
d'amour pour le bien public. Le parlement
devoit donc penser que l'autorité qu'il vouloit attribuer à son enregistrement pour
l'avantage du public, choqueroit le roi et
son conseil, et que n'ayant pas de forces
supérieures ou même égales à leur opposer, il ne se rendroit puissant qu'autant
qu'il s'appliqueroit plus à mériter une bonne
réputation qu'à étendre et multiplier ses
prétentions.

C'est l'estime que le public avoit conçue pour les lumières du parlement sous
Charles VI, qui avoit fait désirer à ceux

qui administrèrent tour-à-tour l'autorité
royale, de se concilier son approbation;
et de là, comme on l'a vu, étoit née la
coutume de l'enregistrement. Il auroit donc
fallu que par son amour de la justice,
de la vérité et du bien public, cette compagnie eût fait souhaiter à tous *les* ordres de l'état, que l'enregistrement acquît
toujours un nouveau pouvoir. Il falloit,
si je puis parler ainsi, mettre des vertus
et non pas des prétentions en avant. Il
importoit au parlement de rester, pour
ainsi dire, en arrière, et de se faire avertir et presser par le public d'avoir de l'ambition. Sa modestie n'auroit servi qu'à donner plus de zèle à ses partisans, qui, dans
l'espérance d'opposer un plus grand obstacle au pouvoir arbitraire, auroient eux-
mêmes développé et étendu les privilèges
qui découlent naturellement du droit
d'enregistrer et d'examiner les lois. Le
conseil nécessairement intimidé par la sagesse du parlement, n'auroit pu lui résister sans soulever contre lui tout le public.

Je ne suis pas assez injuste pour exiger
que nos magistrats du quinzième siècle eussent les mœurs, les lumières et le courage
des anciens sénateurs de Sparte et de Rome;
mais il n'auroit pas été besoin de les égaler pour mériter la confiance de nos pères.
Dans l'état informe où se trouvoit nôtre
législation, que le parlement ne proposoit-
il lui-même quelques règlemens utiles au

public, au-lieu de rester attaché à ses erreurs et à ses préjugés ? Quand Charles VII eut ordonné de rédiger les différentes coutumes de nos provinces, pourquoi cette opération, conduite sans génie, n'étoit-elle pas encore (9) terminée, quand Charles IX monta sur le trône ? Pourquoi nos magistrats paroissoient-ils craindre qu'elle ne les gênât dans les jugemens ? Attachés par vanité au malheureux privilège de courber les lois, sous prétexte de les rendre plus utiles et d'en faire une application plus juste, c'étoit s'attribuer un pouvoir dont il est trop aisé à la fragilité des hommes d'abuser ; c'étoit apprendre aux simples citoyens l'art malheureux de mépriser et d'éluder les lois, et aux grands d'en faire l'instrument de leur tyrannie. Qu'importoit-il à la nation que le parlement montrât quelquefois la vérité dans ses remontrances, s'il n'y restoit pas inviolablement attaché ? La trahir ou l'abandonner est un plus grand mal que de ne la pas connoître. L'administration de la justice demande une dignité modeste et grave, et non pas de l'éclat. Les citoyens devoient trouver dans leurs juges des défenseurs de leur fortune, et non pas des ennemis qui la dévoroient.

Le parlement auroit fait, selon les apparences, tout ce qu'on pouvoit attendre de lui, s'il eût continué à choisir lui-même ses magistrats ; mais il perdit malheureusement

heureusement cet avantage (10), à-peu-près dans le même temps où il commençoit à prendre part à l'administration , et à concevoir les plus grandes espérances de fortune. Il n'y a que le peuple qui sache choisir ses magistrats intègres et courageux , et ce fut la cour qui se chargea de ce choix. Il fallut apprendre à mendier la protection des grands , et elle fut plus utile que la probité et la connoissance des lois pour parvenir aux dignités de la magistrature. Il est certain que sous le règne de Charles VIII , elles étoient déjà l'objet d'un commerce (11) secret. Les personnes puissantes de la cour remplirent le parlement d'hommes qui avoient acheté à prix d'argent ou par des bassesses le droit de juger ; et quel moyen restoit-il dès-lors à cette compagnie pour s'emparer du pouvoir auquel elle aspiroit ?

Ces abus multipliés donnèrent naissance à la vénalité publique des offices qui augmenta la corruption , et par conséquent l'avilissement où la magistrature devoit tomber. « Croyez, disoit le premier président Guillard à François I.er , que ceux qui auront si cher acheté la justice, la vendront, et ne sera cautelle ni malice qu'ils ne trouvent.» Il n'y a point de milieu pour les juges ; ils sont les membres les plus méprisables de la société , s'ils ne forcent pas le public à avoir pour eux l'estime la plus entière. Le parlement se remplit d'hommes inconnus, qui n'avoient souvent d'autre mérite que d'avoir amassé une grande fortune pour acheter des places que des hommes de bien ne regardent qu'en tremblant, et n'osent remplir que quand la voix publique les y appelle. Pour comble de scandale, ces magistrats prêtèrent serment qu'ils n'avoient pas acheté ces offices. Quelle confiance pouvoit-on prendre en des hommes qui s'étoient joués de ce que la religion et l'honneur ont de plus sacré? et leurs mains étoient-elles dignes de porter la balance et l'épée de la justice?

On se rappelle avec douleur que dans un discours que le chancelier de L'Hôpital prononça au parlement, il reprochoit à la plupart des (11) magistrats de s'ouvrir le chemin des honneurs, en trahissant leur devoir. Il se plaignoit que l'intégrité des juges fût devenue suspecte, et qu'on ne vît dans leur conduite que les vues d'un intérêt sordide et d'une ambition criminelle. Tous les jours, leur dit-il, vous augmentez vos honoraires, et vous êtes divisés entre vous par les factions des princes et des seigneurs; ils se vantent de vous acheter à prix d'argent, et vous leur vendez votre amitié comme des courtisans. Vous prostituez votre dignité et vos services, jusqu'à devenir les agens et les intendans de quelques personnes dont vous tenez la vie et les biens dans vos mains.

Sire, disoit Monluc (13), évêque de Valence, en opinant dans le conseil en présence des députés du parlement qui venoient faire des remontrances, les magistrats vous disent souvent qu'ils ne peuvent ni ne doivent, selon leur conscience, entériner les ordonnances qui leur sont envoyées ; cependant il arrive assez souvent qu'après s'être servis d'expressions si fermes et si vigoureuses, ils oublient bientôt le devoir de leur conscience, et accordent sur une simple lettre de jussion ce qu'ils avoient refusé. Or, je demande volontiers à ces magistrats ce que devient alors leur conscience.

Les vices grossiers qui révoltoient la probité de L'Hôpital, choquoient depuis long-temps tout le monde ; il n'y avoit personne en France qui n'eût fait cent fois les mêmes réflexions que Monluc ; et la résistance du parlement n'étant qu'une espèce de routine dont on prévoyoit toujours l'issue, ne servoit qu'à le rendre importun à la cour, sans lui concilier l'estime de la nation. Dans cette situation critique, et après avoir fait cent expériences de sa foiblesse et de la supériorité du conseil, il devoit s'apercevoir qu'il ne feroit que des efforts inutiles pour s'emparer de la puissance publique ; que les ministres ne cesseroient point de travailler à son abaissement, et que pour conserver un reste de considération et de crédit, il falloit retirer la nation de l'assoupissement auquel elle s'abandonnoit, et l'inviter à conserver ou plutôt à recouvrer sa liberté.

Quelque peu éclairé qu'on fût en politique avant le règne de François I.er, la réflexion la plus simple suffisoit pour faire connoître qu'une nation est seule capable de protéger les lois, et que souvent même, quoiqu'elle se trouve en quelque sorte toute rassemblée par ses représentans dans des états-généraux, elle a bien de la peine à le faire avec succès. On voyoit alors comme aujourd'hui, que peu de peuples avoient eu le bonheur de conserver leur liberté, et que ce n'étoit qu'en accumulant précautions sur précautions que les Français pouvoient résister au despotisme de la cour. Le parlement n'entrevit aucune de ces vérités, il ne connut ni sa situation ni celle de l'état.

Il n'en faut point douter ; quand après avoir aliéné les cœurs de la nation, cette compagnie fut enfin persuadée qu'elle manquoit de forces nécessaires pour élever une puissance supérieure, ou du-moins égale à celle du roi, elle prit la politique des grands pour le modèle de la sienne. Dans le déclin de leur grandeur, ils s'étoient rendus ministres de l'autorité royale pour être encore puissans. De même les magistrats du parlement, las de lutter sans succès contre le conseil, servirent son ambition dans l'espérance du même avantage. Ils crurent se rendre nécessaires en travail-

lant à faire oublier la nation, et formèrent le projet de partager avec les grands
le droit de gouverner sous le nom du roi.

Mais cette espèce d'aristocratie ne de-
voit-elle pas lui paroître contraire à tous
les préjugés de la nation, et par conséquent impraticable ? L'ancien gouvernement des fiefs dont le souvenir étoit toujours précieux aux grands, leur rappeloit
leur ancien état ; ils conservoient encore
dans leurs terres des restes (14) de leur
indépendance et de leur despotisme. Avec
tant d'orgueil et de vanité, pouvoient-ils
consentir à partager l'administration de
l'autorité royale avec des familles du tiers-
état qu'ils regardoient comme leurs affran-
chis ? Quand la magistrature auroit été
dès-lors un moyen de se glisser (15) dans
l'ordre de la noblesse, le parlement y auroit peu gagné : on sait le mépris que la
grande noblesse a toujours eu pour les ano-
blis. L'autorité dont les grands étoient
déjà en possession, la partie brillante d'administration dont ils étoient chargés, l'orgueil des titres, les charges de la couronne,
les gouvernemens des provinces, le commandement des armées, la familiarité du
prince, tout concouroit à-la-fois à éblouir
et tromper l'imagination du peuple, qui
ne voyant rien de cet éclat dans les magistrats, auroit lui-même été assez stupide
pour trouver mauvais qu'ils eussent voulu

D 3

marcher d'un pas égal avec les grands, et partager le droit de gouverner.

Tant que les grands furent assez puissans pour se faire regarder comme les ministres nécessaires de l'autorité royale, l'ambition du parlement ne put avoir aucun succès. La pompe des lits de justice qui flattoit sa vanité, et lui persuadoit qu'il avoit part au gouvernement, n'auroit dû que lui faire sentir sa foiblesse; mais quand sous le règne de François I.er, les grands furent enfin écrasés par la puissance même qu'ils avoient donnée au roi, et l'avilissement où ils avoient jeté la nation, le parlement n'auroit-il pas dû ouvrir les yeux? Il devoit voir manifestement que toutes ses espérances étoient renversées, qu'on ne l'écrasoit pas parce qu'on le craignoit peu, et que quand par le secours de quelque évènement favorable, il parviendroit à partager avec le roi la puissance publique, il auroit bientôt le même sort que les grands. Le roi s'étoit servi des jalousies qui régnoient entre les grands pour les asservir tous à sa volonté, et en faire des courtisans; et il n'étoit pas moins aisé de se servir des mêmes jalousies qui divisoient tous les ordres de l'état pour opprimer un corps qui refuseroit d'obéir. Par quel prestige peut-on se flatter d'être puissant dans une nation où il n'y a plus de liberté? Cependant en voyant l'extrême dépendance où François I.er tenoit les grands, le parlement regarda leur décadence comme un obstacle de moins à son ambition.

C'étoit alors, s'il eût aimé véritablement le bien public, ou ménagé ses intérêts avec habileté, qu'il devoit se servir d'un reste de crédit prêt à s'échapper de ses mains, pour émouvoir les différens ordres de l'état, les réunir et les appeler à son secours. Quand on lui portoit des édits pour établir quelques nouvelles imposi- tions, il auroit dû se rappeler les anciens principes de Comines, qui n'étoient pas entièrement oubliés. Il devoit représenter au conseil que le consentement seul de la nation pouvoit légitimer l'établissement et la levée des impôts, et que les magistrats trahiroient leur devoir, si, par un enre- gistrement inutile, ils paroissoient s'attri- buer un droit qui ne leur appartient pas. Il falloit alors demander généreusement la convocation des états-généraux. Mais le parlement vit au-contraire avec plaisir qu'on lui fournissoit une occasion d'éten- dre son pouvoir, et de se mettre à la place de ces assemblées nationales qu'il haïssoit, parce qu'il en avoit éprouvé autrefois et qu'il en méritoit encore la censure. Il ne s'aperçut pas du piège qu'on lui tendoit. Il crut qu'on lui donnoit une marque de considération; et il auroit dû sentir qu'on ne recouroit à lui préférablement aux états- généraux, que parce qu'on le craignoit

moins ; et que le conseil étoit bien aise
de lui voir usurper un droit ou un pouvoir
dont il ne pourroit user, sans s'exposer à
le perdre ou à se déshonorer aux yeux du
public.

Cette usurpation sur les droits de la
nation ne fut point une erreur qu'il faille
attribuer à l'ignorance ou à une inconsidération passagère. Le parlement savoit
que les édits qui ne regardent pas l'administration de la justice et le domaine du
roi, n'étoient point soumis à son inspec-
tion ; et le président de Saint-André en
faisoit comme l'aveu (16), en répondant
au nom du parlement à un discours du
chancelier de L'Hôpital. Il étoit si bien
instruit qu'il exerçoit un pouvoir qui ne
lui appartenoit pas, qu'il ne manquoit
point d'exprimer dans l'enregistrement
des édits bursaux, qu'il ne les entérinoit
qu'autant que le domaine du roi y étoit
intéressé. Ainsi pour justifier, s'il étoit
possible, son injustice, le parlement s'accoutumoit à croire que le droit d'établir des
impôts est dans le prince un droit domanial.
N'étoit-ce pas faire entendre que le patri-
moine des particuliers forme une partie
des domaines de la couronne ? N'étoit-ce
pas attaquer le droit de propriété ? Qu'importe d'être le propriétaire du fonds, si
on n'est pas le maître des fruits ?

Je n'entrerai point dans le détail des
imprudences qu'on peut reprocher au par-

lement. Sans s'être formé un plan de conduite ni un objet fixe, tandis qu'il ne songeoit qu'à étendre et multiplier ses prérogatives, tantôt aux dépens du roi et tantôt aux dépens de la nation, il ne songea jamais à se faire des amis qui le protégeassent. Il eut l'imprudence de choquer et d'irriter à-la-fois l'orgueil des grands avec lesquels il prétendoit s'égaler, et la vanité du tiers-état avec lequel il ne voulut plus être confondu : puisqu'il ne pouvoit être puissant et jouir de sa puissance qu'en s'opposant aux entreprises du conseil, et qu'en vertu de son enregistrement; puisqu'il croyoit avoir le droit de résistance que les lois romaines donnèrent aux tribuns après la retraite du peuple sur le Mont-Sacré, il devoit donc avoir la conduite de ses magistrats. Vit-on jamais les tribuns, pour augmenter leur pouvoir, chercher à s'unir au sénat, et dédaigner de confondre leurs intérêts avec ceux du peuple ?

Dans la célèbre assemblée des notables que tint François I.er pour délibérer sur l'exécution du traité de Madrid, il y appela des magistrats de tous les parlemens de province. Les différens ordres, délibérèrent leur avis à part; c'étoit une occasion décisive pour gagner l'affection du tiers-état; mais les magistrats ne balancèrent pas à former un corps (17) distingué de la commune de Paris. Cette séparation des ordres parut encore plus frappante dans l'assemblée des notables (18) tenue au parlement après la malheureuse bataille de Saint-Quintin. Les députés des cours souveraines formèrent encore un ordre à part entre la noblesse et le tiers-état ; et, tant la vanité est aveugle ! les gens de robe sollicitèrent cette prétendue grâce, et regardent encore aujourd'hui comme une faveur cette séparation qui les avilissoit, et que le gouvernement étoit bien aise de leur accorder. Les magistrats n'obtenant point l'égalité avec la noblesse, constatèrent seulement leur infériorité dans l'ordre politique ; ils n'eurent point la considération qu'ils auroient nécessairement acquise, en paroissant les députés, les représentans et les chefs d'un ordre qui, par la nature des choses, est le plus puissant quand il connoît ses forces, et qui les connoîtra toujours quand des magistrats l'inviteront à les connoître. Le parlement rejeté par la noblesse qui ne vouloit pas l'admettre dans son corps, séparé du peuple par sa vanité, et depuis long-temps ennemi du clergé, dont il attaquoit sans cesse la juridiction, sous prétexte de défendre les libertés de l'église gallicane, devoit donc être le jouet de l'autorité royale.

Dans cet état de foiblesse, le parlement de Paris mit le comble à son imprudence, en séparant ses intérêts de ceux des parlemens de province. Il ne comprit pas combien il lui importoit de les faire respecter, et que tout ce qui dégraderoit leur dignité, aviliroit la sienne.

Il faut se rappeler que les justices seigneuriales ayant perdu leur souveraineté par l'établissement des appels, on étoit obligé de recourir à la cour du roi du fond de toutes les provinces. Pour que les plaideurs ne fussent pas toujours errans à la suite de la justice, et que la cour ne fût pas elle-même incommodée de cette foule de praticiens, de solliciteurs et de plaideurs qui l'accompagnoit, il fallut fixer les plaids de la justice du roi dans un lieu déterminé, et c'est ce qu'exécuta Philippe-le-Bel, en rendant le parlement sédentaire à Paris. Cette première disposition en préparoit une seconde qui ne seroit pas moins utile au public. Le même prince sentit l'avantage de partager sa cour de justice en deux branches, afin que présente à-la-fois à Paris et à Toulouse, les citoyens des provinces méridionales ne se consumassent pas en frais pour venir suivre dans la capitale les appels qu'ils avoient interjetés des jugemens rendus dans leurs bailliages. C'étoit imiter la conduite de Charlemagne, qui avoit envoyé autrefois des (19) commissaires dans les provinces, pour y remplir les fonctions de la cour, qui étoit à la suite de sa personne. Quelque sage que fût cet établissement de

Philippe-le-Bel, il fallut le révoquer ; et sans en rechercher ici les raisons, je me contenterai de dire que ce ne fut qu'après avoir été cassé et rétabli à différentes reprises, que le parlement de Toulouse reçut enfin de Charles VII une fortune fixe.

L'utilité de cet établissement invita les successeurs de ce prince à créer divers autres parlemens en faveur de quelques provinces. Il est évident que tous ces tribunaux n'étant tous que des portions de la justice souveraine du roi, ne formoient tous qu'un seul et même corps. Charles VII avoit invité le parlement de Paris et le parlement de Toulouse à être étroitement (20) unis, et les magistrats de ces deux compagnies devoient avoir indifféremment séance et voix délibérative dans l'une et dans l'autre. Les rois en érigeant différens parlemens avoient déclaré qu'ils avoient tous la même autorité, et qu'ils jouiroient des mêmes prérogatives. Cependant le parlement de Paris, qui devoit regarder ces nouveaux tribunaux comme des portions de lui-même, qui serviroient à étendre son pouvoir et son crédit, eut l'orgueil d'une métropole, et affecta une supériorité offensante sur ces colonies. Peut-être fut-il indigné de ne plus voir tout le royaume dans son ressort, et les plaideurs de toutes les provinces ne plus contribuer à sa fortune. Voilà peut-être la première cause d'une désunion funeste à la magistrature. Quoi qu'il en soit, le parlement de Paris, fier du titre de cour (21) des pairs dont il se crut seul honoré, et de la relation plus étroite qu'il avoit avec le gouvernement, dédaigna de fraterniser avec les parlemens de province, ne permit point à leurs membres de prendre séance dans ses assemblées, et ne les regarda que comme des espèces de bailliages qui avoient le privilège de juger souverainement.

Ce n'est que dans ces derniers temps que le parlement de Paris a connu sa faute, et que pour opposer des forces plus considérables au gouvernement et au clergé, il a senti la nécessité de s'associer les autres parlemens (22), en ne se regardant tous que comme les membres différens d'un même corps. Mais sa politique a bientôt été sacrifiée à sa vanité. A peine jouissoit-il du crédit que lui donnoit sa confédération qu'il le perdit, et rompit l'union pour conserver sa dignité frivole de cour des pairs. Il craignit que si les autres parlemens osoient informer contre un pair et le décréter, ils ne se crussent bientôt assez importans pour le juger.

Par sa nature, le parlement devoit avoir une compétence sans bornes, et cependant il avoit vu former différens tribunaux qui la limitoient, comme la création des parlemens de province avoit limité son ressort. L'élection des cours des aides et du grand conseil lui parut un attentat coñtre son autorité. Il craignit que des corps formés à ses dépens, et qui jugeoient souverainement, ne voulussent en quelque sorte affecter avec lui la même égalité que la chambre (23) des comptes prétendoit avoir. Il est certain que le parlement de Paris ne pouvoit rien faire de plus utile à ses intérêts, que de former un seul corps de toute la magistrature du royaume. De ces forces réunies il se seroit formé une masse de puissance assez considérable pour donner quelque sorte de consistance aux lois, et forcer le gouvernement à se faire quelques règles. Mais le parlement se laissa gouverner par cet esprit de dédain et de mépris, que les Français en général étoient accoutumés d'avoir pour leurs inférieurs, et qui a été également funeste au clergé, à la noblesse et aux simples citoyens.

Après avoir aliéné tous les esprits, choqué et insulté tous les ordres de l'état, si le parlement n'avoit pas fait de temps en temps quelques efforts pour s'opposer à l'établissement des nouveaux impôts, et montré par occasion quelques maximes estimables, ou une fermeté momentanée contre les entreprises du ministère, il y a long-temps qu'il ne jouiroit d'aucune considération auprès du public. Quelques disgraces et quelques exils que le parlement a paru supporter avec courage, ont fait perdre le fil de sa conduite, et oublier qu'il à plus contribué que les grands mêmes à faire proscrire l'usage des états-généraux, sans lesquels il ne peut y avoir de liberté ni de lois respectées. On lui sait gré des remontrances impuissantes et du manège puéril qu'il emploie pour empêcher le mal ; on le regarde comme une planche après le naufrage, sans songer qu'il a été lui-même une des principales causes du naufrage. Parce qu'il offre le spectacle toujours répété d'une résistance toujours inutile, on espère qu'il parviendra enfin à empêcher le mal ; et notre inconsidération éternelle nous empêche de juger de l'avenir par le passé.

CHAPITRE IV.

Règne de Henri II et de François II. — Les changemens survenus dans la religion préparent une révolution, et contribuent à rendre aux grands le pouvoir qu'ils avoient perdu.

EN profitant de l'ambition et de la jalousie qui divisoient les grands, François I.er avoit joui de l'autorité la plus absolue. De nouvelles circonstances préparoient les Français à prendre un génie nouveau et conforme à leur gouvernement. J'ai rendu compte de l'art que ce prince employa

pour rendre ses sujets dociles ; des délateurs honorés et protégés l'instruisoient de
l'état de toutes les provinces ; mais ce qui
contribua principalement à tenir les ordres du royaume dans la soumission, ce
fut le soin qu'il eut de ne confier l'exercice
de sa puissance qu'à des personnes qui ne
pouvoient la tourner contre lui, et d'humilier ou disgracier les grands qui lui faisoient ombrage, avant qu'ils eussent acquis
assez de crédit pour se rendre dangereux.
Le dernier conseil qu'il donna à son fils,
fut de se défier de la maison de Guise, qui
par ses talens et son courage sembloit aspirer à une grandeur suspecte dans une
monarchie. En appliquant ce précepte à
toutes les maisons qui deviendroient trop
considérables, en les abaissant, en les élevant tour-à-tour, Henri II auroit eu toute
la politique désormais nécessaire à un roi
de France, pour retenir sans peine toute
l'autorité dans ses mains. Le parlement
pouvoit embarrasser et gêner le gouvernement ; mais on connoissoit sa foiblesse, et
il ne donnoit aucune inquiétude réelle.

Un gouvernement qui n'avoit besoin que
de si peu d'art pour se maintenir, ne devoit, ce semble, éprouver aucune révolution. Quelque simple cependant que fût
cet art, il faut s'attendre que la fortune
placera tôt ou tard sur le trône quelque
prince qui ne sera pas même capable de la
légère attention qu'il demande. Tel fut

Henri II, arbitre souverain de la fortune de ses courtisans, entouré de flatteurs et d'esclaves : ce prince ne vit que sa cour ; embarrassé de son autorité dont le poids écrasoit tout, il étoit bien éloigné de penser qu'il dût prendre quelque précaution pour la conserver et la laisser à ses enfans telle qu'il l'avoit reçue de son père ; il ne s'occupa que de ses plaisirs, et abandonna les rênes du gouvernement à une maîtresse et à ses favoris. A mesure qu'on s'aperçut que le prince, incapable d'agir par lui-même, négligeoit davantage les soins de l'administration, les passions auparavant réprimées prirent un nouveau degré de force. Tandis que les Guises exerçoient seuls l'autorité royale en gouvernant la duchesse de Valentinois, la maison de Bourbon qui n'avoit éprouvé que des dégoûts depuis la révolte de son chef, souffrit plus impatiemment sa disgrace, en voyant qu'elle n'étoit plus que l'ouvrage d'une maîtresse et de ses favoris.

Cette fermentation dans les esprits, qui auroit autrefois produit des troubles dans tout le royaume et allumé une guerre du bien public, se borna à lier entre les courtisans quelques intrigues, qui ne causèrent même aucune révolution dans la faveur ; car par une suite même de la foiblesse de son caractère, Henri étoit incapable de prendre la résolution de renvoyer les personnes à qui il avoit donné sa confiance.

Ce prince mourut; et les Guises, qui avoient fait épouser la reine d'Ecosse à son jeune successeur, furent plus puissans qu'ils ne l'avoient encore été. Tandis qu'ils disgracioient, exiloient et perdoient tous ceux qui leur faisoient ombrage, ou qui ne se hâtoient pas de demander leur faveur, il n'y eut de fortune que pour leurs créatures, et elles occupèrent les places les plus importantes à la cour, dans la capitale et dans les provinces. Par un seul trait, qu'on auroit de la peine à croire, s'il n'étoit consigné dans les monumens les plus sûrs de notre histoire, qu'on juge de l'avilissement où la nation étoit tombée, et des périls dont François II étoit menacé de la part des ministres de son autorité. Il s'étoit rendu à Fontainebleau un grand nombre de personnes pour solliciter le paiement de ce qui leur étoit dû, ou demander des grâces qu'elles croyoient mériter. Les Guises, las de répondre à tant de sollicitations qui les gênoient, firent dresser des gibets, et publier une ordonnance qui enjoignoit à toutes ces personnes de sortir de Fontainebleau en vingt-quatre heures, sous peine d'être pendues.

On croyoit voir revivre l'ancienne mairie du palais; et vraisemblablement les Guises, à force de répandre la crainte, l'espérance et les bienfaits, auroient eu le même pouvoir que les Pepins, si François II, qui ne fît en quelque sorte que paroître sur le

trône, eût régné assez long-temps pour
qu'ils pussent affermir leur fortune, et en
maniant l'autorité royale, se faire une autorité propre et personnelle. Il est sûr du-
moins qu'à la mort de François II, ils ne
tombèrent point dans le néant qui attendoit des ministres chargés de la haine publique, qui avoient perdu leur protecteur,
et qui voyoient leurs ennemis à la tête de
leur gouvernement. Ils se soutinrent par
leurs propres forces ; et la régente, veuve
de Henri II et mère du nouveau roi, qui
les craignit, fut obligée de les ménager.

Quoi qu'il en soit des ressources qui
restoient aux Guises pour se faire respecter, et des talens qui rendoient l'ambition
du prince de Condé si agissante et si redoutable, le temps, les évènemens, les
mœurs, les lois et l'habitude avoient tellement affermi la monarchie, que tous auroient été contraints de plier également
sous l'autorité royale, malgré l'enfance du
roi et l'incapacité de sa mère pour les affaires, si les changemens survenus dans la
religion n'avoient dérangé les ressorts du
gouvernement, mis les grands à portée de
se faire craindre, et d'établir leur fortune
par d'autres voies que celles de la flatterie
et de l'abaissement.

Il faut se rappeler que le calvinisme à sa
naissance avoit fait des progrès si rapides,
que dans les instructions que le parlement
envoya à la régente après la bataille de

Pavie, il demandoit que les novateurs, dont le nombre et la doctrine l'effrayoient, fussent sévèrement punis et réprimés. Je sais, pour le dire en pasant, qu'on a souvent blâmé le gouvernement d'avoir pris part aux disputes théologiques et d'en avoir fait des affaires d'état ; mais sans doute on n'a pas fait attention au pouvoir de la religion sur l'esprit des citoyens, et que ce n'est que chez un peuple assez sage et assez éclairé pour savoir qu'il doit être permis à tout homme d'honorer Dieu selon les lumières de sa conscience, que la diversité du culte et des opinions religieuses ne causera aucun trouble. Par-tout ailleurs elle excitera des querelles dont l'ambition se servira pour allumer des dissentions funestes, et ébranler les principes du gouvernement. Les questions agitées par Luther et Calvin n'étoient pas de ces questions abstraites et métaphysiques, qui ne peuvent intéresser que des théologiens oisifs. On attaquoit le culte journalier et sensible de la religion, et les dogmes qui lui sont les plus précieux ; comment donc auroit-il été prudent au gouvernement de voir avec indifférence les progrès d'une doctrine que des personnes de tout état embrassoient ? l'auroit-il pu quand il l'auroit voulu ? Le clergé, corps puissant dans l'ordre de la politique, étoit menacé de la perte de ses richesses et de son autorité ; il n'auroit pas gardé le silence, et dès qu'il se plaignoit, le gouvernement étoit forcé de prendre part aux querelles de religion.

Quoi qu'il en soit, on ne s'aperçut du mal que quand il n'étoit plus temps d'en arrêter le cours ; et le gouvernement qui ne devoit songer alors qu'à établir la tolérance, et employer les moyens les plus doux pour ramener les novateurs dans le sein de l'église, et retenir les catholiques dans la religion de leurs pères, prit le parti barbare et insensé de poursuivre les réformés comme des criminels, et de hâter ainsi les progrès du mal qu'il vouloit prévenir. On fit mourir un grand nombre de calvinistes à qui on n'avoit d'autre crime à reprocher que leur religion. Des hommes qui renoncent au culte dans lequel ils ont été élevés, pour en prendre un nouveau, ne sont point effrayés du martyre. Les réformés, jaloux dans leur primière ferveur de rappeler les vertus de la primitive église, bénissoient, comme les premiers chrétiens, la main qui les punissoit ; ils s'applaudissoient du sacrifice de leur vie qu'ils offroient à Dieu, et le remercioient de la grâce qu'il leur faisoit d'éprouver leur foi.

Les nouvelles sectes flattent toujours le gouvernement, pour mériter sa protection, ou du-moins sa tolérance ; ainsi les novateurs sans se plaindre de François I.er, n'accusoient que le cardinal de Tournon et le clergé des persécutions qu'on leur faisoit éprouver ; et dans l'ardeur de leur fanatisme, ils n'étoient peut-être pas fâchés d'avoir ce reproche de plus à faire aux prélats de l'église romaine. Mais leur foi dut commencer à être un peu moins patiente, quand ils virent qu'ils étoient sacrifiés à la cupidité de la duchesse de Valentinois (1) et du duc de Guise, qui avoient obtenu la confiscation des biens de tous ceux qui seroient punis pour cause de religion. L'une n'étoit qu'avare, et l'autre songeoit déjà à faire naître les troubles dont un ambitieux qui sent ses talens, a besoin dans une monarchie pour établir sa fortune. Le royaume fut plein de leurs émissaires, qui, par des informations secrètes et souvent calomnieuses, mirent à une nouvelle épreuve la foi et la résignation des réformés aux ordres de Dieu. Henri leur fit trop de mal pour ne les pas craindre, et dès qu'il les craignit, il voulut les exterminer. On rejeta les sages remontrances (2) que fit alors le parlement. Puisque tant de supplices, disoit-il, n'ont point servi jusqu'ici à suspendre les progrès de l'erreur, il nous a paru conforme aux règles de l'équité et de la droite raison, de marcher sur les traces de l'ancienne église qui n'a pas employé le fer et le feu pour établir et étendre la religion. C'est en présentant la vérité avec constance et avec charité que les apôtres ont persuadé ;

c'est en édifiant part les vertus d'une vie
sainte et exemplaire que les évêques ont
autrefois affermi et étendu la religion ;
que pouvons-nous espérer en répandant
des fleuves de sang? L'aveuglement opiniâtre des novateurs ébranle et séduit les
catholiques peu instruits. Nous croyons
donc qu'on doit entièrement s'appliquer
à conserver la religion par les mêmes
moyens qu'elle a été établie et qu'elle a
fleuri.

Pour rendre sa haine contre les novateurs plus éclatante, Henri tint un lit de
justice au parlement, et y déclara qu'il
avoit pris la résolution de se servir de toute
son autorité pour extirper de son royaume
une hérésie qui méprisoit tout ce que la
religion a de plus sacré. Quelques magistrats, dont la doctrine étoit suspecte, parlèrent en gens de bien ; les uns furent
arrêtés, les autres n'évitèrent la prison
qu'en se cachant, et le reste du parlement
intimidé ou gagné par le duc de Guise,
renonça à cet esprit de douceur et de conciliation que respiroient ses dernières remontrances, et que dans la suite le chancelier de L'Hôpital ne put jamais faire
revivre.

Quoiqu'une pareille conduite annonçât
aux réformés la persécution la plus cruelle,
rien n'indique cependant qu'en voyant dresser des échafauds et allumer des bûchers,
ils songeassent à se réunir pour repousser

l'injustice par la force. S'ils s'armèrent
d'une nouvelle patience, ce n'est pas qu'ils
ne crussent avoir le même droit que les
luthériens d'Allemagne de s'opposer à l'oppression, et qu'ils les blâmassent d'avoir
pris les armes ; mais la prudence leur prescrivoit une politique différente. Le gouvernement de l'empire invitoit les novateurs
allemands à avoir plus de zèle que de patience. Ayant à leur tête quelques princes puissans dont les forces pouvoient les
protéger efficacement contre la maison
d'Autriche, il étoit naturel qu'ils se dé-
goûtassent de la douceur et de la gloire
du martyre plus promptement que les réformés français, qui étant dispersés dans
un royaume où aucun grand ne pouvoit
les défendre contre le roi, ne trouvoient
aucun point de ralliement.

Il fallut le concours de plusieurs circonstances étrangères au gouvernement,
pour persuader enfin aux calvinistes que
Dieu avoit besoin de leurs bras pour défendre la vérité. Quelque ambitieux et
quelque entreprenant que fût le prince
de Condé, jamais l'amiral de Coligny
n'auroit approuvé son projet de secouer
le joug des Guises, et de les perdre par une
conjuration, s'il n'avoit pu lui conseiller
en même-temps de chercher un secours
auprès des réformés et d'unir leur cause
à la sienne. Jamais les réformés de leur
côté n'auroient pensé à se révolter s'ils n'y

avoient

avoient été invités par un prince qui leur promettoit sa protection, et qu'ils mettoient en état de se faire craindre. Quoique le calvinisme commençât à former un parti puissant, on ne fit cependant pas de projets de guerre et des plans de campagne. On respecta l'autorité de François II; c'étoit pour le délivrer de la tyrannie des Guises, qu'on devoit surprendre la cour à Amboise. Le seul objet des calvinistes étoit de se défaire des auteurs de tous leurs maux, et celui du prince de Condé de s'emparer du pouvoir qu'ils exerçoient sous le nom du roi.

Tout le monde sait que la conjuration d'Amboise n'eut pas le succès que les conjurés en attendoient; et si les Guises avoient eu le temps de perdre les chefs de ce parti, il est vraisemblable que le gouvernement n'auroit reçu aucune secousse. Les réformés dispersés et sans chefs n'auroient plus songé à se révolter, ou leurs émeutes réprimées en naissant par un gouvernement tout puissant, n'auroient point allumé de véritables guerres. Mais François II mourut avant que les Guises se fussent vengés. Le prince de Condé, déjà condamné à perdre la tête sur un échafaud, est bientôt déclaré innocent. Il se forme un nouvel ordre de choses, et sans que le gouvernement eût souffert en apparence aucune altération, ses ressorts étoient cependant brisés; et la politique avec laquelle Fran-

çois I.ᵉʳ avoit gouverné impérieusement,
ne suffisoit plus à Catherine de Médicis
pour faire respecter sa régence et le nom
de Charles IX.

On s'aperçoit sans doute que le prince
de Condé se trouvant désormais à la tête
des réformés que la conjuration d'Amboise avoit réunis en un corps , et qui
n'avoient plus la soif du martyre, eut entre les mains des forces infiniment plus considérables qu'aucun seigneur n'en avoit eu
depuis le règne de Charles VIII ; il pouvoit se faire craindre de la régente , lui
imposer des lois, la forcer d'acheter son
obéissance , ou s'il étoit mécontent , il
n'étoit plus condamné, comme le connétable de Bourbon , à porter son ressentiment
et sa vengeance dans le pays étranger.
L'inclination des Français à la docilité étoit
dérangée , et le fanatisme étoit propre à
leur rendre un courage et une confiance
qu'ils n'avoient plus depuis long-temps.
L'ambition des courtisans devoit avoir plus
de noblesse , leurs projets devoient être
plus grands et plus hardis , et il s'ouvroit
d'autres voies à la fortune que celles qu'ils
avoient connues sous les règnes précédens.

Guise étoit trop habile pour ne pas voir
tout l'avantage que le prince de Condé ,
son ennemi , avoit sur lui: ce génie vaste
et profond se porta dans l'avenir ; il vit
que les fondemens ébranlés de la monar-

chie et de l'obéissance étoient prêts à s'écrouler , et que d'autres temps et d'autres soins demandoient de lui une autre conduite. En jugeant que le prince de Condé ne seroit pas impunément à la tête d'un parti puissant, persécuté et répandu dans toutes les provinces , il se vit réduit à la triste humiliation de faire encore sa cour comme on la faisoit à François I.er , tandis que son ennemi parleroit en maître et n'obtiendroit pas, mais prendroit des grâces. Guise étoit perdu, s'il ne formoit pas un parti. Accoutumé à manier l'autorité royale sous deux rois, il ne fut point effrayé du nom de Charles IX. La régente Catherine de Médicis ne lui paroissoit qu'une intrigante , incapable de se faire respecter. L'état étoit divisé dans son culte. Les deux religions montraient l'une contre l'autre la haine la plus emportée. Plus les réformés avoient conçu de hautes espérances en voyant à leur tête le prince de Condé , et que le roi de Navarre son frère étoit revêtu de la lieutenance générale du royaume , plus les zélés catholiques se défioient du gouvernement , et souhaitoient qu'on se hâtât de perdre ou de persécuter leurs ennemis.

Quelle que fût la conduite du gouvernement à l'égard des deux religions, il étoit aisé de le rendre odieux, ou du-moins suspect ; et Guise jugea qu'il devoit se met-

E 2

tre à la tête des catholiques zélés, que la
régente ne pouvoit jamais contenter, comme
le prince de Condé étoit à celle des réformés, qui croiroient n'avoir jamais obtenu
assez de privilèges. Jusqu'alors il n'avoit
peut-être montré tant de zèle pour l'ancienne religion, que dans la vue de satisfaire l'avarice de la duchesse de Valentinois et d'enrichir ses créatures. Après la
mort de François II, il ne chercha qu'à
s'attacher les évêques, et à fixer sur lui
les yeux des catholiques, de sorte qu'ils
le regardassent comme leur chef et leur
protecteur, quand le gouvernement se con-
duiroit avec quelque sorte de modération
et de retenue à l'égard des novateurs.

CHAPITRE V.

Situation de la France sous les règnes de Charles IX et de Henri III.

QUELLES que fussent au commencement
du règne de Charles IX, les haines et les
forces des deux factions ennemies qui alloient diviser l'état, l'autorité absolue du
roi étoit si bien établie dans l'opinion publique, et on étoit tellement accoutumé
d'y obéir, que le prince de Condé et le
duc de Guise, dans la crainte de soulever contr'eux les esprits, étoient obligés

de cacher leurs projets ambitieux, d'affecter la soumission la plus entière, et de feindre qu'ils ne songeoient qu'à défendre le roi contre ses ennemis. Si on croit le traité (1) par lequel le duc de Guise, le connétable de Montmorency et le maréchal de Saint-André formèrent leur union, qui fut appelée le triumvirat, Charles IX n'avoit point de serviteurs plus affectionnés qu'eux à son service. Le prince de Condé, en formant un parti par l'association des réformés les plus zélés pour leur culte, assuroit (2) de même que son seul dessein étoit de maintenir l'honneur de Dieu, le repos du royaume, et la liberté du roi sous la régence de sa mère. Cette ligue ne devoit subsister que jusqu'à la majorité de Charles, c'est-à-dire, jusqu'à ce qu'il prît en personne le gouvernement. Pour lors, disoient les associés, nous nous soumettrons avec plaisir aux premiers ordres qu'il nous donnera, comme nous nous soumettrions dès aujourd'hui à la volonté de la reine, si les ennemis de l'état lui permettoient de la faire connoître. Pour justifier les préparatifs de guerre et de révolte qui se faisoient de toutes parts, on feignoit de croire que la personne du roi étoit dans le plus grand danger, et chaque faction reprochoit à l'autre les projets et les attentats qu'elle méditoit elle-même.

Pour préparer les esprits à voir avec

E 3

moins d'étonnement les désordres que tout
annonçoit, on publia des écrits qui rappeloient une doctrine que les règnes de
Louis XII et de François I.er avoient fait
oublier. Sans chercher à rendre odieuse la
monarchie absolue, on établissoit le droit
qu'avoient eu autrefois les grands de prendre part au gouvernement. Les princes du
sang, les pairs et les grands officiers de
la couronne sont appelés les conseillers (3)
nés du roi. Aucune affaire importante ne
peut être traitée ni réglée sans leur par-
ticipation. La monarchie arbitraire de François I.er et de Henri II n'est déjà plus
qu'une monarchie consultative; il s'élève
une sorte d'aristocratie dont le roi n'est
que le premier magistrat; et quand les
grands prendront les armes, le peuple
pourra croire que leur révolte est légitime,
et qu'ils ne font que se défendre et rentrer en possession des droits dont ils avoient
été injustement dépouillés.

Peut-être que Médicis seroit encore parvenue à faire respecter l'autorité de son
fils, ou du-moins à empêcher qu'elle ne
tombât dans le dernier avilissement, si
elle eût été capable de voir d'avance
tout ce qu'elle devoit craindre du fanatisme
des catholiques et des réformés; de connoître les intérêts et les forces des deux
factions, et en renonçant à l'orgueil de
commander impérieusement, de se faire
une politique plus modeste et conforme

à sa situation. Dès que le roi se présen-
teroit comme arbitre et médiateur entre
les deux partis, sans être en état de leur
en imposer, et de les contenir par la force,
il ne feroit que les instruire de sa foiblesse,
les enhardir, s'avilir, et se faire mépriser.
Il étoit dur pour la veuve d'Henri II et la
mère de Charles IX de se faire un chef de
faction pour n'être pas opprimée ; mais les
rois sont soumis à la nécessité comme le
reste des hommes, et c'étoit le seul parti
qui restât à Médicis.

Il falloit d'abord examiner quelle faction, de la catholique ou de la réformée,
étoit la plus forte ou présentoit le plus de
ressources ; laquelle, en un mot, il étoit
le plus important de favoriser ; mais après
avoir fait un premier pas, la régente ne
devoit plus regarder en arrière, afin de
mieux imprimer au parti qu'elle auroit déclaré son ennemi, le caractère de la révolte, et de tenir l'autre toujours soumis
à l'autorité de son fils. Cette conduite ferme
et constante n'eût pas seulement ruiné les
vastes espérances des réformés et fait triompher la religion catholique, elle auroit fait
voir le prince toujours agissant, et lui
auroit par conséquent donné tout le crédit
que les Guises acquirent, en décriant les
intentions du gouvernement, et en le rendant suspect aux catholiques.

Mais la régente, qui n'étoit propre qu'à
l'intrigue, toujours lasse de ce qu'elle fai-

soit, parce qu'elle faisoit toujours une faute, agit sans principes, essaya cent entreprises sans en suivre aucune, et fut enfin obligée d'obéir aux évènemens. Son esprit étonné et intimidé par la supériorité qu'elle sentoit dans les Guises, les Montmorency, les Condé et les Coligny, eut recours aux armes de la foiblesse ; elle espéra de les tromper par des ruses, des mensonges et des fourberies ; mais elle en fut elle-même la dupe, et bientôt son fils ne fut plus le roi des réformés ni des catholiques zélés. On diroit que cette princesse s'étoit fait un plaisir cruel de tout brouiller, dans l'espérance qu'avec le nom de Charles et le sien, elle sortiroit triomphante du cahos qu'elle avoit formé. Si tel fut le plan de sa politique, elle eut bientôt occasion de connoître son erreur ; mais elle ne se corrigea point, parce qu'un caractère foible et irrésolu ne peut être constamment attaché à aucune idée. En voulant conserver la paix, elle hâta la guerre, et se vit prisonnière avec son fils, avant que les hostilités fussent pour ainsi dire commencées. Tandis que les Guises trompoient le peuple encore plein de respect pour l'autorité royale, en feignant de s'armer pour la défense du roi, Médicis fut contrainte d'implorer la protection du prince de Condé et des calvinistes. Elle supplia ce prince de ne point perdre courage, de venger les injures

qu'on faisoit au trône, et de ne pas permettre qu'à sa honte ses ennemis dispo-
sassent du gouvernement. Ainsi le prince
de Condé, qui avoit la même ambition
que le duc de Bourgogne et le duc d'Orléans avoient eue sous le règne de l'im-
bécille Charles VI, fut invité à venger
l'autorité royale qui étoit tombée dans le
mépris; mais sa faveur étoit passagère; et
la régente, bientôt réconciliée avec les
Guises, devoit le traiter en ennemi.

Tandis que Médicis, toujours incertaine
et flottante entre la faction catholique et
la faction protestante, se flattoit de les
tenir en équilibre pendant la paix, ou de
les perdre l'une par l'autre pendant la
guerre, elle fut toujours obligée de prendre ou de quitter les armes à leur volonté.
Les catholiques toujours indignés de voir
terminer la guerre, et les réformés qu'on
violât les traités solennels qu'on avoit con-
clus avec avec eux, se plaignirent également du gouvernement, et ne voulurent
plus obéir qu'à leurs chefs.

Ce fut alors que la nation ne prit conseil que de son fanatisme. Les esprits de
jour en jour plus échauffés ne virent plus
d'autre objet que celui de la religion, et
par pitié se firent les injures les plus atroces. A l'exception de quelques chefs de
parti, qui ne songèrent qu'à profiter de
l'erreur publique pour satisfaire leur ambition, tout le reste ne connut point d'au-

E 5

tre intérêt que de faire triompher sa doctrine, ou de faire beaucoup de mal à ses
ennemis. On devoit du-moins s'attendre
que le parlement aimeroit la paix, et
seconderoit le chancelier de L'Hôpital,
dont toutes les vues tendoient à calmer les
esprits. Il devoit sentir que la guerre civile et le bruit des armes feroient taire les
lois et détruiroient son autorité ; cependant on vit cette compagnie, dont l'exemple ne fut que trop suivi par les parlemens
de province, donner un arrêt (4) pour
proscrire les protestans, ordonner elle-
même de prendre les armes, de courre
sus aux réformés, et de les tuer sans
crainte d'en être repris ; peut-être même,
oserai-je le dire, étoient-ils flattés secrétement de voir la magistrature donner des
ordres aux milices, et en déclarant la
guerre, exercer un des actes les plus écla-
tans de la souveraineté.

Le parlement s'oublia jusqu'à établir une
inquisition (5) odieuse. Il ordonna des informations secrètes, mit en honneur la
délation, et autorisa les espions à faire
sourdement des enquêtes et dresser des
procès-verbaux qu'ils étoient dispensés de
signer. Quand on voit un corps de magistrats, à qui l'étude des lois doit faire haïr
la tyrannie, se porter à de tels excès,
quelle idée ne doit-on pas prendre des
mœurs publiques, ou plutôt de la fureur
frénétique qui animoit la nation ? Il écrivit

à la reine pour l'inviter à renvoyer de son service les officiers de sa maison dont la religion étoit suspecte. Mais pourquoi m'arrêter à ce tableau scandaleux de nos malheurs ? Qu'il me suffise de dire que le parlement ordonna une procession annuelle pour célébrer l'anniversaire de la Saint-Barthelemi.

Tandis que la nation paroissoit condamnée à se détruire par ses propres mains, on se rappela qu'elle avoit eu autrefois des états-généraux ; mais quand le fanatisme et l'esprit de faction ne se seroient pas répandus de la capitale dans toutes les provinces, que pouvoit-on espérer de ces grandes assemblées ? Les prédécesseurs de François II les avoient trop avilies et dégradées, pour qu'elles pussent lui être utiles, et personne ne savoit quels étoient leurs (6) droits et quelle devoit être leur forme. S'il en faut croire un de nos plus sages historiens, la convocation des états à Orléans ne fut qu'un piège que les Guises tendoient à leurs ennemis ; ils avoient imaginé ce prétexte de les rassembler pour les opprimer à-la-fois. Quoi qu'il en soit, ces états ne virent aucun des maux du royaume. On reprocha au clergé ses vices et son ignorance ; et pour toute réponse il demanda qu'on brûlât impitoyablement les réformés, en promettant que Dieu accorderoit à ce prix une protection particulière aux Français.

C'étoit aux états d'Orléans encore assemblés quand François II mourut, qu'il
appartenoit de décider du sort du royaume
et du gouvernement ; et ils ne furent que
spectateurs tranquilles de l'accord qui fut
fait entre les Guises, dont la puissance
paroissoit s'anéantir, et les princes de la
maison de Bourbon qui alloient gouverner
à leur place. Ces deux factions, dit Davila,
s'étant mises en état de se défendre, ou
plutôt de prévaloir sur leurs ennemis, la
cour et les gens de guerre se partagèrent
suivant que l'exigeoient leurs intérêts particuliers, et les députés des provinces aux
états suivirent cet exemple funeste. Des
hommes faits pour représenter la nation,
et dont le devoir étoit de réprimer les factions, devinrent eux-mêmes des factieux,
et ne rapportèrent dans leurs provinces que
l'esprit d'intrigue, de cabale et de fanatisme qu'ils avoient pris en s'approchant
des grands.

Pourquoi parlerois-je ici des états qui à
deux reprises furent tenus à Blois sous le
règne de Henri III ? Ce n'étoit pas des
fanatiques ou des esclaves des Guises qui
composoient ces assemblées, que le royaume
devoit attendre son salut.

La guerre civile allumée sous Charles IX
n'étoit pas de nature à pouvoir s'éteindre
promptement. Les passions irritées n'étoient
susceptibles d'aucun conseil ; il falloit qu'une
faction fût accablée sous les forces de ses

ennemis, ou que le temps consumât les
humeurs qui fermentoient dans l'état, pour
qu'on établît une paix solide. Cependant
les hostilités se faisoient à-la-fois dans différentes provinces, les succès étoient par-
tagés, et aucun parti n'étoit assez humilié pour renoncer à ses haines et à ses espérances. Les chefs n'étant jamais plus
puissans que pendant les troubles, avoient
un intérêt toujours nouveau de les perpétuer ; plus leurs talens étoient grands, plus
ils trouvoient des ressources dans les revers,
et par conséquent des moyens pour enve-
nimer les plaies de l'état. Parloit-on de
paix ? c'étoit sans la desirer, et seulement
pour réparer ses forces : étoit-on convenu
de quelques articles? les catholiques et les
réformés croyoient avoir trop accordé ; on
n'avoit pas assez obtenu ; pour comble
de maux, le parlement ne manquoit point
d'ébranler ces paix douteuses et équivoques,
et son enregistrement des édits de pacification étoit en quelque sorte une déclaration de guerre. Il y désapprouvoit la
nouvelle doctrine, et déclaroit que l'arrangement pris par l'édit ne subsisteroit que
jusqu'à ce que le royaume fût réuni dans
une même croyance. Un historien (7), qui
en cette occasion mérite la plus grande
confiance, rapporte, au sujet d'un édit
favorable qu'obtinrent les protestans, qu'en
l'enregistrant le parlement fit un arrêt secret, qui devoit servir de règle lorsqu'il

s'agiroit de l'exécuter ou de l'interpréter. Ces registres secrets ne sont attestés que par un trop grand nombre de monumens ; les réformés et les catholiques savoient que le parlement en faisoit usage, et les esprits n'osoient se calmer sous la foi des traités et des lois.

C'est dans ces circonstances malheureuses qu'Henri III prit le vain nom de roi de France, et s'endormit sur un trône dont les fondemens étoient détruits. On ne peut être Français, et parcourir cette longue suite de calamités qui mit pour la seconde fois la famille de Hugues-Capet sur le penchant du précipice, sans faire les plus tristes réflexions sur la fortune des rois et de leurs états, quand elle n'est pas établie sur les lois d'un sage gouvernement. Le règne d'Henri III nous rappelle celui de Charles VI. Le mépris que ces deux princes inspirèrent à leurs sujets est le même ; tous deux sont prêts à voir passer leur couronne dans des maisons étrangères. L'esprit de faction aveugle également les Français. On voit les mêmes passions dans les grands, la même misère dans le peuple, et les campagnes ravagées sont inondées de sang français. Voilà donc le terme fatal auquel ont abouti la politique de Charles V, et les soins persévérans de ses successeurs à séparer leurs intérêts de ceux de la nation, et à s'emparer de la puissance publique dont le poids devoit les accabler. Je répète cette triste réflexion, parce qu'elle renaît malgré moi-même dans mon esprit à chaque époque mémorable de nos malheurs. Plaise au ciel que le retour des mêmes calamités ne force jamais nos neveux à faire les mêmes reproches à nos anciens rois !

Henri III n'avoit jamais eu de valeur que pour un jour de combat, et le courage que demande l'administration des affaires lui manquoit entièrement. Il falloit se montrer égal aux chefs des deux partis qui divisoient le royaume, et il s'abandonna aux flatteries de quelques jeunes favoris perdus de débauche et de mollesse. Pour regagner l'affection et la confiance des catholiques, il eut recours aux pratiques d'une dévotion puérile et ridicule. Les Français n'auroient point su que Henri régnoit, s'il ne les eût vexés par sa prodigalité et ses rapines ; et le duc de Guise pouvoit lui ravir sa couronne, sans que cette grande révolution pour la maison royale en fût une pour l'état. Henri tomba enfin dans un tel avilissement, qu'il crut nécessaire à sa sûreté d'entrer dans des complots même que ses ennemis avoient tramés contre lui ; il s'associa à la ligue dans l'espérance d'en être le chef, et il ne fut encore que le lieutenant méprisé du duc de Guise, dont il ne put secouer le joug qu'en le faisant assassiner. Catherine de Médicis, que le projet impie du massacre de la Saint-Barthelemi n'avoit pas fait trembler, ne put apprendre sans terreur cet assassinat ; elle regarda l'action de son fils comme une témérité qui alloit achever de le perdre, et, pour me servir de son expression, le rendre roi de rien.

Fin du livre septième.

LIVRE HUITIÈME.

CHAPITRE PREMIER.

Pourquoi le gouvernement des fiefs n'a pas été rétabli pendant les guerres civiles. — Des causes qui ont empêché que l'avilissement où Henri III étoit tombé, ne portât atteinte à l'autorité royale.

Dans le malheureux état où se trouvoit la France pendant les guerres civiles, tous les ressorts du gouvernement avoient été brisés. L'injustice, la violence et la foiblesse se montroient par-tout. La confiance, ce premier lien des hommes, étoit détruite ; et quelques instans de repos, dont on ne jouissoit que malgré soi, ne servirent qu'à irriter la haine, l'ambition et le fanatisme. C'est en éprouvant de semblables calamités, sous le règne de Charles-le-Chauve, que la France souffrit les démembremens funestes, qui la divisant en autant de souverainetés qu'il y avoit de provinces et même de seigneuries, établirent chez nos pères les coutumes anarchiques de la police féodale. Tel avoit été le terme où les passions des Français les avoient conduits sous les fils de Louis-le-Débonnaire, et tel il devoit être encore sous ceux de Henri II.

Cette révolution paroissoit d'autant plus dans l'ordre des choses, que les grands et la noblesse avoient conservé le souvenir du gouvernement féodal, le regrettoient, et que les abus qui avoient contribué à le faire naître, subsistoient encore. En peut-on douter, en voyant la puissance que les gouverneurs des provinces exerçoient dans leurs gouvernemens, et les seigneurs dans leurs terres, et qui étoit l'image de la souveraineté la plus absolue ? Louis XII avoit voulu remédier à ces désordres la première année de son règne, mais ils subsistoient encore dans toute leur force sous les fils d'Henri II. Les gouverneurs de provinces (1) accordoient grâce aux coupables, établissoient des foires et des marchés, anoblissoient des bourgeois, légitimoient des enfans nés hors du mariage, connoissoient de toutes les matières tant civiles que criminelles, et évoquoient devant eux les procès pendans aux tribunaux des sénéchaux et des baillis. Les seigneurs affectoient dans leurs terres la même tyrannie que quand le gouvernement féodal étoit dans sa plus grande vigueur. Chacun selon ses forces et son crédit, vexoit ses sujets et ses voisins, établissoit encore de nouvelles tailles, de nouveaux péages et de nouvelles corvées. C'étoit en vain que quelques magistrats du parlement alloient tenir les grands jours (2) dans les provinces, pour faire observer les ordonnances et punir les délinquans. La noblesse s'étoit fait une espèce de point d'honneur de ne se pas soumettre aux lois : non-seulement elle méprisoit les jugemens des tribunaux subalternes et les arrêts du parlement, mais elle les rendoit inutiles à l'égard des personnes mêmes qu'elle vouloit protéger, et ses châteaux leur servoient d'asile. Tant de fierté et de hauteur s'allioit admirablement bien avec l'indépendance féodale ; et les grands devoient être d'autant plus tentés d'usurper une seconde fois la souveraineté, qu'ils auroient cru ne rentrer que dans les droits dont leurs pères avoient été dépouillés.

Si les Français avoient voulu rétablir les fiefs, Charles IX et Henri III auroient été obligés de céder à la même nécessité à laquelle Charles-le-Chauve ne put résister: n'ayant point de forces nécessaires pour s'opposer à l'ambition conjurée des grands, ils se seroient flattés, comme tous les hommes foibles, qu'une condescendance facile leur conserveroit un reste de puissance prête à disparoître. En abandonnant leur titre de monarque pour reprendre celui de simple suzerain, ils auroient espéré au-moins avoir des vassaux fidèles à la place des sujets désobéissans qui ne les reconnoissoient plus. Qu'un des grands, dont l'ambition troubloit le royaume, eût rendu ou fait déclarer son gouvernement héréditaire, cet exemple eût été généralement suivi; les Français savent peu imaginer, mais aucun peuple n'est plus prompt à imiter. La grande noblesse qui étoit encore dans les provinces, n'auroit point eu pour ses nouveaux suzerains le respect qu'elle étoit accoutumée d'avoir pour le roi. Quelques seigneurs puissans n'auroient encore voulu relever que de Dieu et de leur épée, tandis que les autres, disputant sur les droits de la suzeraineté, auroient consenti à remplir les devoirs du vasselage; et la foi donnée et reçue seroit devenue le lien général et unique de la subordination et de l'ordre public.

Ce qui sauva la France de ce nouveau démembrement, ce fut le même hasard qui l'avoit empêché sous la première race. Je l'ai déjà remarqué, dans l'extrême anarchie où l'hérédité des bénéfices, l'établissement des seigneuries patrimoniales, et l'anéantissement de la puissance royale jettèrent le royaume, il s'éleva une famille puissante, qui, par ses talens, prit dans la nation l'autorité qu'avoient perdue les lois, et tint unies toutes les parties de l'état qui ne tendoient qu'à se séparer. Sous le fils de Henri II, il s'étoit élevé de même une nouvelle famille de Pepins, assez puissante pour espérer de s'emparer de la couronne ; et dès que la maison de Guise avoit la même ambition et les mêmes espérances que les pères de Charlemagne, elle devoit avoir le même intérêt d'empêcher que les provinces du royaume ne se divisassent en différentes souverainetés.

Quoique plusieurs familles françaises descendissent de souverains qui avoient régné dans d'importantes provinces, et n'eussent pas une origine moins grande, ni moins illustre que la maison de Guise, aucune cependant ne jouissoit d'une si grande considération. Le public qui n'est frappé que des objets qui sont sous ses yeux, ignoroit ces grandeurs passées et oubliées depuis la ruine des fiefs, voyoit nos plus grands seigneurs accoutumés à obéir dans une fortune médiocre, tandis que le chef de la maison de Lorraine étoit souverain dans un état considérable. Les Guises prétendoient avoir des droits sur la Provence et sur l'Anjou, et faisoient remonter leur origine à Charlemagne : ces avantages ne sont rien quand ils sont seuls ; mais quel pouvoir n'ont-ils pas quand ils sont soutenus par de grands talens ? Cette famille nouvellement établie en France, avoit préparé les personnes du rang le plus distingué à lui voir prendre la supériorité par le crédit immense qu'elle avoit eu sous le règne de Henri II ; il n'y avoit personne qui ne lui dût sa fortune, et tout le monde la craignoit ou l'aimoit. Le pouvoir des Guises augmenta encore sous le règne de François II ; leur nièce étoit sur le trône, régnoit sur le roi, et obéissoit à ses oncles. Bientôt le fanatisme les mit à la tête d'un parti considérable dont les forces leur appartenoient ; et quels projets ne durent-ils pas concevoir, en ne voyant devant eux qu'un roi enfant, une régente intrigante, foible, détestée, et ensuite un prince également méprisé des catholiques et des réformés ?

Que les rois savent mal ce qu'ils doivent desirer ou craindre pour la grandeur de leur maison, quand par une heureuse constitution l'état n'est pas lui-même l'appui et le garant de leur fortune ! Les Guises, que François I.er redoutoit, et qu'il avoit recommandé à son fils d'humilier, conservèrent eux-mêmes la France au milieu des troubles que son pouvoir arbitraire préparoit, et que la foiblesse et la mauvaise conduite de ses successeurs, l'ambition et le fanatisme de ses sujets devoient faire naître. Retranchez les Guises de votre histoire, et vous n'y verrez ni moins de désordres ni moins de guerres civiles. A la place de quelques hommes de génie qui servoient de point de ralliement à un parti puissant qu'ils gouvernoient, vous trouverez une anarchie dont le rétablissement des fiefs auroit été le fruit. Au-lieu d'un chef capable de tout contenir, les catholiques en auroient eu cent, qui ne pouvant aspirer à s'emparer du trône, n'auroient songé qu'à se cantonner. Si les Guises ne réussirent pas à usurper la couronne, ils réussirent à empêcher le démembrement du royaume, et le remirent entier à la maison de Bourbon, qui, sans leur ambition sans bornes, n'auroient joui que de cette foible autorité que Hugues-Capet avoit eue. Henri IV auroit laissé à ses descendans le soin de ruiner une seconde fois les fiefs, ou plutôt il n'auroit plus été temps de songer à les détruire. Ces princes n'auroient pas trouvé des circonstances favorables à cette entreprise, depuis que tous les états étoient liés entr'eux par des négociations continuelles. La même politique qui a protégé la liberté (3) germanique, auroit défendu la liberté française ; à l'exemple des vassaux de l'empereur, les vassaux du roi de France auroient formé des ligues entr'eux et des alliances au-dehors.

On accusoit déjà François de Guise d'aspirer au trône avant que la conjuration d'Amboise eût éclaté ; mais l'ambition ne pouvoit point être une passion insensée dans un homme tel que lui, et vraisemblablement on ne cherchoit, par cette calomnie, qu'à le rendre odieux et suspect. Il n'est pas impossible, si je ne me trompe, de suivre les progrès de son ambition, en voyant ceux de sa fortune. Courtisan adroit, souple et altier sous Henri II, il n'aspira qu'à gouverner son maître, en se rendant agréable et nécessaire. Sous François II il gouverna impérieusement, parce que des circonstances plus favorables agrandirent ses espérances; mais il n'avoit encore que l'ambition d'un ministre. A la mort de ce prince, sa fortune étoit ruinée s'il ne se soutenoit par ses propres forces; et voyant que la protection ouverte et déclarée qu'il accordoit aux catholiques, le rendoit aussi considérable dans l'état que le prince de condé, et plus puissant que Catherine de Médicis, il commença, selon les apparences, à ouvrit une carrière plus étendue à son ambition.

Formant des intrigues dans le royaume et étendant ses relations au dehors, n'auroit-il mis en mouvement tous les ressorts de la plus profonde politique que pour se faire craindre du gouvernement, et n'avoir que la fortune incertaine d'un séditieux ou d'un révolté? Puisqu'il ne songea point à se faire une souveraineté en s'emparant de quelques provinces où on lui auroit obéi avec zèle, il ne mit sans doute plus de bornes à ses espérances; et s'il les cacha, ce fut pour donner le temps aux esprits de changer de maximes et de préjugés, et de se familiariser peu-à-peu avec son usurpation.

Quoi

Quoi qu'il en soit des projets de François de Guise, il est certain que son fils,
héritier de son crédit et de son pouvoir,
forma le dessein de reléguer Henri III dans
un cloître, et de s'asseoir sur le trône.
Ce fut pour s'essayer à l'usurpation et
se faire des sujets avant que d'être roi,
qu'il forma la ligue. Par l'acte qu'on
signoit en y entrant, on juroit à son (4)
chef une obéissance aveugle. Si quelque confédéré manquoit à son devoir, ou
faisoit paroître quelque répugnance à s'en
acquitter, le chef, je dirois presque le roi
de la ligue, étoit le maître de lui infliger
la punition qu'il jugeroit à propos. On
devoit regarder comme ennemi quiconque refuseroit d'embrasser le parti de l'u-
nion ; et les ligueurs, ne connoissant point
d'autre droit que la volonté du duc de
Guise, n'attendoient que ses ordres pour
attaquer les personnes qui pourroient
lui déplaire. Tandis que l'administration
du glaive ainsi déposée entre les mains
du chef de la ligue, le rendoit si redoutable à ses ennemis, il s'érigea en
tribunal de justice sur ses partisans ; ce
n'étoit qu'avec sa permission que les con-
fédérés pouvoient recourir dans leurs contestations aux tribunaux ordinaires. Si le
duc de Guise n'avoit été occupé que de
ses intérêts personnels, sans doute il auroit été content de sa fortune ; et en effet
il n'auroit rien gagné à mettre la cou-

Tome IV.   F

ronne d'Henri III sur sa tête ; mais il falloit établir d'une manière durable la grandeur de sa maison ; et les mêmes motifs
qui avoient porté les Pepins à faire proscrire les descendans de Clovis, invitèrent
les Guises à dépouiller la maison de
Hugues-Capet.

Avec un pouvoir si grand qui s'étendoit
sur toutes les provinces du royaume, et
des espérances si bien fondées de monter
sur le trône, il étoit impossible que Henri
de Guise songeât à se cantonnner dans
les gouvernemens de sa maison ; et dès
que cette ambition étoit au-dessous de lui,
elle étoit au-dessus des autres. Il contenoit
les seigneurs de son parti, les uns par la
supériorité de ses talens et l'éclat de sa
réputation, les autres par leur attachement à la religion, et tous par le fanatisme général qui réunissoit les principales
forces de la nation dans ses mains. D'ailleurs
l'exemple d'un supérieur en France ne déci-
de-t-il pas de la conduite de ses inférieurs ?

Le projet de demander l'état pour former de nouveaux fiefs, ne pouvoit convenir qu'aux seigneurs réformés, qui n'a-
voient à leur tête qu'un chef moins puissant que le duc de Guise, et dont l'ambition par conséquent devoit aspirer moins
haut ; mais ils étoient plus occupés des
intérêts d'une religion proscrite, et qu'ils
avoient embrassé par choix, que de leur
fortune domestique. S'il leur eût été doux

de se faire des souverainetés où ils auroient pratiqué en paix leur religion, et offert un asile et leur protection à des élus, qui se flattoient de faire revivre les premiers siècles de l'église, leur foiblesse les avertissoit sans cesse de se tenir étroitement unis; et ils auroient craint par ces démembremens de fournir à leurs ennemis un prétexte de les décrier comme des rebelles et des ambitieux conjurés contre l'état. En un mot, la probité de l'amiral de Coligny produisit dans son parti le même effet que l'ambition du duc de Guise produisit dans le sien.

Telles étoient les causes qui combattoient le penchant secret des grands pour les fiefs; mais dans un royaume où il n'y avoit plus de citoyen qui n'eût à se plaindre du gouvernement, pourquoi n'y eut-il aucune fermentation en faveur de la liberté? pourquoi du mépris qu'on avoit pour le roi, ne passoit-on pas au mépris de l'autorité royale? En éprouvant des malheurs, on remonte naturellement à leur origine; et il étoit aisé de voir que la religion n'étoit que le prétexte ou l'occasion des troubles, mais qu'elle n'auroit point allumé la guerre, si le gouvernement eût été établi sur de sages principes. Il étoit facile de faire les réflexions que j'ai faites, et d'en conclure que la première cause du mal c'étoit d'avoir séparé les intérêts du roi de ceux de la nation, et qu'il falloit par conséquent les rapprocher et les confondre. Pourquoi ce respect pour les abus de l'autorité royale, tandis que la guerre civile inspire des sentimens de liberté aux hommes les plus accoutumés à la servitude ? Pourquoi personne ne parle-t-il de réformer le gouvernement, afin que les vices ou l'incapacité du monarque ne soient plus un fléau pour l'état ?

Les novateurs, qui devoient mieux sentir le prix de n'obéir qu'aux lois, puisqu'ils avoient été persécutés, demandèrent la convocation des états-généraux ; et pour se rendre le peuple favorable et faire une diversion au fanatisme, parlèrent en même-temps de la nécessité de le soulager et de diminuer les impôts. Ils n'insistèrent pas, dit un de nos plus fameux historiens, dans la crainte d'indisposer les princes d'Allemagne, qui seroient moins empressés à les servir, s'ils croyoient que la cause de la religion seule ne leur mît pas les armes à la main ; excuse frivole. Les Allemands devoient sentir qu'il importoit à la religion protestante que la France fût gouvernée par le conseil de la nation, et non par les favoris du prince ; et qu'un des meilleurs moyens de faire diversion au fanatisme dangereux des catholiques, c'étoit de les occuper de leur fortune, et qu'on détacheroit par-là de leurs intérêts ceux d'entr'eux qui n'étoient pas disposés à se sacrifier à leur religion.

Les réformés furent vraisemblablement découragés par l'indifférence avec laquelle ils virent que le public recevoit leurs demandes. En effet, les esprits accoutumés depuis long-temps au pouvoir le plus arbitraire, n'étoient alors occupés que des injures que recevoit la religion. En essayant de soulever l'avarice des Français contre le gouvernement, on ne devoit pas se flatter du même succès que les puritains eurent depuis en Angleterre, quand ils se plaignirent des abus de la prérogative royale, et recherchèrent l'origine du pouvoir dans les sociétés. Les Anglais, il est vrai, avoient été opprimés depuis le règne de Henri VIII ; mais le parlement avoit toujours été assemblé régulièrement ; et cette image subsistante de la liberté avoit empêché que le souvenir n'en fût effacé comme il l'étoit en France : plus même il avoit trahi lâchement les intérêts de la nation, plus les ames fortes devoient conserver leur haine contre la tyrannie. Quand les puritains prononcèrent le mot de liberté, ce nom ne fut pas étranger aux Anglais ; et dès qu'ils voulurent être libres, la grande charte qui leur apprenoit le but où ils devoient tendre, et par quels chemins ils pouvoient y arriver, leur servit de point de ralliement. Les Français ne trouvoient dans leur constitution aucun secours pareil ; et tandis qu'ils se bornoient à se plaindre du prince, les Anglais plus habiles se plaignoient du gouvernement. Ceux-ci vouloient remettre la loi au-dessus du trône ; les autres croyoient que le roi, par sa qualité de législateur, est dispensé d'obéir aux lois, et que sa dignité seroit avilie, s'il n'étoit pas libre de contrevenir à ses ordonnances. Les états-généraux ne trouvoient point étrange qu'un prince aussi méprisé que Henri III, leur fît en quelque sorte des excuses, s'il renonçoit à la prérogative royale de se jouer des lois.

Mais ce qui empêcha sur-tout qu'on ne changeât les principes du gouvernement, c'est l'espérance qu'avoit conçue Henri de Guise de s'emparer de la couronne, et qui par-là étoit intéressé à ce qu'on ne fît aucune entreprise contre l'autorité royale. Il n'auroit point permis d'assembler les états à Blois, s'il n'avoit été sûr d'en être le maître, et qu'ils ne serviroient qu'à avilir et dégrader encore davantage Henri III.

Quelque méprisable que fût cette assemblée, où l'on disputoit sérieusement sur le rang et la séance des députés, tandis qu'il étoit question de prévenir la ruine du royaume, on vit cependant que la liberté n'étoit pas entièrement oubliée : on porta un (5) décret par lequel il étoit ordonné qu'on supplieroit le roi de nommer un certain nombre de juges auxquels on joindroit un député de chaque province, pour examiner les propositions générales et particulières qui seroient faites par les trois ordres. Les états demandoient la liberté de récuser ceux de ces juges qui leur paroîtroient suspects, et que tout ce qui seroit décidé par ce nouveau tribunal s'observeroit inviolablement dans la suite, et seroit regardé comme une loi perpétuelle. Pierre Despinac, archevêque de Lyon et président du clergé, vouloit que les résolutions unanimes des états devinssent autant de lois fondamentales : il proposa de demander au roi qu'il s'engageât de les observer et de les faire observer ; et qu'à l'égard des objets sur lesquels les opinions auroient été partagées, il ne pût en décider que de l'avis de la reine mère, des princes du sang, des pairs du royaume, et de douze députés des états.

Ces demandes auroient changé la forme du gouvernement, si le duc de Guise l'avoit voulu ; mais il étoit trop intéressé à dégrader Henri III, et à le rendre seul responsable de tous les malheurs du royaume, pour consentir que les états prissent quelque part à l'administration : il craignit d'ailleurs, quand il monteroit sur le trône, de trouver un peuple amoureux et jaloux de sa liberté ; il ne voulut pas se mettre d'avance des entraves et s'exposer à la haine de ses sujets, en affectant une autorité supérieure à celle du prince qu'il auroit dépouillé. Si le duc de Guise avoit

pensé assez sagement pour ne pas vouloir
établir dans sa maison cette puissance arbitraire qui causoit la ruine des Valois,
il auroit encore dû avoir la même politique. Le don de la liberté ne devoit pas
préparer, mais affermir son usurpation;
et quel crédit immense n'auroit-il pas lui-
même acquis en sacrifiant librement et
volontairement une partie de son pouvoir
au bonheur de ses sujets ? Qu'on ne m'op-
pose pas que dans l'acte d'union que les
ligueurs signoient, il promettoit de rétablir les provinces dans leurs anciennes franchises ; et que dans le manifeste que la
ligue publia en 1585, il permit d'y mettre que de trois ans au plus tard en trois
ans on tiendroit les états-généraux ; ces
espérances n'étoient qu'un artifice pour
rendre odieuse la maison régnante : elles
faisoient espérer un avenir heureux ; et le
duc de Guise étoit bien sûr que ces promesses seroient oubliées quand il monteroit sur le trône, ou que le peuple livré
à son engouement, seroit moins occupé
de sa liberté que de la grandeur de son
nouveau roi.

Tandis que le corps entier de la nation
s'abandonnoit à son fanatisme, et n'avoit
point d'autre intérêt que celui des chefs
de faction qui la divisoient, il se forma
un troisième parti, mais par malheur trop
foible et incapable de résister aux deux
autres : il n'étoit composé que des Fran-

çais qui pensoient sainement, nombre toujours très-petit quand la guerre civile est allumée, et qu'on se bat pour la religion. Qu'importoit-il qu'ils approuvassent la réforme de Calvin en quelques articles, et blâmassent l'église romaine en quelques points ? Egalement odieux aux deux religions, ils travailloient inutilement à faire le rôle de conciliateurs ; et tandis qu'ils conservoient seuls l'esprit de charité et de paix qu'ordonne l'évangile, on les regarda comme de mauvais chrétiens qui n'étoient occupés que des choses de la terre : on les nomma les politiques. Ce parti composé de catholiques et de réformés assez sages pour ne point fermer les yeux sur les abus de leur religion, devoit voir dans le gouvernement les vices qui avoient produit les maux publics ; mais sa doctrine sur l'état n'eut pas un succès plus heureux que celle qu'il avoit sur la religion. Les politiques à qui on prodigua le nom infame d'athées, se multiplièrent, et leur nombre leur donnant une certaine confiance, ils s'assemblèrent à Nîmes le 10 février 1575 ; et comme s'ils avoient été assez forts pour faire la loi sur l'état, ils entreprirent de changer la forme du gouvernement.

Un de nos (6) historiens nous apprend que le traité que les politiques signèrent dans leur conférence de Nîmes, établissoit une nouvelle espèce de république composée de toutes ses parties, et séparée du reste de l'état : elle devoit avoir ses lois pour la religion, pour le gouvernement civil, la justice, la discipline militaire, la liberté du commerce, la liberté des impôts et l'administration des finances. Il est certain, continue de Thou, que le souvenir affreux et encore récent de la Saint-Barthelemi sembloit autoriser une entreprise si téméraire. Les gens de bon sens ne pouvoient s'empêcher d'attribuer ces malheurs aux ministres qui gouvernoient l'esprit du roi : cependant, il faut avouer que jamais attentat ne fut de plus dangereux exemple. Je ne m'arrêterai pas, ajoute cet historien, à en faire un plus grand détail ; il seroit à souhaiter pour le repos de l'état, et même pour l'honneur de ceux que le malheur des temps engagea dans cette affaire, qu'on n'y eût jamais pensé.

Il seroit en effet inutile de s'étendre sur le plan, l'ordre et les lois d'une république qui n'exista jamais, et qui ne pouvoit point exister. Mais comment cette entreprise des politiques pouvoit-elle être du plus dangereux exemple ? Jamais exemple ne fut moins fait pour être suivi ; il étoit contraire à l'esprit de la nation et à l'intérêt des factieux, qui étoient les maîtres de toutes les forces du royaume ; c'étoit une étincelle, si je puis parler ainsi, qui, tombant sur des matières qui ne sont pas combustibles, s'éteint d'elle-même. Quel

projet ce traité despotique a-t-il fait enfan-
ter contre l'autorité royale ? Quelles idées
de liberté a-t-il réveillées ? Comment ce
plan de politique auroit-il pu être adopté
dans une nation qui, en se révoltant contre le roi, aimoit la monarchie, et s'étoit
fait des chefs tout-puissans ?

Si cette république séparée de l'état, et
cependant renfermée dans l'état, s'étoit
établie à la faveur de quelque évènement
extraordinaire, jamais elle n'auroit pu ac-
quérir des forces, et elle auroit été bientôt détruite par le reste des Français, dont
elle auroit révolté les préjugés et les habitudes. Le duc Damville, dit de Thou,
qui signa le traité de Nîmes au nom des
catholiques, ne le signa qu'à regret ; quelle
espérance pour les succès d'une république à peine projetée ! Parmi les chefs qui
étoient à la tête du parti politique, les
uns étoient des hommes qui desiroient la
tranquillité publique, c'est-à-dire, des hommes inutiles dans les temps de faction et
de trouble, et qui auroient dû attendre,
pour agir, que les passions fussent en quelque sorte usées, et qu'on fût capable d'entendre la voix de la justice et de la raison :
les autres étoient des personnes ambitieu-
ses, qui, faute de talens, ne pouvant se
distinguer ni dans le parti catholique, ni
dans le parti réformé, s'étoient jetés par
désespoir dans celui des politiques, et devoient le trahir quand leur intérêt l'exi-
geroit.   F 6

CHAPITRE II.

Des causes de la décadence et de la ruine entière de la ligue.

ON ne pouvoit mettre plus d'art et de génie que François de Guise en avoit employé pour se faire un parti formidable, et frayer à sa maison le chemin du trône. Son fils eut, comme lui, les qualités les plus propres à le faire aimer, craindre et respecter; cependant ne pourroit-on pas dire qu'il manquoit d'une certaine précision, qui fait agir par les voies les plus simples et les plus courtes, et néglige les précautions superflues? Malgré un courage brillant, qui le rendoit quelquefois téméraire, il se trouva quelquefois embarrassé dans les détours de sa politique, et dans des occasions décisives parut trop prudent et même irrésolu. Son père, en préparant sa fortune, avoit cru tout possible. Lui, au contraire, après être parvenu au comble de la puissance, persista encore à juger son entreprise plus difficile qu'elle ne l'étoit en effet : il ne calcula pas assez bien le pouvoir du fanatisme, et il essaya encore la couronne ou plutôt se contenta de l'espérer, quand il étoit temps de l'usurper.

La fameuse journée des barricades où Henri III montra la plus honteuse lâcheté, et les Parisiens l'insolence la plus audacieuse, étoit le moment décisif pour consommer l'usurpation du duc de Guise. Qui doute que dans cette conjoncture favorable, s'il se fût fait proclamer roi dans Paris, et eût convoqué les états-généraux, il n'eût vu tous les catholiques se dévouer à sa fortune? Quand il auroit été incertain du succès de cette démarche, il falloit cependant la faire, parce que la journée des barricades devoit le perdre, si elle ne le plaçoit pas sur le trône. Henri III avoit été prêt à périr; plus il étoit timide, plus sa timidité lui montroit le danger tel qu'il étoit; et ne pouvant éviter sa ruine que par un coup de désespoir, Guise devoit trembler, après l'avoir réduit à commettre une action qui ne demande qu'une sorte de courage dont un lâche est toujours capable.

Il n'est pas possible de peindre la fureur de la ligue, en apprenant l'assassinat de son chef. Le fanatisme déjà extrême acquit, s'il est possible, de nouvelles forces. Toutes les églises retentirent des noms de tyran, d'assassin, d'ennemi de la religion et de l'état qu'on donna à Henri III. Rome le proscrivit; la ligue mit, pour ainsi dire, sa tête à prix; et ce prince qui n'avoit point d'armée à opposer aux catholiques, fut obligé de se jeter entre les bras du roi de Navarre, son héritier, et de se mettre sous la protection des réformés ; mais comme il n'avoit été que le lieutenant du duc de Guise en entrant dans la ligue, il ne fut encore que le lieutenant du roi de Navarre en passant dans son parti ; et par cette conduite, qui le laissoit toujours dans le même avilissement, il ne fit que se rendre plus odieux aux catholiques.

Le duc de Mayenne, qui se trouvoit à la tête de la ligue par la mort de son frère, pouvoit profiter du désespoir des ligueurs pour s'emparer de la couronne. Mais soit qu'accoutumé jusqu'alors à ne faire qu'un rôle de subalterne, et à ne servir que la fortune du duc de Guise, il ne pût élever subitement sa pensée si haut, soit qu'il n'eût en effet qu'une ambition patiente et circonspecte, il ne vit pas qu'il se trouvoit dans une circonstance aussi favorable que la journée des barricades, pour tout oser.

Henri périt par la main d'un assassin, et Mayenne ne songea point encore à réparer sa faute. Dans la joie insensée des catholiques qui s'étoient défaits d'un roi qui ne pouvoit leur faire aucun mal, pour en avoir un qu'ils devoient craindre, il ne vit qu'un mouvement convulsif auquel il n'osa se fier, et il falloit le fixer. Il devoit penser que les catholiques, regardant sa fortune comme leur ouvrage, auroient plus d'attachement pour lui, après l'avoir élevé sur le trône, qu'ils n'en avoient pour le chef de la ligue. Le nom seul de roi a déla force dans les pays accoutumés à la monarchie ; et c'étoit beaucoup que de partager avec Henri IV le titre qui lui appartenoit. Ces fautes répétées affoiblirent de jour en jour le crédit de Mayenne ; et à moins que la fortune ne ramenât encore quelqu'un de ces évènemens qui changent en un instant la face des choses dans un état agité par des guerres domestiques, et qu'il n'en sût mieux profiter, il étoit impossible que les esprits ne se lassassent pas enfin d'une situation pénible sous un chef qui n'étoit pas assez entreprenant.

Pour mieux juger des obstacles secrets qui ont vraisemblablement retardé l'entreprise des Guises, et préparé ensuite la décadence de la ligue, il faut se rappeler que le frère de Mayenne avoit fait une ligue offensive, en son nom et au nom de ses successeurs, avec la cour de Rome et le roi d'Espagne, pour maintenir la religion catholique en France et dans les Pays-Bas, ainsi que pour exclure du trône les princes hérétiques et relaps. Sans doute qu'une partie de cette alliance étoit très-favorable au duc de Guise. Jamais la cour de Rome n'avoit eu plus de pouvoir ; les catholiques cherchoient à la consoler par leur obéissance de la révolte des novateurs ; elle conservoit toujours sa prétention de disposer des couronnes ; et pour constater son droit, il n'y avoit point de pape qui ne dût être un nouveau Zacharie, s'il se présentoit un nouveau Pepin.

Mais pour l'autre partie de l'alliance avec le roi d'Espagne, rien ne pouvoit être plus contraire aux intérêts du duc de Guise. Il étoit permis aux réformés de chercher des secours étrangers, puisque leurs forces étoient très-inférieures à celles des catholiques ; mais par quelle prudence inutile le chef de la ligue n'osoit-il se suffire à lui-même ? Il associoit à ses desseins un roi puissant qui avoit hérité de son père, le projet de la monarchie universelle, et qui, se repaissant de cette chimère, ne travailloit qu'à semer par-tout le désordre, le trouble et la confusion, dans l'espérance que les peuples affoiblis et divisés ne lui opposeroient qu'une médiocre résistance, quand le temps seroit venu de les subjuguer. Il semble qu'il étoit aisé de prévoir qu'en se mêlant des affaires de France, Philippe II ne s'occuperoit qu'à perpétuer ses malheurs, et que sous le masque d'un allié, il deviendroit en effet le rival du duc de Guise.

L'alliance que François de Guise avoit projetée à la naissance des partis, étoit bien différente de celle que fit son fils. En se liguant avec la maison d'Autriche, on voit qu'il (1) ne vouloit se servir des forces espagnoles que pour ruiner la maison de Bourbon dans la Navarre, et de celles de l'empereur pour empêcher que

les prot stans d'Allemagne ne protégeassent les réformés de France. Il invitoit le
duc de Savoie à faire valoir ses droits sur
Genève. Il soulevoit les cantons suisses les
uns contre les autres ; il ne cherchoit pas
des alliés contre les réformés de France,
mais contre leurs amis. Il se chargeoit lui
seul de faire triompher la religion catholique
dans le royaume ; et pour traiter d'une manière plus égale avec ses alliés, c'est-à-dire,
pour n'en pas dépendre, il leur rendoit
les secours qu'il en avoit reçus ; et dévoit,
après avoir soumis ses ennemis, se servir
de ses forces pour pacifier les Pays-Bas,
et soumettre l'empire à la maison d'Autriche. Quelques précautions qu'eût prises
cet habile politique pour ne partager avec
personne sa qualité de chef et de protecteur des catholiques français, il craignit
que la puissance de ses alliés ne leur don-
nât trop d'avantage sur lui ; et c'est vraisemblablement ce qui empêcha que ce projet ne fût mis à exécution.

Henri de Guise ne tarda pas à éprouver les inconvéniens qui étoient une suite
naturelle de son alliance. La cour de Rome
n'osa le servir avec autant de zèle qu'elle
le desiroit, dans la crainte de déplaire au
roi d'Espagne, qui s'opposa d'abord à la
fortune de son allié pour le tenir dans la
dépendance, et qui voulut ensuite faire de
la France une de ses provinces ou la dot
de sa fille. Il faudroit dévoiler ici tout

l'artifice de cette politique machiavéliste, qui n'étoit alors que trop familière et trop fameuse en Europe, pour faire connoître combien l'alliance de l'Espagne fut funeste à la maison de Guise. Pour se débarrasser des entraves que Henri de Guise s'étoit mises à lui-même, il ne lui restoit d'autre ressource que de profiter de la journée des barricades pour consommer son entreprise. S'il eût pris le titre de roi, le pape l'auroit secondé ouvertement, parce que ses états étoient enclavés dans les terres de Philippe II, et qu'il ne doutoit point que la liberté de l'Italie ne fût perdue si la France étoit soumise à ce prince. Philippe lui-même, qui s'étoit montré à toute l'Europe comme le protecteur de la religion catholique, n'auroit osé découvrir ses véritables sentimens. Content de nuire en secret au duc de Guise, il auroit craint de perdre sa réputation et de dévoiler sa politique, en embrassant les intérêts de la maison de Bourbon et des réformés.

Mayenne auroit encore été sûr d'un succès égal, s'il eût profité de deux occasions que la fortune lui offrit de satisfaire l'ambition de sa maison; mais n'ayant paru dans ces circonstances décisives que foible, irrésolu, lent et inférieur aux projets qu'il méditoit, la cour de Madrid conçut de plus grandes espérances. Philippe II se regarda comme le chef des catholiques français. Politique aussi arti-

ficieux que Mayenne l'étoit peu, il lui dé-
baucha chaque jour ses créatures, et l'héritier de la puissance du duc de Guise
ne fut plus que le lieutenant du roi d'Espagne.

Quoique Mayenne vît multiplier les obstacles qui s'opposoient à ses desseins, il
ne pouvoit cependant renoncer entièrement à l'espérance de monter sur le trône.
Les secours et les infidélités de la cour de
Madrid le retenoient dans une indécision
funeste à ses intérêts ; et la ligue ayant
deux chefs qui n'osoient ni se brouiller,
ni se servir, les catholiques divisés n'eurent
plus un même esprit ni un même mouvement. Chacun songea à sa sûreté particulière. Les provinces, les villes mêmes
formèrent des partis différens, et ne com-
posèrent plus ce corps redoutable qui s'étoit
dévoué à la fortune du duc de Guise, en
croyant ne servir que la religion.

En effet, sans la division qui se mit
parmi les ligueurs, on entrevoit à peine
comment Henri IV auroit pu triompher de
ses ennemis. Ce prince étoit entouré de
réformés et de catholiques qui s'étoient
fait de trop grandes injures, et trop accoutumés à se haïr, pour agir de concert.
Les uns craignoient qu'il n'abandonnât
leur prêche, les autres ne l'espéroient pas.
Par une suite naturelle des préjugés dans
lesquels les catholiques avoient été élevés,
ils sentoient quelque scrupule de rester at-

tachés à un prince séparé de l'église, qui avoit déjà changé deux fois de religion, et dont la foi seroit peut-être toujours équivoque. Les réformés de leur côté voyoient avec jalousie que Henri eût des ménagemens pour les catholiques, et s'appliquât d'une manière particulière à se les attacher par des bienfaits. Ils craignoient de servir un ennemi qui, pour monter sur le trône et s'y affermir, prendroit peut-être la politique intolérante de ses prédécesseurs et du plus grand nombre de ses sujets. Cependant le courage demeuroit suspendu ; et tandis que le roi avoit besoin d'être servi avec le zèle le plus vif, la défiance glaçoit les esprits, ou du-moins le peu d'ardeur dont on étoit animé laissoit le temps à chacun de songer à ses intérêts personnels, de se livrer à une fausse politique, d'établir sa fortune particulière sur l'infortune publique, de vendre trop chèrement ses services, et même de le mal servir pour lui être plus long-temps nécessaire.

Dès qu'on s'aperçut des intérêts opposés qui divisoient le roi d'Espagne et le duc de Mayenne, plusieurs princes espérèrent d'en profiter pour l'agrandissement de leur fortune particulière. Le duc de Lorraine, jaloux de la grandeur d'une branche cadette de sa maison, voulut placer la couronne sur la tête de son fils. Le duc de Savoie, fils d'une fille de François I.er, demandoit deux provinces importantes, le Dauphiné et la Provence. Le jeune duc de Guise s'échappa de la prison où il étoit renfermé depuis la mort de son père, et se fit un parti inutile de tous ceux à qui son nom étoit cher, ou que la conduite de son oncle mécontentoit. Tant de factions différentes produisirent enfin dans la ligue une confusion qui l'empêcha de rien faire de décisif. Tous ces concurrens redoutoient mutuellement leur ambition; ils se tenoient mutuellement en échec, et les ennemis de Henri IV le servirent sans le vouloir, presque aussi utilement que s'ils avoient été ses alliés. De-là cette politique bizarre de la cour de Madrid, qui ne se trouvant jamais dans une circonstance assez favorable pour disposer à son gré de la France, ne donnoit que des secours médiocres aux ligueurs, et ne vouloit pas avoir des succès qui l'auroient rendu moins nécessaire. Philippe II gêne les talens du duc de Parme, qui commande ses forces, lui permet de servir Mayenne, et ne veut pas accabler Henri IV. De-là vient encore qu'à la mort du cardinal de Bourbon, qui n'avoit été qu'un vrai simulacre du roi, et dont la proclamation à la couronne avoit cependant servi à constater les droits de la maison de Bourbon, la ligue dont les états étoient assemblés à Paris ne put lui nommer un successeur.

La ligue ne formant plus qu'un parti

dont tous les membres travailloient à se perdre, les affaires de Henri IV devoient tous les jours se trouver dans une situation plus avantageuse. Il n'y a point de peuple qui se livre plus témérairement à l'espérance que les Français; mais, en montrant le plus grand courage, aucun peuple aussi n'est plus propre à tomber dans le dernier découragement. Les succès manquoient aux ligueurs, et en admirant l'activité de Henri IV, ils se disposoient insensiblement à lui obéir. Mayenne, dont l'autorité diminuoit de jour en jour, ruina celle des seize, pour paroître encore le maître de Paris; et détruisit ainsi des ennemis d'autant plus dangereux pour le roi, qu'ils étoient vendus à l'Espagne, et entretenoient dans le peuple de la capitale un reste de fanatisme qui diminuoit sensiblement dans les autres ordres de la nation.

Dès que les catholiques s'aperçurent de la décadence de leurs affaires, ils se défièrent de leur fortune, et leurs espérances diminuèrent. Quelques prélats, qui auroient été fanatiques si Henri IV avoit paru moins heureux, commencèrent par ambition à croire qu'on pouvoit se prêter à des tempéramens. Les réformés les plus zélés et les plus inquiets, sentirent qu'étant les plus foibles, ils ne pouvoient raisonnablement espérer de détruire la religion romaine, et qu'il faudroit faire un désert de la France pour y rendre leur culte dominant. Tandis que tous les esprits ainsi disposés à la paix, se préparoient à remettre à la providence le soin de protéger et de faire triompher la vérité, Henri IV rentra dans le sein de l'église catholique. Dans la première chaleur du fanatisme, on n'eût pas cru sa conversion sincère, on l'eût regardée comme un piège et une profanation de nos mystères ; mais après tant de calamités et d'espérances trompées, on crut tout pour avoir un prétexte d'obéir et de goûter enfin les douceurs de la paix. Dès que quelques ligueurs eurent traité avec Henri IV, tous s'empressèrent à lui porter leur hommage, et le successeur de Henri III fut plus puissant et plus absolu que François I.er

CHAPITRE III.

Changemens survenus dans la fortune des grands et du parlement pendant les guerres civiles.

QUELQUES soins que la maison de Guise eût pris de ne point laisser affoiblir l'opinion que le public avoit depuis si long-temps de la puissance royale, il doit paroître surprenant qu'un prince qui succédoit à des rois aussi odieux et aussi méprisés que Charles IX et Henri III, ait pu reprendre subitement le pouvoir le plus absolu. Les prérogatives de la couronne n'avoient pas été, il est vrai, bornées et fixées par des lois ; mais comment la licence des guerres civiles, et le mépris qu'on avoit eu pour Catherine de Médicis et ses fils, n'avoient-ils pas du-moins donné plus de fierté aux esprits, et fait contracter de nouvelles habitudes qui gêneroient l'ambition du prince qui monteroit sur le trône ? Une nation est comme une vaste mer, dont les flots sont encore agités après que les vents qui les soulevoient ont cessé de souffler. En effet, Henri IV n'auroit joui, malgré ses talens, que d'une autorité équivoque et contestée, si, pendant le cours des guerres civiles, il n'étoit survenu dans la fortune des grands et du parlement des changemens considérables, qui étoient autant d'obstacles à l'inquiétude qui devoit les agiter.

La révolution que souffrit la pairie étoit préparée depuis long-tems ; et il faut se rappeler que quoique les nouveaux pairs que Philippe-le-Bel et ses successeurs avoient créés, fussent dans leurs patentes qu'ils étoient égaux aux anciens pairs, et devoient jouir des mêmes prérogatives, les esprits s'étoient refusés à ces idées ; et l'opinion publique, qui décide souve-

rainement

rainement des rangs et de la considération
qui leur est due, ne confondit point les anciens et les nouveaux pairs : il y eut une telle
différence entr'eux, que le duc de Bretagne,
loin d'être flatté de se voir élevé à la
dignité de pair, craignit au-contraire que
les anciennes prérogatives de son fief n'en
fussent dégradées ; possédant une seigneurie plus puissante et plus libre que celle
des nouveaux pairs, il eut peur qu'on ne
voulût le réduire aux simples franchises
dont jouissoient le duc d'Anjou et le comte
d'Artois. Yoland de Dreux, duchesse de
Bretagne, eut sans doute raison de demander à Philippe-le-Bel une déclaration (1)
par laquelle il assuroit que l'érection du
duché de Bretagne en pairie ne porteroit
aucun préjudice au duc et à la duchesse
de Bretagne ni à leurs enfans. Cette précaution étoit sage ; quand on contesteroit
quelques droits à la Bretagne, il devoit
arriver qu'on consultât moins les anciennes
coutumes qui les autorisoient, que les privilèges ordinaires dont les nouvelles pairies
seroient en possession, et que le conseil
du roi seroit intéressé à regarder comme
le droit commun de la pairie.

La même vanité qui avoit porté les
ducs de Normandie, de Bourgogne et d'Aquitaine, ainsi que les comtes de Champagne,
de Toulouse et de Flandre, à se séparer
des seigneurs qui relevoient comme eux
immédiatement de la couronne (2), pour

Tome IV. G

former un ordre à part dans l'état, les empêcha encore de se confondre avec les seigneurs à qui le roi avoit attribué le titre de la pairie : ils prétendoient que ces pairs de nouvelle création n'étoient pas pairs de France, mais tenoient seulement leurs terres en pairie ; et le public admit cette distinction que ni lui ni les pairs n'entendoient pas, mais qui supposoit cependant une différence entre les anciens et les nouveaux pairs.

Quelque passions qu'eussent ces derniers de s'égaler aux autres, ils ne pouvoient se déguiser à eux-mêmes la supériorité de l'ancienne pairie. La nouvelle, formée dans un temps où le gouvernement féodal faisoit place à la monarchie, n'étoit assise ordinairement que sur des terres déjà dégradées, ou sur des terres que les rois avoient données en apanages à des princes de leur maison. Quand les nouveaux pairs auroient été mis en possession des mêmes prérogatives que les anciens, ils n'en auroient pas en effet joui, ou n'en auroient joui que d'une manière précaire, parce qu'ils n'avoient pas les mêmes forces pour les conserver malgré le roi, et que l'inégalité des forces met une différence réelle entre les dignités qui d'ailleurs sont les plus égales. Il est si vrai que l'opinion publique n'avoit pas confondu les anciennes et les nouvelles pairies, qu'après l'union des premières à la couronne, les nouveaux pairs ne parurent pas sous leur nom aux cérémonies les plus importantes, telles que le sacre des rois, mais y représentèrent les anciens pairs qui n'existoient plus ; et c'étoit avouer bien clairement que la nouvelle pairie étoit inférieure en dignité à l'ancienne.

Malgré cette espèce de dégradation, tout contribua cependant à faire de la nouvelle pairie la dignité la plus éminente et la plus importante de l'état. Elle ne fut conférée qu'à des princes de la maison royale, qui, sous les fils de Philippe-le-Bel, se trouvant tous appelés au trône, acquirent une considération qu'ils n'avoient point (3) eue, tant qu'il avoit été incertain si la royauté étoit une seigneurie masculine, ou seroit soumise au même ordre de succession que les grands fiefs qui passoient aux filles. La nouvelle pairie conserva un rang supérieur aux distinctions qui furent attachées à la dignité de prince du sang ; les princes qui en étoient revêtus prirent le pas sur (4) ceux qui étoient plus près de la couronne dans l'ordre de la succession, mais qui n'étoient pas pairs ; et cet usage établit comme un principe la supériorité de la pairie sur la dignité de prince de la maison royale. La révolution arrivée à notre gouvernement sous le règne de Charles VI, ne fut pas moins favorable à la pairie ; car les pairs, en qualité de pairs, n'auroient point eu un prétexte aussi plausible qu'en qualité de princes du sang,

de s'emparer de l'administration du royaume. Quoiqu'ils se regardassent comme les
colonnes de l'état (5) et les ministres de
l'autorité royale, il étoit juste que dans des
troubles qui intéressoient plus le sort de
la maison régnante que celui de l'état, ils
eussent moins de part aux affaires que les
héritiers nécessaires de la couronne. Les
pairs, qui vraisemblablement auroient été
dégradés s'ils n'avoient pas été princes,
acquirent au-contraire un nouveau degré
de crédit par l'autorité dont ils s'empa-
rèrent comme princes.

Tant que les pairs furent princes du sang,
on ne songea point à mettre une distinction entre leurs dignités, qui, si je puis
parler ainsi, s'étayant réciproquement, joui-
rent des mêmes prérogatives. On étoit même
si accoutumé à voir les princes pairs précéder ceux qui n'étoient pas revêtus de la
même dignité, que des princes étrangers
à qui la pairie fut conférée eurent le même
avantage, et dans les cérémonies occupèrent une place supérieure à celle des princes du sang qui n'étoient pas pairs. C'est
ainsi, pour en donner un exemple, qu'au
sacre de Henri II (6), le duc de Guise et
le duc de Nevers prirent le pas sur le duc
de Montpensier. Mais en voyant élever à
la pairie d'autres personnes que les princes
du sang, il étoit aisé, si je ne me trompe,
de prévoir sa décadence prochaine. Dans
une monarchie telle que la nôtre, et gou-

vernée par une coutume que nous appelons la loi salique, c'étoit beaucoup que l'orgueil du sang royal ne fût pas choqué de céder le pas à un prince d'une branche cadette, et il ne falloit point s'attendre à la même condescendance pour des familles étrangères à la maison royale. Dès qu'un prince de cette maison régnante se plaindroit de se voir précéder par une famille sujette, le public devoit trouver ses plaintes légitimes; et le roi par l'intérêt de sa vanité devoit établir une nouvelle coutume, et laisser un long intervalle entre sa maison et les familles les plus distinguées de l'état. En effet, le duc de Montpensier fit sa protestation sur la prétendue injure qu'il croyoit avoir reçue au sacre de Henri II; et vraisemblablement cette querelle naissante auroit été dès-lors terminée, si le duc de Guise, qui gouvernoit le roi par la duchesse de Valentinois, n'eût fait rendre une ordonnance obscure qui ne décidoit rien, et qui servant également de titre aux prétentions des princes et des pairs, annonçoit que la dignité des premiers seroit bientôt supérieure à celle des seconds.

Quand la pairie n'auroit été conférée qu'à des familles d'un ordre égal à celles du duc de Guise et du duc de Nevers, ou qu'on n'auroit pas oublié que les principales maisons du royaume tiroient leur origine de seigneurs puissans qui avoient été princes (7), et dont les descendans l'auroient encore été si le gouvernement des fiefs eût subsisté en France comme il a subsisté en Allemagne, la contestation élevée par le duc de Montpensier devoit bientôt se terminer à l'avantage des princes du sang. Henri II érigea Montmorency en pairie, ce n'étoit que faire rentrer cette maison dans les droits dont elle avoit joui (8) sous les prédécesseurs de Philippe-Auguste; mais cette grâce, qui n'étoit point un abus du pouvoir souverain, ouvrit cependant la porte à mille abus. La manie éternelle de tout gentilhomme en France, c'est de se croire supérieur à ses égaux, et égal à ses supérieurs; l'élévation de la maison de Montmorency répandit donc une ambition générale parmi les courtisans; et sous les règnes foibles qui suivirent celui de Henri II, comment des favoris n'auroient-ils pas obtenu une dignité qu'ils devoient dégrader? La pairie fut bientôt conférée à des familles d'une noblesse ancienne, mais qui n'avoient jamais possédé des fiefs peu distingués. En la voyant multiplier, on ne sut plus ce qu'il en falloit penser. Le public, trop peu instruit pour juger des pairs par leur dignité, jugea de leur dignité par leur personne; et sans qu'il fût nécessaire de porter une loi pour régler l'ordre que les princes et les pairs devoient tenir entr'eux, il s'établit naturellement et sans effort une subordination entre des pairs dont la naissance ne présentoit aucune égalité ; et c'est ainsi qu'au sacre de Charles IX, les pairs ui étoient princes donnèrent le baiser à la joue, et les autres ne baisèrent que la robe du roi.

Dans le lit de justice qui se tint à Rouen pour la majorité du même prince, les droits du sang parurent encore supérieurs à ceux de la pairie ; et les princes qui n'avoient d'autre titre que celui de leur naissance, précédèrent les pairs qui n'étoient pas de la maison royale. S'il s'élevoit encore quelque contestation, l'évènement ne pourroit en être douteux ; et en donnant enfin l'édit qui établit les choses dans l'ordre où elles sont actuellement, Henri III (9) affermit une coutume qui avoit déjà acquis force de loi. Mais la pairie ne tarda pas à recevoir un second échec ; étant moins considérée depuis qu'elle étoit multipliée , les grandes charges de la couronne devinrent l'objet de l'ambition des courtisans. On sait qu'en mourant François de Guise avertit déjà son fils de ne pas rechercher ces places qui attiroient, disoit-il, la jalousie, l'envie et la haine, et qui exposoient à mille dangers ceux qui les occupoient. Les pairs avoient un grand titre, mais les grands officiers de la couronne avoient un pouvoir réel, et c'est ce qui porta Henri III à donner à ces officiers la préséance sur les pairs (10), dont la dignité fut encore dégradée par la manière arbitraire dont il disposa de leur rang sans égard à l'ancienneté (11) des érections. Cet édit auroit détruit l'esprit et toutes les coutumes de notre ancien gouvernement, s'il eût été observé dans toute son étendue ; mais il ne servit à élever au-dessus de la pairie que quelques offices que les anciens pairs ne regardoient (12) qu'avec une sorte de dédain.

Tandis que ces différentes révolutions annonçoient aux grands la ruine de leur pouvoir, quand la tranquillité publique seroit rétablie, le parlement éprouva aussi diverses infortunes. Il étoit naturel qu'une compagnie, qui n'avoit de crédit et de considération que par les lois, perdît l'un et l'autre au milieu des troubles et des désordres de la guerre civile. Le chancelier de L'Hopital lui-même, choqué du fanatisme du parlement, tenta une fois de ne point y envoyer (13) les édits pour y être vérifiés, mais ce fut sans succès ; et l'enregistrement continua d'avoir lieu, parce que la guerre civile, interrompue par des paix fréquentes, ne dura jamais assez long-temps pour qu'à la faveur de la nécessité, il s'établit un usage contraire. Si Henri III ne put s'affranchir de cette formalité odieuse au gouvernement qu'elle gênoit et qu'il vouloit détruire (14), il apprit du-moins à ses successeurs à la rendre inutile, puisqu'il lui suffit d'aller tenir son lit de justice au parlement, pour que toutes ses

volontés devinssent autant de lois. Une autorité dont il étoit si aisé de trouver la
fin , n'auroit laissé aucune considération
au parlement , si quelques circonstances
favorables à son ambition ne lui avoient
rendu une sorte de confiance.

Il arriva entr'autres deux évènemens
qui persuadèrent à cette compagnie qu'elle
étoit, pour ainsi dire, au-dessus de la nation , lorsque la tenue des lits de justice
auroit dû lui apprendre qu'elle n'avoit en
effet aucune autorité. Elle eut la har-
diesse (15) de rejeter ou de vouloir modifier plusieurs articles de l'édit que Henri III
publia d'après les remontrances des états
de Blois. Un prince plus ferme et plus
éclairé auroit saisi cette occasion pour réprimer les entreprises du parlement, et
sous prétexte de venger la dignité des
états qu'il ne craignoit pas, se seroit dé-
barrassé pour toujours de l'enregistrement
qui le gênoit. Mais soit que Henri vît
avec plaisir qu'on infirmoit une loi dont
plusieurs articles lui déplaisoient , soit que
par une suite de sa foiblesse et de l'avilissement dans lequel il étoit tombé, il
n'osât faire un acte de vigueur, cet attentat fut impuni ; et le parlement, fier d'avoir
humilié le roi et la nation dans ses représentations, crut follement que son droit
d'enregistrement étoit plus affermi que
jamais, et qu'après cet exemple on ne

G 5

pourroit plus lui contester la puissance législative.

On pourroit peut-être croire que c'est
en conséquence de cet attentat contre les
droits de la nation, que le parlement de
Paris osa s'élever au-dessus des états-généraux de la ligue, et lui prescrire des lois.
Il fit un arrêt (16) pour ordonner une députation solennelle au duc de Mayenne,
et le supplier de ne faire aucun traité qui
tendît à transférer la couronne à quelque
prince ou à quelque princesse d'une autre
nation ; on lui insinuoit de veiller au maintien des lois de l'état, et de faire exécuter les arrêts de la cour donnés pour l'élection d'un roi catholique et français. Puisqu'on lui avoit confié l'autorité suprême,
il étoit de son devoir, lui disoit-on, de
prendre garde que, sous prétexte de servir la religion catholique, on n'attentât
aux lois fondamentales du royaume, en
mettant une maison étrangère sur le trône
de nos rois. Enfin l'arrêt du parlement
cassoit et annulloit comme contraires à la
loi salique, tous les traités et conventions
qu'on auroit déjà faits, ou qu'on pourroit
faire dans la suite pour l'élection d'une
princesse ou d'un prince étranger.

Quelqu'idée que le parlement eût prise
de son autorité par les modifications qu'il
avoit mises dans l'enregistrement de l'édit
de Blois, n'est-il pas vraisemblable qu'étant
fanatique et ligueur, il n'auroit jamais tenté

une pareille entreprise, s'il n'y avoit été
invité par le duc de Mayenne lui-même ?
C'est après la séparation des états de Blois,
c'est quand ils n'existoient plus, que le parlement les offensa ; mais les états de la
ligue, présens et maîtres de Paris, devoient-
ils souffrir patiemment que le parlement
leur fît la loi ? On ne reconnoissoit pas
dans cette compagnie le droit de disposer de la couronne, puisqu'on avoit cru
nécessaire d'assembler les états pour cette
opération ; par quel vertige le parlement
auroit-il donc osé s'ériger en surveillant
de leur conduite, s'il n'avoit été sûr de
la protection du duc de Mayenne?

Je croirois que ce seigneur, pressé par
les intrigues des Espagnols et ennemi des
prétentions de la cour de Madrid, qu'il
étoit cependant obligé de ménager, vouloit
leur nuire en feignant de la servir. Il se
cacha sous le nom du parlement, et se
servit du crédit de cette compagnie pour
faire échouer les projets de l'Espagne, ou
du-moins pour y opposer un obstacle de
plus. Il est vrai que les historiens ne disent
point que le parlement fût invité par le
duc de Mayenne à donner cet arrêt qui
l'élevoit au-dessus des états ; mais doit-on
en être surpris ? Le mystère le plus profond devoit être l'ame de cette opération,
pour qu'elle produisît l'effet qu'on en attendoit. Mayenne ne s'adressa sans doute
qu'aux principaux membres du parlement

qui lui étoient dévoués ; et tout son artifice auroit été perdu pour lui, si on eût
su qu'il avoit sollicité un arrêt contraire
aux intérêts de l'Espagne. Ne voit-on pas
que cet arrêt est dicté par le duc de
Mayenne ? C'est pour lui ouvrir le chemin du trône que le parlement en veut
écarter les étrangers. Si cette compagnie
n'eût pas été conduite par ce motif secret,
si elle eût été véritablement attachée à
l'ordre de succession, en ne voulant cependant rien faire qui pût préjudicier à la religion catholique, pourquoi ne se seroit-
elle pas expliquée d'une manière plus claire ?
pourquoi n'auroit-elle parlé que confusé-
ment du successeur d'Henri III ou du cardinal de Bourbon ? Tous les princes de
la maison royale n'étoient pas hérétiques
et relaps ; et si l'arrêt du parlement n'eût
pas été l'ouvrage de l'intrigue, il auroit
nommé le prince que les lois appeloient
au trône.

Les historiens disent que le duc de Mayenne
fut extrêmement irrité de l'arrêt et de la
députation du parlement ; ils devoient dire
seulement qu'il eut l'art de le paroître. Dans
un temps où le mensonge, l'intrigue et la
fourberie étoient l'ame de la politique,
étoit-il si rare et si difficile d'emprunter
des sentimens contraires à ceux qu'on avoit
en effet ? Pour ne se pas brouiller avec les
Espagnols, pour ralentir leurs démarches,
pour ménager ses propres partisans, pour

persuader aux Parisiens mêmes que l'arrêt du parlement étoit d'une bien plus grande importance qu'il n'étoit, Mayenne ne devoit-il pas feindre une colère qu'il n'avoit pas? S'il eût été véritablement irrité, pourquoi n'auroit-il pas cherché à soulever les états contre le parlement?

CHAPITRE IV.

Des effets que la révolution arrivée dans la fortune des grands et du parlement produisit dans le gouvernement, après la ruine de la ligue.

QUAND le fanatisme peu-à-peu ralenti ne fut plus capable de faire supporter avec constance les maux de la guerre, quand on goûta enfin les douceurs de la paix, la nation ne se représenta qu'avec une sorte d'effroi le tableau des troubles dont elle avoit été la victime. La lassitude du passé et l'espérance d'un avenir plus heureux, lui donnèrent un nouvel esprit et de nouvelles mœurs. On n'avoit été touché d'aucune des vertus d'Henri IV; et quand on l'eut connu, on ne voulut voir aucun de ses défauts; à l'exception de quelques fanatiques dévoués aux intérêts de l'Espagne, et dont la haine contre les réformés étoit implacable, le peuple se

livroit à son engouement, et vouloit avoir
un maître qui le contînt. Henri devoit jouir
d'un pouvoir d'autant plus étendu, que les
grands plus divisés entr'eux qu'ils ne l'avoient
jamais été, ne pouvoient, comme autrefois, former des cabales, et par leurs
ligues ou leurs divisions inquéter et troubler le gouvernement.

Les princes du sang, en s'élevant, comme
on l'a vu, au-dessus des pairs, augmentè-
rent puérilement leur dignité, et diminuèrent réellement leur puissance. Séparés des
grands, qui n'étoient pas familiarisés avec
cette distinction qui les choquoit, ils n'eurent que leurs propres forces à opposer à
la puissance royale ; et ces forces étoient
trop médiocres pour qu'elles pussent les
mettre en état de maintenir les principes
que le prince de Condé avoit retirés de
l'oubli, et prétendre avoir part au gouvernement.

Les fils de Henri II ayant honoré plusieurs familles de la pairie, il n'étoit plus
possible, en suivant l'esprit de son institution, de les associer toutes au gouvernement ; et cependant leur nombre étoit
trop petit pour former un corps puissant ;
de sorte que la pairie se trouvoit desti-
tuée à-la-fois de ses fonctions réelles, de
son pouvoir, et des forces nécessaires pour
les recouvrer. En aspirant aux distinctions
honorifiques que conservoient les pairs,
la haute noblesse, qui n'en jouissoit pas,

en devint ennemie. Cette rivalité affoiblit tous les grands ; et né pouvant être puissans que par la faveur et les grandes charges de la cour, il fut encore plus facile à Henri IV qu'il ne l'avoit été à François I.er de les contenir tous dans l'obéissance, et de ne confier son autorité qu'à des personnes qui ne pourroient la tourner contre lui.

Cette situation des grands devoit leur faire perdre insensiblement les idées de grandeur, de fortune et d'indépendance auxquelles ils s'étoient accoutumés pendant la guerre civile ; mais en attendant qu'ils eussent pris un caractère convenable à leur foiblesse actuelle, il y avoit entr'eux une sorte de fermentation sourde, et ils regrettoient l'ancien gouvernement des fiefs. Cette ambition, que le duc de Guise avoit réprimée tant qu'il s'étoit flatté d'usurper la couronne, le duc de Mayenne l'avoit fait revivre ; lorsqu'obligé de renoncer aux projets ambitieux de sa maison, il voyoit la décadence de son parti, il demanda que le gouvernement des provinces de Bourgogne, de Champagne et de Brie fût héréditaire en faveur de ses descendans. Le duc de Mercœur, cantonné en même-temps dans la Bretagne, la regarda comme son domaine, et espéroit de la tenir aux mêmes conditions que ses anciens ducs, tandis que le duc de Nemours affectoit dans son gouvernement l'indépendance et l'autorité d'un souverain. Mais ces seigneurs prirent trop tard une résolution qui leur auroit réussi quelques années plutôt. Les peuples, qui commençoient à se lasser de la guerre civile, n'étoient pas disposés à s'exposer pour l'intérêt des grands à des maux que l'intérêt même de la religion ne pouvoit plus leur faire supporter; et les grands, si je puis m'exprimer ainsi, furent autant vaincus par cet esprit d'obéissance et de monarchie auquel ils avoient accoutumé la nation, que par les armes de Henri IV.

En obéissant, ils ne pouvoient cependant s'empêcher de murmurer; et sans se rendre compte de leurs projets ou plutôt de leurs vues, ils espéroient toujours que quelques circonstances heureuses les mettroient à portée de se cantonner dans les provinces. Rien n'est plus propre à prouver combien les grands étoient timides, petits et inconsidérés dans leur ambition, que le fait bisarre que je vais raconter; et je voudrois pour l'honneur de leur politique qu'on en pût douter. Ils imaginèrent que Henri IV, embarrassé par la guerre qu'il soutenoit contre l'Espagne, et qui sembloit avoir épuisé ses ressources, consentiroit à céder ses provinces (1) sous la foi et l'hommage, à condition que ses nouveaux vassaux lui fourniroient les secours dont il avoit besoin. Si on ne connoissoit pas l'extrême illusion que se font quelquefois les passions, il seroit inconcevable que les grands ne fussent persuadés que cette ridicule proposition seroit acceptée. L'espèce d'arrangement et d'ordre qu'ils mirent dans leur projet, est le comble du délire. Les seigneurs qui avoient les gouvernemens les plus importans, consentoient à en démembrer quelques portions pour faire de souverainetés à d'autres seigneurs qui ne commandoient dans aucune province, et qui sans cet abandon n'auroient trouvé aucun avantage à voir renaître le gouvernement féodal, ou plutôt qui s'y seroient opposés pour ne se pas voir dégradés et avilis par la fortune de leurs pareils.

Le duc de Montpensier, chargé par ses collègues de négocier cette affaire, ou plutôt de la proposer au roi, commença par lui faire valoir le zèle, la fidélité et l'attachement des personnes qui vouloient le dépouiller : il tâcha de prouver que l'abandon des provinces et le rétablissement des fiefs étoit le seul moyen de résister aux forces de la maison d'Autriche ; et Henri IV dut se trouver heureux de n'avoir affaire qu'à des conjurés si méprisables, s'il est vrai cependant qu'on puisse donner le nom de conjuration à une ineptie si ridiculement imaginée et proposée.

Le maréchal de Biron eut une conduite plus conséquente : tourmenté par son ambition, et ne voyant dans l'esprit général des peuples aucune disposition au démem-

brement du royaume, ce ne fut pas à
Henri IV, mais à ses ennemis qu'il
s'adressa pour rétablir les fiefs. Dans le
traité qu'il avoit (2) fait avec la cour de
Madrid et de Turin, on étoit convenu
qu'il épouseroit une princesse de Savoie,
et qu'il auroit pour lui et les siens la souveraineté du duché de Bourgogne ; que si
on parvenoit à enlever la couronne à Henri, on la rendroit élective, et que des
grands gouvernemens on feroit autant de
principautés qui ne dépendroient du roi
que de la même manière dont les élec-
torats dépendent de l'empereur. Si une
pareille entreprise eût été conduite avec
assez de secret pour qu'elle eût éclaté
avant que le gouvernement en fût instruit, jamais la monarchie n'auroit été
menacée d'un plus grand péril. L'ambition des grands, qui étoit plutôt assoupie
qu'éteinte, auroit été instruite par cet
exemple de la route qu'elle devoit prendre.
Tous les grands auroient éclaté à-la-fois,
ou tous du-moins étant devenus suspects
au gouvernement, l'auroient jeté dans le
plus grand embarras : il étoit de l'intérêt
de alliés du maréchal de Biron de démem-
bre la France, et leur premier succès
auroit certainement fait paroître des ré-
voltés dans plusieurs provinces. En par-
tageant ses forces pour soumettre tous les
rebelles à-la-fois, Henri IV se seroit exposé à succomber par-tout. Si son cou-

rage et sa sagesse n'avoient pas également soumis toutes les provinces, la révolution n'étoit que retardée ; l'exemple d'un seul gouverneur qui auroit réussi à s'établir dans son gouvernement, auroit entretenu une fermentation continuelle dans le royaume. Un rebelle heureux auroit travaillé à multiplier les démembremens pour diviser les forces du roi, et n'être pas seul l'objet de son ressentiment. Selon les apparences, la France toujours agitée par des intrigues et des révoltes sous le règne de Henri IV, auroit vu renaître le gouvernement féodal après la mort de ce prince. Heureusement la conjuration du maréchal de Biron fut découverte à temps ; et dans la disposition où se trouvoient les esprits, son supplice suffit pour faire perdre entièrement aux grands le souvenir de leurs anciens fiefs : on ne voit pas du-moins que depuis ils aient tenté de les rétablir.

Tandis que tout fléchissoit enfin sans résistance sous le pouvoir de Henri, le parlement qui voyoit avec plaisir l'abaissement des grands, éprouva à son tour que l'esprit d'obéissance qui étoit répandu dans tous les ordres de l'état, ruinoit son pouvoir négatif et modificatif, et qu'il étoit condamné à ne plus faire que des remontrances inutiles. Vaincu, pour ainsi dire, par la solennité des lits de justice, et ne pouvant rien refuser au roi, il chercha à s'en dédommager aux dépens de la nation dont il avoit déjà usurpé plusieurs fonctions. Lorsque Henri IV convoqua une assemblée de notables à Rouen en 1595, le parlement de Paris s'en plaignit, alléguant qu'il étoit contre l'usage (3) que les états se tinssent hors du ressort du premier parlement du royaume : cette prétention auroit été absurde, si le parlement, enhardi par ses entreprises contre les états de Blois et les états de la ligue, n'avoit voulu donner à entendre que ces assemblées étoient soumises à sa juridiction, et qu'il étoit nécessaire qu'elles se tinssent dans l'étendue de son ressort, pour qu'il pût les juger, les réprimer et les contenir s'il en étoit besoin.

C'est dans ce temps que le parlement commença à se faire un système qu'il a depuis manifesté dans plusieurs occasions : il imagina qu'il représente les anciens champs de Mars et de Mai, et, chose inconcevable! que les états-généraux tels que Philippe-le-Bel et ses successeurs les avoient convoqués, ne tenoient point à la constitution primitive de la nation, et que tout leur droit se bornoit à faire des demandes et des représentations dont le conseil du roi jugeoit arbitrairement. Le parlement prétendit être le conseil nécessaire des rois (4) et ne former avec lui qu'une seule puissance pour gouverner la nation. La vanité dans les affaires est l'avant-coureur de la petitesse ; et le parlement, bientôt convaincu par des efforts impuissans qu'il ne pouvoit pas disposer de la puissance royale, se borna à disputer du rang et de la dignité avec les deux premiers ordres de l'état.

L'assemblée des notables qui se tint à Paris en 1626, est une preuve évidente de ce que j'avance : on étoit convenu d'opiner dans ces conférences (5) par corps et non par tête ; et les officiers des cours supérieures, se croyant avilis par cette manière de recueillir les voix, représentèrent au duc d'Orléans qui présidoit cette assemblée, qu'outre qu'elle étoit préjudiciable et même honteuse aux officiers de justice, qui par là se trouveroient séparés et distingués du clergé et de la noblesse pour être compris et confondus dans un ordre inférieur, elle étoit nouvelle et contraire aux usages pratiqués jusqu'alors. Ces officiers ne se rappeloient pas sans doute ce qui s'étoit passé sous Henri II, après la bataille de Saint-Quentin, et qu'ils avoient regardé comme une faveur de former un ordre mitoyen entre la noblesse et le tiers-état : c'est assez la coutume du parlement d'oublier les faits qui ne sont pas favorables à ses prétentions.

Le duc d'Orléans n'ayant pas eu égard à ces réquisitions, les magistrats portèrent leurs plaintes au roi, et lui montrèrent que « les députés des cours souveraines ne

pouvoient consentir à opiner par corps,
puisque représentant leurs compagnies
composées de tous les ordres du royaume,
ils se verroient néanmoins réduits au plus
bas, et à représenter le tiers ordre séparé
de ceux du clergé & de la noblesse, lesquels n'avoient à présent sujet de se distinguer d'eux, puisque toujours ils ont réputé
à honneur de pouvoir être reçus à opiner
avec eux dans lesdites compagnies ; que
la vocation qu'eux tous avoient en la dite
assemblée étoit différente, en ce que ceux
du clergé et de la noblesse y sont appelés
par la volonté et faveur particulière du roi,
qui en cela avoit voulu reconnoître le mérite d'un chacun d'eux ; mais que les premiers présidens et les procureurs généraux
y étoient appelés par les lois de l'état,
suivies de la volonté de sa majesté pour y
représenter toute la justice souveraine. »

Il est mieux d'examiner de quelle manière les hommes se forment des prétentions, et comment ces prétentions se changent en droits. Le parlement devient par
surprise, par la négligence et l'ignorance
des pairs, la cour des pairs ; et bientôt il
regarde comme un privilège pour les pairs
de pouvoir y siéger, quoique ce prétendu
privilège ne soit qu'une dégradation de la
pairie. Il prétend qu'il est composé de tous
les ordres de la nation, parce qu'il compte
parmi ses magistrats quelques gentilshommes et quelques ecclésiastiques d'un ordre

inférieur ; c'est qu'il veut être le corps représentatif de la nation, & accoutumer le public à cette idée extraordinaire. En vertu de quel titre le parlement pouvoit-il dire que le clergé et la noblesse n'étoient reçus que par grâce aux assemblées des notables, et que les seuls magistrats en étoient les membres nécessaires ? C'est ainsi que dans un royaume où personne ne veut se tenir à sa place, où chacun aspire à s'introduire dans un ordre qui refuse de le recevoir, une vanité puérile devient le principal intérêt de tous les citoyens. Le parlement s'essayait à se mettre au-dessus des états-généraux, en dégradant les différens ordres qui les composent ; bientôt il publiera ouvertement sa doctrine, & sous prétexte que les pairs ne sont que conseillers de la cour, il prétendra que ses présidens sont revêtus d'une dignité supérieure à la pairie.

J'aurois quelque honte de m'arrêter à ces minuties, si ces minuties de rang n'avoient été de la plus grande importance chez presque tous les peuples, et n'étoient d'ailleurs très-propres à faire connoître dans quel oubli le pouvoir absolu de Henri IV avoit fait tomber les règles, les principes, les lois et les coutumes. Quand la France perdit ce prince, aucune voix ne se fit entendre en faveur des états-généraux ; personne ne dit qu'ils étoient nécessaires pour régler la forme du gouvernement. Les grands étoient trop humiliés pour oser s'assembler au Louvre, proclamer Louis XIII et déférer la régence à sa mère. Marie de Médicis et ses créatures ne virent, au milieu de cette dégradation générale de tous les ordres, que le parlement qui eût des prétentions, et conservât la forme d'un corps. La reine le pria de s'assembler pour examiner ce qu'il seroit le plus important de faire dans une conjoncture si fâcheuse ; et cette compagnie, trouvant une occasion de se saisir d'un droit qui n'appartenoit qu'aux états-généraux, donna un arrêt par lequel il conféroit la régence à la reine. Le lendemain quand le jeune roi vint tenir son lit de justice, ce ne fut qu'une vaine formalité pour déclarer que, conformément (6) à l'arrêt donné la veille, sa mère étoit régente.

Cette conduite étoit digne d'une nation qui depuis sa naissance n'avoit pu encore parvenir à se faire un gouvernement, et qui ayant pris l'habitude de ne consulter que des convenances momentanées, n'avoit aucun intérêt déterminé, et devoit par conséquent éprouver encore des agitations domestiques.

CHAPITRE

CHAPITRE V.

Situation du royaume à la mort de Henri IV. — Des causes qui prépa-roient de nouveaux troubles.

TOUT avoit fléchi sous la main de Henri IV; la douceur de son administration avoit fait aimer son autorité ; sa vigilance à prévenir les moindres désordres , avoit entretenu l'obéissance et la tranquillité publique ; mais qui pouvoit répondre que ses successeurs seroient plus heureux, plus sages et plus habiles que les derniers Valois ? Sur quel fondement espéroit-on qu'on ne verroit plus sur le trône des Henri II , des Charles IX , des Henri III , des Catherine de Médicis ? A l'exception du maréchal de Biron , les derniers ambitieux n'avoient été que des imbécilles qu'il étoit facile de réprimer ; mais comptoit-on qu'il n'y auroit plus de prince de Condé , ni de duc de Guise ? S'il pa-roissoit un nouveau maréchal de Biron , étoit-on sûr qu'il auroit le même sort que le premier ? Les grands pouvoient encore sortir de leur néant. En voyant les succès heureux de sa vanité , le parlement pouvoit encore devenir plus ambitieux. La puissance d'un prince foible ne remédie à aucun des maux que doit produire sa foi-

Tome IV. H

blesse. Plus le pouvoir est grand, plus il est voisin de l'abus ; et si tous les hommes ont besoin qu'il y ait des lois et des magistrats qui les contiennent, par quelle imprudence espéroit-on qu'un monarque qui n'est qu'un homme, remplira ses devoirs difficiles dans le temps qu'on les a multipliés en augmentant son autorité, et que ses passions ne sont point réprimées par la crainte d'une puissance qui l'observe ?

Sully étoit-il assez modeste pour croire que des ministres tels que lui seroient désormais communs ? En voyant avec quelle peine il retiroit, pour ainsi dire, le royaume de ses ruines, et combien il éprouvoit de traverses, non-seulement de la part des courtisans et de tous les ordres de l'état, mais de la part même d'un prince qui aimoit la justice et le bien public, et qui s'étoit formé à l'art de régner en passant par les épreuves les plus terribles, pouvoit-il ne pas prévoir que l'édifice qu'il élevoit seroit ruiné en un jour ? Les sujets d'un bon roi sont heureux ; mais qu'importe à la société ce bonheur fragile et passager ? Aux yeux de la politique, ce n'est rien d'avoir un bon roi, il faut avoir un bon gouvernement. Comment ce tableau que Sully se faisoit de l'avenir, ne le décourageoit-il pas dans ses opérations ? Sans doute que la passion de dominer arbitrairement, est de toutes les passions la plus impérieuse, même dans les ministres qui ne jouissent que d'une autorité empruntée et passagère ; sans doute qu'un Charlemagne qui cherche à diminuer son autorité pour l'affermir , est un prodige qu'on ne doit voir tout au plus qu'une fois dans une monarchie.

Si on y fait attention , on s'apercevra sans peine qu'à l'avénement de Louis XIII au trône, le gouvernement se trouvoit dans la même situation où il avoit été sous les règnes des princes qui virent allumer les guerres que Henri IV avoit éteintes. Les deux religions, qui en divisant la France avoient fait tomber le roi et les lois dans le mépris, subsistoient encore ; et si, après s'être fait la guerre pendant long-temps, elles étoient lasses de se battre, elles ne ne l'étoient pas de se haïr. En voyant la fin malheureuse de Henri IV , les réformés ne pouvoient s'empêcher de prévoir les dangers dont ils étoient menacés ; et dès qu'ils avoient lieu de craindre le zèle immodéré des catholiques, on devoit se rappeler de part et d'autre les injures que les deux religions s'étoient faites.

La persécution exercée sur les réformés par Henri II, les préparoit à la révolte sous son fils ; et la crainte , non pas d'essuyer les mêmes persécutions, mais de voir ruiner leurs privilèges sous Louis XIII , devoit les tenir unis et disposés à agir de concert pour leur défense commune. Tandis que les catholiques délivrés d'un prince tolérant, se flattoient de renverser leurs ennemis qui n'avoient plus de protecteur, les réformés durent s'effaroucher, en voyant passer le gouvernement dans les mains d'une princesse qui, pour parler le langage des novateurs, avoit sucé en Italie les superstitions de l'église romaine. Marie de Médicis confirma, il est vrai, l'édit de Nantes en parvenant à la régence. Mais que prouve cette vaine cérémonie ? Que la loi de Henri IV avoit acquis peu de crédit, et que les réformés ne la regardoient pas comme un rempart assuré de leur liberté. Si la puissance royale s'étoit accrue, les calvinistes de leur côté étoient plus forts et plus puissans qu'ils ne l'avoient été sous les règnes précédens ; et ils avoient entr'eux des liaisons et des correspondances qu'il avoit autrefois fallu former. Le souvenir des maux qu'on avoit éprouvés pendant la guerre civile, pouvoit s'effacer, et le fanatisme reprendre de nouvelles forces, si des ambitieux habiles entreprenoient de se servir du ressort puissant de la religion pour exciter des troubles nécessaires à l'accroissement de leur fortune particulière. Depuis que l'esprit de la ligue avoit été détruit, il auroit fallu, il est vrai, un concours de circonstances extraordinaires pour qu'il se formât une nouvelle maison de Guise, et que les successeurs de Henri IV fussent exposés au danger qu'avoit couru Henri III.

de perdre la couronne et de se voir
releguer dans un cloître. Mais il ne falloit
que des talens et des évènemens communs
pour produire à-la-fois cent ambitieux qui
entreprendroient de se cantonner dans leurs
gouvernemens ou dans leurs terres, et au
défaut de capacité, leur nombre pouvoit
les faire réussir.

Quand Henri IV voulut étouffer les haines de religion, les catholiques (1) se
plaignoient que l'exercice de leur culte
ne fût pas établi dans plusieurs villes, et
même dans plusieurs provinces, comme
il devoit l'être en vertu des édits donnés
dans les temps de troubles. Les protestans, de leur côté, ne se contentoient
pas qu'on remît simplement en vigueur
les différens privilèges qu'on leur avoit
accordés jusque-là, et desiroient une
liberté plus étendue. Ils exigeoient beaucoup de la reconnoissance du roi, qui
leur devoit sa couronne; et les autres,
fiers de la supériorité de leurs forces, et
d'avoir forcé Henri à rentrer dans le sein
de l'église, avoient un zèle amer, et ne
toléroient un édit favorable aux réformés,
que dans l'espérance que des conjonctures
plus heureuses permettroient de le violer.

Pour établir une paix solide entre les
deux religions, il auroit fallu établir entr'elles une égalité entière; et puisque la
doctrine des réformés n'étoit pas moins
propre que celle des catholiques à faire

des citoyens utiles et vertueux , les uns
et les autres avoient droit de jouir des
mêmes avantages. Ce n'est que par cette
conduite que les Allemands sont parvenus
à détruire le fanatisme , et affermir la
tranquillité publique dans leur patrie. Si
le gouvernement de France n'étoit pas
aussi favorable à cette opération que le
gouvernement de l'empire , Henri IV ne
devoit négliger aucun moyen pour faire
respecter sa loi , c'est-à-dire , pour lui
donner des protecteurs et des garans puissans qui inspirassent une sécurité entière
aux protestans , et ne laissassent aucune
espérance de succès au fanatisme des catholiques. Les traités de Munster et d'Os-
nabrug calmèrent les esprits en Allemagne,
parce que les religions ennemies furent
également persuadées que leurs chefs
avoient fait dans de longues négociations tout ce qui dépendoit d'eux pour
obtenir les conditions les plus avantageuses , et qu'ainsi elles n'auroient rien de
plus utile à attendre d'une nouvelle guerre
et d'une nouvelle paix. Dailleurs chaque
religion étoit sûre de jouir des avantages
qu'elle avoit obtenus , parce que tous les
tribunaux de l'empire , composés de juges
choisis dans les deux religions , suffisoient
pour réprimer les petits abus , et que
dans le cas d'une infraction aux traités
qui pourroient avoir des suites dangereuses et étendues , chaque parti avoit des

protecteurs sùr la vigilance et les intérêts desquels il pouvoit se reposer, et assez puissans pour défendre sa liberté et ses droits.

Il en auroit été à-peu-près de même en France, si les états-généraux, au lieu d'être détruits par les prédécesseurs de Henri IV, avoient été assez solidement établis pour devenir un ressort ordinaire et nécessaire du gouvernement. Plus ils auroient approché de la perfection dont ils sont susceptibles, plus il est vraisemblable que les Français ne se seroient point déchirés par les guerres civiles qui répandirent tant de sang. Qu'on ne m'objecte pas que le parlement d'Angleterre et les diètes de l'empire ne préservèrent ni les Anglais ni les Allemands des mêmes calamités ; ces assemblées (2) nationales n'étoient plus ce qu'elles devoient être, quand elles virent naître les divisions domestiques. Si Henri IV avoit voulu établir une paix solide, il devoit convoquer les états-généraux, et profiter de la lassitude où l'on étoit de la guerre, pour rapprocher les catholiques et les réformés, et les faire conférer ensemble sur leurs divers intérêts. Il est naturel que les peuples aient plus de confiance à des assemblées qui ont nécessairement des maximes nationales, et dont toutes les opérations et les résolutions sont politiques, qu'au conseil du prince qui ne consulte ordinairement que des convenances passagères et mobiles, dont les résolutions ne sont que trop souvent l'ouvrage de l'intrigue, et qui se fait par principe des intérêts contraires à ceux du public. A l'exemple de Charlemagne, Henri devoit être l'ame de ces états. Il étoit assez puissant pour inspirer aux chefs des deux partis l'esprit de paix et de conciliation. Le calme se seroit répandu dans les provinces, parce qu'elles auroient été consultées. On se seroit accoutumé à jouir paisiblement des avantages qu'on auroit obtenus, parce qu'on auroit été sûr de les conserver sous la garantie et la protection d'un corps puissant, au-lieu de n'avoir qu'une promesse vaine, sur laquelle il étoit imprudent de compter.

Henri auroit ôté aux grands un moyen de se faire craindre du gouvernement ; ils n'auroient pu continuer à entretenir les haines de religion, en répandant parmi le peuple les soupçons et la défiance. Ce prince, en un mot, digne de l'amour qu'on avoit pour lui, se seroit délivré de l'inquiétude que le fanatisme des catholiques lui donna pendant toute sa vie, et dont il fut enfin la victime. Il auroit réparé les torts de ses prédécesseurs depuis Charles VIII, et auroit donné un appui à ses successeurs, qui ayant au-contraire la témérité de se charger, comme lui, de tout ordonner, de tout régler, de tout gouverner par eux-mêmes, devoient encore éprouver, et faire éprouver à leurs sujets bien de malheurs.

Dès que Henri IV vouloit pacifier le royaume, non pas comme arbitre et médiateur, mais comme législateur, il ne pouvoit qu'offenser les réformés sans satisfaire les catholiques. Les deux religions devoient également murmurer contre lui, et se plaindre qu'il n'eût pas tenu la balance égale entr'elles ; chacune devoit se flatter que si elle eût elle-même discuté ses intérêts, elle auroit obtenu de plus grands avantages, ou n'auroit pas fait des pertes si considérables. Les catholiques étoient les plus nombreux et les plus puissans ; il fallut, pour ne les pas soulever, contraindre les réformés à renoncer à plusieurs avantages dont ils étoient en possession, et qu'ils devoient aux succès de leurs armes. L'édit de Nantes paroît l'ouvrage de la mauvaise foi, ou d'une politique timide qui tend des pièges ; il est nécessaire d'en examiner quelques articles, pour faire mieux juger de la situation incertaine où se trouvoit le royaume.

On obligea les réformés à restituer les églises dont ils s'étoient emparés, et les biens qui en dépendoient. On leur défendit de tenir leurs prêches dans des habitations ecclésiastiques. On autorisa les catholiques à acheter les bâtimens construits par les réformés sur les fonds qui appartenoient à l'église, ou à demander en justice qu'ils achetassent les fonds attachés à ces bâtimens. Henri IV n'osoit trancher aucune difficulté ; ainsi l'édit de pacification, qui n'auroit dû travailler qu'à abolir le souvenir des usurpations passées et des prétentions réciproques des deux religions , préparoit de nouvelles discussions entr'elles , et par-là fomentoit leur haine.

Les seigneurs hauts-justiciers qui avoient embrassé la réforme , eurent dans leurs châteaux l'exercice public de leur religion ; mais ceux dont les terres étoient moins qualifiées , n'obtinrent cette liberté que pour eux ou trente personnes. Si leurs fiefs étoient dans la mouvance d'un seigneur catholique , ils ne pouvoient même jouir de cette liberté de conscience , sans en avoir obtenu sa permission. Cet exercice de la religion réformée étoit d'autant moins capable de satisfaire ceux qui la professoient , qu'un seigneur haut-justicier n'avoit un prêche dans son château qu'autant qu'il l'habitoit. S'il s'absentoit , le pays étoit ridiculement privé de son culte ; il étoit même exposé à le perdre sans retour , si cette terre par vente , succession ou autrement, passoit à un seigneur catholique. Comment pouvoit-on exiger que les réformés fussent tranquilles sur leur état , et ne donnassent aucune inquiétude au gouvernement , tandis qu'ils ne jouissoient que d'une manière précaire et

passagère de la liberté de conscience ? Si
on craignoit les réformés, on ne pouvoit
leur accorder un exercice trop public de
leur religion ; ces petits prêches, toujours
à la veille d'être fermés ou interdits, n'é-
toient propres qu'à être des foyers d'intrigue, de cabale et de fanatisme.

Il fut défendu aux réformés de faire
aucun exercice de leur religion à la cour,
à la suite de la cour, à Paris, ni à cinq
lieues de cette capitale. Si ce n'étoit pas
leur dire que leur religion étoit odieuse,
c'étoit du-moins les avertir qu'elle ne devoit
s'attendre à aucune faveur. Pourquoi la
loi, qui devoit être impartiale pour être
raisonnable, montre-t-elle cette partialité ?
C'étoit attiser le feu qu'on vouloit éteindre ; ce n'étoit pas une loi, mais un traité
qu'il falloit mettre entre les deux religions.
Croira-t-on que les Allemands se fussent
soumis à l'ordre établi par la paix de
Westphalie, s'il eût été l'ouvrage d'un
législateur, quoique les articles en soient
aussi sages que ceux de l'édit de Nantes
le sont peu ?

Il dut paroître d'autant plus insuppor-
table aux réformés de payer la dîme aux
ministres de la religion romaine, qu'il étoit
très-injuste à celui-ci de l'exiger : il falloit donc qu'ils payassent leurs ministres,
et c'étoit les soumettre à une nouvelle
contribution : il ne convenoit même pas
que le gouvernement se chargeât de leur

payer leur salaire , parce qu'il n'étoit pas
de l'intérêt des réformés que leurs ministres fussent à la charge de l'état , et
qu'ils pouvoient regarder ces salaires comme une source de corruption. Pourquoi
les obliger d'observer les fêtes prescrites
aux catholiques , de s'abstenir ce jour-là
de tout travail , ou de ne travailler qu'en
secret , et enfin de se soumettre à l'égard
du mariage aux lois de l'église romaine
sur les degrés de consanguinité ou de pa-
renté ? Tous ces règlemens devoient éloigner
les uns des autres des citoyens qu'il falloit
rapprocher. Je sais que dans la pratique
on adoucissoit la rigueur de cette loi , on
fermoit les yeux ; mais cette condescendance pouvoit-elle rassurer les réformés ,
quand ils voyoient les catholiques armés de
la loi contr'eux ? Qu'on me permette de
le dire : il est ridicule , il est dangereux de
faire une loi qu'il est sage de ne pas faire
observer exactement ; et quand un gouvernement en est réduit à cette extrémité,
ne doit-il pas juger qu'il est à la veille
d'éprouver quelque malheur , et qu'il a
pris par conséquent un mauvais parti ?

Je serois trop long , si je voulois examiner ici chaque article de l'édit de Nantes , et en faire voir les inconvéniens ;
mais je ne puis me dispenser d'y faire remarquer une contradiction monstrueuse.
Tandis que le gouvernement avoit une si
grande peur des états-généraux , et ne

vouloit pas leur abandonner le soin de concilier les deux religions, pourquoi permettoit-il aux réformés de s'assembler tous les trois ans et d'avoir des places de sûreté? Si par ce privilège on vouloit préparer la France à devenir protestante, il ne falloit donc pas par les autres articles préparer la ruine du calvinisme. Puisqu'on ne cherchoit en effet par l'édit de Nantes qu'à tendre des pièges secrets aux réformés, et qu'à se faire des prétextes pour les perdre, pourquoi leur permettoit-on de s'assembler et de s'éclairer en conférant ensemble sur leurs intérêts? C'étoit diviser le royaume, et empêcher que les catholiques et les réformés ne s'accoutumassent peu-à-peu à leur situation. On ne le conçoit point; par quel motif, par quelle raison le gouvernement craignoit-il moins des places de sûreté dans les mains des protestans, que la convocation régulière des états-généraux, puisque ces places de sûreté annonçoient la guerre civile, et que les états-généraux auroient conservé la paix? M'est-il permis de le dire? la guerre civile paroissoit moins fâcheuse au gouvernement que la moindre diminution, ou le moindre partage de l'autorité publique.

Il est aisé de s'apercevoir que Henri IV n'avoit entretenu la tranquillité publique que par les détails journaliers d'une prudence attentive à ne rien négliger: il ap-

pliquoit toujours quelque palliatif aux
maux qui se montroient ; mais il ne falloit
pas s'attendre que ses successeurs eussent
la même sagesse. Plus le temps affoibli-
roit le souvenir des calamités de la guerre
civile, plus le zèle des catholiques devoit
devenir fougueux, et l'inquiétude des réformés impatiente. C'est dans l'espérance
d'amener des temps plus favorables à la
religion romaine, que le fanatisme arma
plusieurs assassins, et que Ravaillac com-
mit son attentat. On ne peut se déguiser
que ce ne soit le zèle aveugle et impie
des catholiques qui ait fait périr un prince
qui avoit des ménagemens pour les réformés, qui donnoit sa confiance à quelques-
uns d'eux, et qui empêchoit qu'ils ne fussent
accablées sous la haine de leurs ennemis.

CHAPITRE VI.

*Règne de Louis XIII. —— De la conduite
des grands et du parlement. —— Abaissement où le cardinal les réduit. ——
De leur autorité sous le règne de Louis
XIV.*

LOUIS XIII étoit encore dans la première enfance, quand il parvint au trône.
La régence fut déférée à sa mère, princesse incapable de gouverner : elle ne vou-

loit pas qu'on lui arrachât par force une autorité dont elle étoit jalouse; mais par foiblesse, elle étoit toujours disposée à la remettre en d'autres mains. S'il y avoit encore eu en France des hommes tels que les Guises, le prince de Condé et l'amiral de Coligny, il n'est pas douteux qu'ils ne se fussent rendus également puissans, et n'eussent formé deux partis qui auroient anéanti l'autorité du roi et de la régente : mais qu'on étoit loin de craindre de pareils dangers ! c'étoient Concini et sa femme qui devoient gouverner sous le nom de la reine ; et quelle idée ne doit-on pas prendre de ces temps, quand on voit qu'une intrigante étrangère et un homme sans considération faisoient plier tous les grands sous leur joug ? Tel étoit l'avilissement des ames, que, sous le gouvernement le plus méprisable, tout se réduisoit à faire des intrigues et des cabales à la cour pour en obtenir les faveurs. Qu'on juge de l'autorité mal affermie de Marie de Médicis et de ses créatures, puisque Luynes, qui n'avoit qu'une charge médiocre dans la vénerie, et pour tout talent que celui de dresser des oiseaux au vol, s'empara de toute l'autorité du roi, parce qu'il avoit l'art de l'amuser, et décida de la fortune de tous les grands du royaume. Mais un trait que je ne dois pas oublier, et qui peint bien cette cour, c'est que pour se délivrer de la tyrannie timide et mal habile de Concini, on crut qu'il falloit un assassinat, comme pour se défaire du duc de Guise qui s'étoit mis au-dessus des lois, et qui étoit vraiment le roi des Français catholiques.

L'administration de Luynes ne fut pas différente de Marie de Médicis. Les courtisans continuèrent leurs intrigues ; et un ministre qui n'avoit pas le courage de les dédaigner ou de les punir sévèrement, en fut bientôt occupé : au-lieu de se rappeler que les guerres étrangères avoient beaucoup contribué à étendre le pouvoir du roi et de ses ministres, et qu'elles serviroient encore à consumer ce reste d'humeur qui fermentoit dans l'état, Médicis et Luynes, épuisés par l'attention qu'ils donnoient aux cabales de la cour, crurent qu'ils ne pourroient suffire aux soins du gouvernement, s'ils ne conservoient la paix au dehors ; ils négligèrent les alliés naturels du royaume, et recherchèrent l'amitié de ses ennemis. Plus le gouvernement se faisoit mépriser par sa timidité, plus les courtisans devinrent hardis et entreprenans ; tout fut perdu quand on s'aperçut que pour obtenir des faveurs il falloit se faire craindre. Après avoir épuisé inutilement l'art de l'intrigue à la cour, l'usage des mécontens fut de se retirer dans la province pour faire semblant d'y former quelque parti ; il falloit attendre qu'ils se lassassent de leur exil volontaire, et le conseil ne fut occupé qu'à

marchander le retour de ces fugitifs. Quoique le prince de Condé haït les réformés
qui n'avoient aucune confiance en lui,
Médicis fut alarmée de leur liaison qui ne
pouvoit exciter que quelques émeutes passagères. Quelle auroit donc été son inquiétude, si ce prince, prétendant jouir encore des prérogatives attachées à son rang,
se fût regardé comme le conseiller de la
couronne, et le ministre nécessaire de l'autorité royale ?

Au milieu de ces tracasseries misérables, on est justement étonné d'entendre
encore prononcer le nom presqu'oublié des
états-généraux, et de les voir demander
avec une opiniâtreté qui auroit dû rendre
une sorte de ressort aux esprits. On auroit
dit que les mécontens méditoient de grands
desseins ; mais à peine ces états furent-ils
assemblés, que leur mauvaise conduite ras-
sura le gouvernement.

L'ouverture s'en fit à Paris le 21 octo-
tobre 1614 ; et pendant plus de quatre
mois qu'ils durèrent, aucun député ne comprit quel étoit son devoir. On auroit eu
inutilement quelque amour du bien public
et de la liberté ; les trois ordres accoutumés à se regarder comme ennemis, étoient
trop appliqués à se nuire pour former de
concert quelque résolution avantageuse. Le
tiers-état s'amusoit à se plaindre de l'administration des finances, et à menacer les
personnes qui en étoient chargées, sans

songer que ses plaintes et ses menaces ne produiroient aucun effet, s'il n'étoit secondé des deux autres ordres ; et il ne faisoit aucune démarche pour les gagner. Le clergé, fier de ses immunités et de ses dons gratuits, n'étoit pas assez éclairé pour voir que sa fortune étoit attachée à celle de l'état, et qu'il sentiroit tôt ou tard le contre-coup de la déprédation des finances. La noblesse aimoit les abus que Sully avoit suspendus et non pas corrigés ; et dans l'espérance de mettre le gouvernement à contribution, vouloit qu'il s'enrichît des dépouilles du peuple. Le royaume auroit paru aux ecclésiastiques dans la situation la plus florissante, si on eût ruiné la religion réformée dont ils craignoient les objections et les satyres. La noblesse demandoit la suppression de la vénalité et de l'hérédité des offices de judicature ; et les députés du tiers-état, presque tous officiers de justice ou de finances, affligés de voir attaquer un établissement qui fixoit en quelque sorte le sort de leurs familles, firent une diversion pour se venger, et demandèrent le retranchement des pensions que la cour prodiguoit, et qui montoient à des sommes immenses.

Rien n'étoit plus aisé que d'éluder par des réponses ou des promesses vagues et équivoques les demandes mal concertées des états ; mais n'ayant ni pu ni voulu commencer leurs opérations pour se rendre

nécessaires, la cour trouva encore plus
commode de les séparer avant que de répondre à leurs cahiers, et nomma seulement des commissaires pour traiter avec
les députés que les trois ordres chargè-
rent de suivre les affaires après leur sépa-
tion. Les commissaires du roi auroient été
employés à la commission la plus difficile,
si on eût attendu d'eux le soin de concilier
les esprits ; mais on leur ordonna au-contraire de ne rien terminer et de multiplier
les difficultés qui divisoient les trois ordres.
Ces conférences inutiles cessèrent enfin,
et sans qu'on s'en aperçût. On prétexta
les longueurs qu'entraînoit la discussion
d'une foule d'articles aussi importans pour
l'administration générale du royaume, que
contraires aux prétentions que le clergé,
la noblesse et le peuple formoient séparément. Les délégués des états se sépare-
rent par lassitude de toujours demander et
ne jamais obtenir ; et chaque ordre se
consola d'avoir échoué dans ses demandes,
en voyant que les autres n'avoient pas été
plus heureux dans les leurs.

Après avoir essayé sans succès d'alarmer
le gouvernement par la tenue des états,
les intrigans, qui ne pouvoient jouir d'aucune considération s'ils ne lui donnoient de
l'inquiétude, songèrent à faire soulever les
réformés. Les instances que le clergé et
la noblesse avoient faites dans les derniers
états, pour obtenir la publication du con-

cile de Trente, et le rétablissement de la religion catholique dans le Béarn, leur furent présentées comme une preuve certaine des entreprises qu'on méditoit secrétement contr'eux. La noblesse, disoit-on, se laisse conduire aveuglément par le clergé ; et si les évêques ne songeoient pas à établir l'inquisition et rallumer les bûchers, pourquoi se défieroient-ils des tribunaux laïques, malgré la rigueur avec laquelle ils avoient autrefois traité les réformés ? Pourquoi le clergé demanderoit-il qu'on interdît aux cours supérieures la connoissance de ce qui concerne la foi, l'autorité du pape, et la doctrine de l'église au sujet des sacremens ? Si les réformés, ajoutoit-on, ne prévoient pas de loin le malheur qui les menace, ils en seront nécessairement accablés. S'ils se contentent de se tenir sur la défensive, le gouvernement enhardi par cette conduite ne manquera pas de les mépriser et de violer l'édit de Nantes. Quand il aura obtenu un premier avantage, il ne sera plus temps de s'opposer à ses progrès. Il faut le forcer à respecter les privilèges des réformés, en lui montrant qu'ils sont attentifs à leurs affaires, vigilans, précautionnés, unis et assez forts pour se défendre. Soit que les personnes les plus accréditées dans le parti calviniste ne goûtassent pas une politique contraire à l'esprit d'obéissance et de soumission auquel on s'accoutumoit, soit qu'on n'eût pour

mettre à la tête des affaires aucun homme
capable de faire la guerre avec succès, les
réformés parurent inquiets, incertains, ir-
résolus et peu unis ; et on ne recourut pas
cependant à la force pour protéger des
privilèges qui n'étoient pas encore attaqués.

Tandis que le royaume étoit dans cette
anarchie, le gouvernement sans force, les
réformés sans courage, et la nation anéan-
tie, le parlement, qui, sous le règne précédent, s'étoit en quelque sorte incorporé
avec le roi pour ne former qu'une seule
puissance, ne trouva plus le même avantage dans cette union. Il jugea qu'il étoit
plus important pour lui de profiter de la
foiblesse du gouvernement pour se rendre
puissant, que de lui rester attaché, et ses
espérances lui rendirent son ancienne politique. Il donna le 8 mars 1615 un arrêt
qui ordonnoit que les princes, les pairs et
les grands officiers de la couronne qui ont
séance et voix délibérative au parlement,
et qui se trouvoient à Paris, seroient invités à venir délibérer avec le chancelier
sur les propositions qui seroient faites pour
le service du roi, le soulagement de ses
sujets et le bien de son état. La cour fit
défense au parlement de se mêler des affaires du gouvernement ; et dans ses remontrances cette compagnie découvrit ses
vues et ses prétentions d'une manière beaucoup moins obscure qu'elle n'avoit fait jusqu'alors. Elle avança qu'elle tient la place (1)

des princes et des barons, qui de toute ancienneté avoient été auprès de la personne du roi pour l'assister de leur conseil ; et comment en douter, disoit-elle, puisque la séance et la voix délibérative que les princes et les pairs ont toujours eues au parlement, en est une preuve à laquelle on ne peut se refuser. Si on en croit ces remontrances, nos rois n'ont jamais manqué d'envoyer au parlement les ordonnances, les lois, les édits et les traités de paix, ni d'y porter les affaires les plus importantes, pour que cette compagnie les examinât avec liberté, et y fît les changemens et modifications qu'elle croiroit nécessaires au bien public. Ce que nos rois, ajoutoit le parlement, accordent même aux états-généraux de leur royaume, doit être enregistré par cette cour supérieure, où le trône royal est placé, et où réside leur lit de justice souveraine.

L'autorité royale auroit reçu un échec considérable, si les grands se fussent rendus à l'invitation du parlement, et en s'unissant à lui, eussent été capables de suivre d'une manière méthodique, et de soutenir une démarche dont le succès auroit nécessairement établi de nouveaux intérêts et de nouveaux principes dans le gouvernement, s'ils avoient été occupés du soin de se faire une autorité propre dans l'état, tandis que le parlement lui-même n'auroit voulu devenir puissant que pour rendre

désormais l'administration plus régulière
et moins dépendante de l'incapacité et
des passions du prince, ou des personnes
qui régnoient sous son nom : quelle force
auroit pu leur résister ? On on auroit vu
les grands et les magistrats par leur union,
s'emparer du pouvoir que les états-généraux avoient voulu prendre sous le règne
du roi Jean, et former un corps d'autant
plus redoutable, que, toujours subsistant,
il auroit toujours été à portée de se défendre et d'augmenter son autorité. Mais pourquoi m'arrêterois-je à faire voir les suites
d'une union que les préjugés, les passions,
d'anciennes habitudes et le peu de talens
des grands et des magistrats, et leurs mau-
vaises intentions rendoient impraticables ?
Les uns, comme on l'a vu, divisés entre
eux, se bornoient à intriguer et à s'agiter
sans savoir ni ce qu'ils vouloient ni ce
qu'ils devoient vouloir, et ne firent pas ce
qu'ils pouvoient. Les autres, plus ambitieux que magistrats, firent plus qu'ils ne
pouvoient ; et n'étant pas secondés, furent obligés d'abandonner leur arrêt, et d'attendre des circonstances plus favorables à
leurs projets.

Le royaume continua à être agité par
des intrigues et des cabales dont le foyer
éroit à la cour. Les réformés, excités depuis long-temps à la révolte, prirent enfin
les armes de différens côtés et à différentes
reprises. On faisoit la paix sans rien ar-

rêter de certain, parce qu'on avoit commencé la guerre sans avoir d'objet fixe. Mais si cette anarchie avoit duré plus long-temps, peut-être qu'à force de s'essayer à la révolte et à l'indépendance, des hommes qui n'étoient qu'inquiets seroient devenus véritablement ambitieux. A force de tâter un gouvernement foible et trop semblable à celui des fils de Henri II, les espérances se seroient agrandies. S'il n'avoit pas reparu de ces hommes de génie qui firent chanceler la couronne sur la tête de Henri III, il pouvoit aisément y en avoir d'assez hardis pour songer à rétablir les fiefs. Si un grand tâtoit cette entreprise, il devoit avoir mille imitateurs, et leur nombre auroit en quelque sorte assuré le succès de leur ambition.

Mais dans le moment que la foiblesse du gouvernement rendoit tout possible, il parut dans le conseil du roi un homme qui s'en étoit ouvert l'entrée par la ruse, la fraude et l'artifice, mais fait pour dominer par d'autres voies quand son crédit seroit affermi. Richelieu, né avec la passion la plus immodérée de gouverner, n'avoit aucune des vertus ni même des lumières qu'on doit desirer dans ceux qui sont à la tête des affaires d'un grand royaume ; il avoit cette hauteur et cette inflexibilité de caractère qui subjuguent les ames communes, et qui étonnent et lassent ceux qui n'ont qu'une prudence et

un

un courage ordinaires. Si la famille de Richelieu avoit joui par elle-même d'une plus grande considération, ou s'il n'eût pas été engagé dans un état qui donnoit des bornes, ou plutôt une certaine direction à sa fortune, il est vraisemblable qu'il ne se seroit pas contenté d'être le ministre despotique d'un roi absolu, et qu'il auroit essayé ses forces en se cantonnant dans une province. Le cardinal de Richelieu ne pouvant aspirer à être ni un duc de Guise, ni un maréchal de Biron, se contenta de gouverner la France sous le nom du roi ; mais il dédaigna la sorte de puissance que Marie de Médicis et le connétable de Luynes avoient eue. Au-lieu de régner par adresse, de ménager et de flatter la foiblesse de Louis XIII, de mendier et d'acheter la faveur des grands, ou de les opposer les uns aux autres pour avoir toujours un appui, il forma le projet de tout asservir à son maître, et de le rendre lui-même le simple instrument de son autorité.

Pour rendre les grands dociles, il falloit les mettre dans l'impuissance de se révolter ; mais ce n'auroit jamais été fait que de les accabler ou de les gagner les uns après les autres : à peine auroit-il ruiné une cabale, ou acheté l'amitié de ses chefs, qu'il s'en seroit formé une seconde. L'esprit convenable à la monarchie n'étoit détraqué, si je puis parler ainsi, chez les Français, que par un reste de fanatisme que la religion avoit fait naître ; et les grands sans autorité qui leur fût propre, ne paroissoient inquiets et séditieux que parce qu'ils comptoient sur les forces et le secours d'un parti qu'on avoit mis dans la nécessité d'être soupçonneux et de se défier du gouvernement. Richelieu résolut donc de réduire les calvinistes à la simple liberté de professer en paix leur religion, et de leur ôter les privilèges et le pouvoir qui les mettoient en état de se faire craindre. Nous serons assez fous, disoit le maréchal de Bassompierre aux courtisans, pour prendre la Rochelle ; ils le furent en effet, et le coup mortel qui frappa les réformés, accabla tous les grands : ils ne trouvèrent plus de place forte qui leur servît d'asile contre l'autorité royale. Les calvinistes n'ayant plus de point de ralliement où ils pussent réunir leurs forces, cessèrent de former un parti, et se revirent dans la même situation où ils avoient été avant que le prince de Condé et l'amiral de Coligny les eussent réunis sous leur autorité. Après avoir détruit cette association, il étoit bien plus difficile d'en rassembler les débris pour la rétablir, qu'il ne l'avoit été autrefois de la former.

Tandis que Richelieu renversoit ainsi le seul obstacle qui depuis le règne de Charles VIII s'étoit opposé à l'autorité royale, il employoit les mêmes moyens dont les rois s'étoient servis pour distraire la nation du soin de ses affaires domestiques, et la façonner à la docilité monarchique : il avilissoit les esprits, en les occupant de ce que les arts, les sciences, les lettres et le commerce ont de plus inutile et de plus attrayant. Son luxe contagieux fit connoître de nouveaux besoins qui ruinoient les grands ; forcés de mendier des faveurs pour étaler un vain faste, ils se préparoient à la servitude. La contagion fut portée dans tous les ordres de l'état ; des hommes obscurs firent aux dépens du peuple des fortunes scandaleuses ; on les envia, et l'amour de l'argent ne laissa subsister aucune élévation dans les ames.

Cependant Richelieu en avilissant la nation au-dedans, la faisoit respecter au-dehors. Ses alliés trouvoient des secours et une protection que Médicis et Luynes leur avoient refusés : on se proposoit d'humilier la maison d'Autriche, que des entreprises trop considérables et des guerres continuelles avoient déjà affoiblie ; et le même vertige de gloire et de conquête que les premières guerres d'Italie avoient fait naître, devint encore la politique des Français sous le règne de Louis XIII. Plus les entreprises du ministre étoient grandes et difficiles, plus il avoit de prétexte pour ne se soumettre à aucune règle, et gouverner avec un sceptre de fer : les besoins de l'état et la nécessité lui servoient d'excuse auprès des Français qu'il opprimoit.

On ne fut point innocent quand on fut soupçonné de pouvoir désobéir à ce ministre impérieux. Répandant d'une main les bienfaits, et de l'autre les disgraces, il parut plus supportable d'être son esclave que son ennemi. En s'emparant de la justice par l'établissement des appels, les rois s'étoient rendus législateurs : en faisant un usage arbitraire de l'administration de cette justice, Richelieu jugea qu'il se rendroit despotique. Il intervertit l'ordre de tous les tribunaux ; à l'exemple de Louis XI, il eut des magistrats toujours prêts à servir ses passions ; et la France n'oubliera jamais les noms odieux de ces juges iniques, qui prononçoient les arrêts qu'on leur avoit dictés ; puissions-nous ne jamais revoir de Loubardemont ! Ce que Machiavel conseille au tyran qui l'instruit, Richelieu 'exécuta. Tous les grands qui ne voulurent pas plier sous son autorité ou périr sur un échafaud, s'exilèrent du royaume ; et le malheureux état où la mère même du roi fut réduite dans le pays étranger, étonnoit et confondoit ceux qui auroient voulu suivre son exemple. Il ne reste dans les provinces aucune ressource aux mécontens pour former des partis. La cour, pleine d'espions et de délateurs par lesquels Richelieu voit tout, entend tout, est présent par-tout, semble tombée dans la stupidité ; on sent le danger de former des cabales contre un ministre que son maître lui-même n'ose distinguer ; et tant la dégradation des esprits est grande et le poids de la servitude accablant, ce n'est plus que par un (2) assassinat qu'on songe à sortir de l'oppression.

Richelieu étoit trop instruit des prétentions du parlement, pour qu'il ne le regardât pas comme un rival de son autorité ; et dès-lors il devoit le soumettre au joug qu'il avoit imposé au reste de la nation. Le duc d'Orléans étant sorti du royaume par mécontentement, et dans le dessein de cabaler chez les étrangers, le roi donna une déclaration contre ceux qui avoient suivi ce prince, et les déclara criminels de lèse - majesté ; elle fut envoyée à tous les parlemens, qui l'enregistrèrent, à l'exception de celui de Paris, où les voix se trouvèrent partagées. Le roi manda cette compagnie au Louvre ; et des magistrats, qui peu de temps auparavant avoient voulu se rendre les maîtres de l'état, éprouvèrent les hauteurs insultantes d'un homme qui méprisoit trop les lois pour en ménager les ministres : ils se tinrent à genoux pendant l'audience qui leur fut donnée ; humiliation frappante pour des citoyens qui dédaignoient le tiers-état, et vouloient s'élever au-dessus du clergé et de la noblesse ; ils virent déchirer leur arrêt de partage, et transcrire sur leurs registres celui du conseil qui condamnoit leur témérité.

On vit souvent sous ce règne des magistrats suspendus de leurs fonctions, destitués par force de leurs offices, exilés ou renfermés dans des prisons; violences qui auroient dû désabuser pour toujours le parlement de l'ancienne erreur où il étoit tombé, de croire qu'il pouvoit être quelque chose sans la nation, ou qu'il seroit puissant après qu'il auroit contribué à abaisser tous les ordres de l'état. Le public crut que la magistrature étoit la victime de son devoir; il la plaignit, et lui donna sa confiance. Dupe de sa compassion, il espéra qu'elle seroit une barrière contre les abus du pouvoir arbitraire, tandis qu'il devoit juger, par la manière dont les magistrats étoient opprimés, qu'ils n'avoient les forces nécessaires ni pour faire le bien, ni pour s'opposer au mal.

Je ne puis me dispenser de rapporter ici une ordonnance propre à peindre le caractère de la politique de Richelieu. Après avoir réduit les grands à ne pouvoir se fier les uns aux autres, dans la crainte de trouver des traîtres ou des délateurs, il proscrit toute espèce (3) d'assemblée, ne permet à la noblesse d'avoir qu'un petit nombre d'armes dans ses châteaux, et veut qu'elle ne puisse espérer aucuns secours du dehors. On ne se contente pas de défendre à tous les Français de faire des

associations , on regarde comme suspecte
toute communication avec les ambassadeurs des princes étrangers ; on défend
de les voir et de recevoir aucune lettre
de leur part, et il n'est point permis de
sortir du royaume sans observer des formalités qui apprennent à tous ses habitans qu'ils sont prisonniers dans leur patrie.
Sous prétexte de proscrire les libelles, on
impose un silence général sur le gouvernement ; et le ministre ne croit point être
libre, si le citoyen peut penser et communiquer sa pensée. Enfin , en apprenant
aux Français ce qu'on attend de leur obéissance , on les contraint à devenir les instrumens de l'injustice. Dès qu'on aura reçu
un ordre du roi , dit cette ordonnance
effrayante , on y obéira sans délai , ou
l'on se hâtera d'exposer les raisons sur
lesquelles on se croit fondé pour ne le
pas exécuter. Mais après que le prince
aura réitéré ses ordres, on s'y soumettra
sans réplique , sous peine d'être destitué
des charges dont on est revêtu , sans préjudice des autres peines que peut mériter
une pareille désobéissance.

Le règne de Richelieu, si je puis parler ainsi, devoit former une époque remarquable dans les mœurs, le génie et le
gouvernement des Français. Cet homme
avoit imprimé une telle terreur, qu'après
sa mort on fut docile sous la main incertaine de Louis XIII , comme s'il eût été

capable de gouverner par les mêmes principes que son ministre. Retrouvant enfin un roi enfant, une régente orgueilleuse, ignorante, opiniâtre, et un ministre étranger, sans appui, et qui, sous les dehors trompeurs de la timidité et de la circonspection du connétable de Luynes, cachoit en effet une constance inébranlable, des vues profondes, et la politique la plus rafinée et la plus tortueuse, les Français crurent avoir recouvré leur liberté ; ils secouèrent l'espèce d'étonnement dans lequel ils étoient; mais en voulant prendre un mauvais caractère, ils ne montrèrent encore que celui que Richelieu leur avoit donné.

Dans les espérances, les projets et la révolte même des courtisans et du parlement, on découvre les traces de l'esprit de servitude et de corruption qu'ils avoient contracté. Au-lieu d'avoir encore des vues et des intérêts opposés, l'expérience de leur foiblesse, et les affronts qu'ils avoient essuyés sous le dernier règne, leur avoient persuadé de se réunir pour se dédommager sous l'administration du cardinal Mazarin de ce qu'ils avoient perdu par la dureté du cardinal de Richelieu. Cette alliance avoit déjà été projetée au commencement du règne de Louis XIII, et il en résulta dans la minorité de son fils la guerre peut-être la plus ridicule dont il soit parlé dans l'histoire.

Cette union de deux corps, qui dans le fond se méprisoient ou se craignoient, ne pouvoient agir de concert, dont l'un n'entendoit que les formes lentes de la procédure, et l'autre les voies de fait et le droit de la force, n'étoit pas capable de perdre un ministre aussi habile que Mazarin à manier les ressorts de l'intrigue: les séditieux ne se proposèrent aucun objet; on diroit qu'ils se révoltoient pour avoir le plaisir de remuer, de tracasser et d'avoir quelque chose à faire. On fait la guerre en suivant les formes de la procédure criminelle; on informe contre les armées, on décrète les généraux, et les seigneurs qui n'entendent rien à ces procédés bourgeois, conduisent la guerre comme on conduit un procès. Quelques gens de bien tiennent des discours graves et sensés au milieu de ce délire, mais on ne les entend pas; ils parloient une langue étrangère à des brouillons occupés de leurs intérêts particuliers, et qui étant accoutumés à regarder la cour comme le principe de leur fortune, y entretenoient des correspondances secrètes, et étoient prêts à se vendre eux et leur parti, pour une pension ou pour une dignité. Tous crient: « point de Mazarin, » c'est le prétexte et le mot de la guerre; mais qu'importoit de bannir ce ministre, puisqu'il devoit avoir un successeur ? Pour comble d'absurdité, et c'est une suite du

I 5

mêlange bizarre des habitudes contractées
sous Richelieu, et de la licence qui accompagne la révolte, on vantoit sérieusement son obéissance et sa fidélité pour le
roi, en faisant la guerre au ministre qui
manioit sa puissance. Si je ne me trompe,
on ne voit parmi les ennemis du cardinal Mazarin que des hommes qui auroient
voulu lui vendre chèrement leurs services,
ou qui à sa place n'auroient pas été moins
absolus que lui ; et ce fut la principale
cause de ses succès.

Les grands qui depuis le regne de Charles VI avoient causé tant de troubles inutiles à l'état, et dont les projets ambitieux
avoient diminué de règne en règne, à mesure que leur puissance avoit été affoiblie,
ne conservèrent aucune espérance de se
faire craindre sous un prince altier ou
plutôt glorieux, jaloux à l'excès de son
autorité, dont la magnificence au-dedans
et les succès au-dehors éblouirent et sub-
juguèrent sa nation. Cet esprit de cabale
et de parti que les grands avoient repris
sous le ministère de Mazarin, disparut entièrement. Ils n'avoient rien à espérer
de la part des réformés, depuis que Richelieu avoit détruit leurs privilèges ; et
la guerre de la Fronde les avoit dé-
goûtés de toute association avec le parlement. Toutes les causes qui avoient contribué successivement à étendre l'autorité
des prédécesseurs de Louis XIV, concou-

rurent à-la-fois à faire respecter la sienne. La mode avoit été d'être brouillon, la mode devint d'être courtisan. Plus on avoit de fautes à réparer aux yeux du gouvernement, plus on s'empressa de s'abaisser pour les faire oublier.

Le parlement plus éloigné de la cour et moins susceptible de ses faveurs, ne pouvoit renoncer si aisément à ses anciennes espérances de grandeur que son droit de remontrances et d'enregistrement entretenoit. Mais Louis XIV fier de ses succès, et que le moindre obstacle à ses volontés indignoit, se souvenoit de la Fronde, et ne put souffrir que, sous prétexte de lui montrer la vérité ou de parler en faveur des lois, on prétendît partager ou du-moins limiter son autorité. Il porta un coup bien dangereux à la magistrature, en exigeant que les cours supérieures (4), qui se trouvoient dans le lieu de sa résidence, seroient obligées de lui porter leurs remontrances au plus tard huit jours après qu'elles auroient délibéré sur les édits, déclarations, lettres-patentes qui leur seroient adressées, et qu'après ce terme, la loi seroit tenue pour publiée et enregistrée. Les cours souveraines des provinces furent soumises à la même loi, et on leur accorda seulement un terme de six semaines pour faire parvenir leurs représentations aux pieds du trône. Louis XIV ne s'en tint pas là; et quelques années

I 6

après , profitant de la terreur que ses armes répandoient au-dehors pour gouverner plus impérieusement au-dedans , il
ordonna que ces lois fussent enregistrées
purement et simplement sans modification ,
sans restriction , sans clause qui en pussent surseoir ou empêcher la pleine et
entière exécution.

Tel fut le sort de la puissance que les
grands et le parlement avoient affectée ; il
étoit inévitable , puisqu'ils n'avoient jamais
proportionné leurs entreprises à leurs forces,
et que voulant tous s'agrandir les uns aux
dépens des autres , ils avoient tous contribué à se perdre mutuellement. Pendant
un règne très-long , Louis XIV a vu s'é-
lever une nouvelle génération qui a laissé
ses mœurs à ses descendans. Les grands ,
le clergé , le peuple , tous n'ont eu que
les mêmes idées. A l'avènement de Louis XV
au trône , le parlement a recouvré le droit
de délibérer sur les lois avant que de les
enregistrer , mais c'est à condition de toujours obéir : un droit qu'on a perdu et
qu'on peut reperdre , est un droit dont
on ne jouit que précairement. La régence
mit le dernier sceau à notre avilissement.
On ne crut plus à la probité. L'argent et
les voluptés les plus sales parurent le souverain bien.

CHAPITRE VII.

Conclusion de cet ouvrage.

PEUT-ON étudier notre histoire, et ne pas voir que nos pères furent à peine établis dans les Gaules, qu'ils négligèrent toutes les précautions nécessaires pour empêcher qu'une partie de la société n'augmentât ses richesses et sa puissance aux dépens des autres ? Tourmentés par leur avarice et leur ambition, jamais les différens ordres de l'état ne se sont demandé quel étoit l'objet, quelle étoit la fin de la société ; et si on en excepte le règne trop court de Charlemagne, jamais les Français n'ont recherché par quelles lois la nature ordonne aux hommes de faire leur bonheur. Jamais même en voulant opprimer les autres, un ordre n'a pu se prescrire une condition constante. De-là les efforts toujours impuissans, une politique toujours incertaine ; nul intérêt constant, nul caractère, nulles mœurs fixes ; de-là des révolutions continuelles dont notre histoire cependant ne parle jamais ; et toujours gouvernés au hasard par les évènemens et les passions, nous nous sommes accoutumés à n'avoir aucun respect pour les lois.

Qui pourroit prédire le sort qui attend notre nation ? Notre siècle se glorifie de ses lumières ; la philosophie, dit-on, fait tous les jours des progrès considérables, et nous regardons avec dédain l'ignorance de nos pères ; mais cette philosophie et ces lumières dont nous sommes si fiers, nous éclairent-elles sur nos devoirs d'hommes et de citoyens ? Quand quelques philosophes bien différens des sophistes qui nous trompent, et qui croient que toute la sagesse consiste à n'avoir aucune religion, nous montreroient les vérités morales, quel en seroit l'effet ? Les lumières viennent trop tard, quand les mœurs sont corrompues. L'amour de la vérité aura-t-il plus de force que nos passions ? Nous pouvons ouvrir les yeux et voir les écueils contre lesquels nous avons échoué ; nous pouvons voir flotter autour de ces écueils les débris de notre naufrage ; mais quelle ressource nous reste-t-il pour le réparer ?

Sans doute qu'en s'instruisant de leurs devoirs dans l'histoire, nos rois peuvent se convaincre sans peine qu'ils n'ont rien gagné à séparer leurs intérêts de ceux de la nation, et à se regarder plutôt comme les maîtres d'un fief que comme les magistrats d'une grande société ; il est aisé d'apercevoir qu'en détruisant les états-généraux pour y substituer une administration arbitraire, Charles-le-Sage a été l'auteur de tous les maux qui ont depuis affligé la monarchie ; il est aisé de démontrer que le rétablissement de ces états, non pas tels qu'ils ont été, mais tels qu'ils auroient dû être, est seul capable de nous donner les vertus qui nous sont étrangères, et sans lesquelles un royaume attend dans une éternelle langueur le moment de sa destruction. Mais viendra-t-il parmi nous un nouveau Charlemagne ? On doit le desirer, mais on ne peut l'espérer.

Un prince philosophe pourroit triompher de ses passions, et juger combien il lui importe de gêner celles de ses successeurs ; il feroit sans doute le bien qu'il apercevroit ; mais quand la philosophie sera-t-elle assise sur le trône ? On l'écarte avec dédain du berceau des enfans des rois, on ne permet pas que la vérité instruise leur première jeunesse. Le préjugé, l'erreur et le mensonge les entourent, et ne on leur apprend qu'à être les maîtres de leurs sujets et les esclaves de leurs ministres. Quand un monarque, frappé par le hasard d'un trait de lumière, connoîtroit son devoir, seroit-il libre de le faire ? On l'a élevé de façon qu'il ne peut rien, tandis que son nom peut tout. Comment pourroit-il vaincre tous les obstacles que lui opposeroient des hommes intéressés à conserver le gouvernement tel qu'il est à présent ? Qu'on voie cette foule innombrable d'hommes qui profitent des vices du gouvernement pour s'enrichir des dépouilles de la nation et se charger des honneurs qu'ils avilissent ; et si on l'ose, qu'on espère un nouveau Charlemagne. N'avons-nous pas vu de nos jours les gens de finance s'alarmer au nom seul d'états provinciaux, se liguer contre le bien public, et empêcher que le ministre n'ait mis toutes les provinces en pays d'état (1)?

Le passé doit nous instruire de l'avenir ; et puisqu'on a vu trois ou quatre princes dans toute l'histoire qui ont donné volontairement des bornes à leur autorité pour la rendre plus ferme et plus durable, il n'est pas impossible que cet évènement se renouvelle parmi nous, mais il seroit insensé de l'attendre avec nonchalance. Il peut et il doit nécessairement arriver dans la suite des temps que le royaume se trouve dans une telle confusion, que le gouvernement soit forcé de recourir à la pratique oubliée des états-généraux, comme on y recourut sous les fils de Henri II. Mais si la nation elle-même n'est pas en état, par son amour pour la liberté et par ses lumières politiques, de profiter de cet évènement, ces nouveaux états ne produiront pas un effet plus salutaire que les états d'Orléans et de Blois ; ils ne remédieront point aux maux présens, et ne feront rien espérer d'avantageux pour l'avenir.

Les grandes nations ne se conduisent jamais par réflexion. Elles sont mues, poussées, retenues ou agitées par une sorte d'intérêt qui n'est que le résultat des habi-

tudes qu'elles ont contractées. Ce caractère national eft d'un poids qui entraîne
tout ; et quand une fois le temps l'a formé,
il est d'autant plus difficile qu'il souffre
quelque altération essentielle, qu'il est très-
rare qu'il survienne des évènemens assez
importans pour ébranler à-la-fois toute la
masse des citoyens, et lui donner, avec
un nouvel intérêt général, une nouvelle
façon de voir et de penser. On a vu de petites républiques prendre en un jour un
nouveau caractère et un nouveau gouvernement ; mais au milieu même des agitations violentes qui sembloient annoncer de
grands changemens dans les grandes nations, les peuples ont toujours conservé le
fond de leur premier caractère, et en se
calmant ils en sont toujours revenus à leur
première manière de se gouverner. En voulant corriger les abus dont ils se plaignent,
ils restent opiniâtrément attachés aux principes qui les ont fait naître et qui les en-
tretiendront. De cette réflexion, quel augure faut il tirer du sort qui attend notre
nation ?

Examinez le caractère de la nation française, et jugez de la résistance qu'il peut
apporter au gouvernement. Les vices que
la mollesse, le luxe, l'avarice et une ambition servile ont fait contracter aux Français depuis le règne de Louis XIII, ont
tellement affaissé leur ame, qu'ayant encore assez de raison pour craindre le des-

potisme, ils n'ont plus assez de courage pour aimer la liberté. Nous avons vu, il n'y a pas long-temps, une sorte de fermentation dans les esprits. Nous avons vu qu'en se plaignant, on étoit alarmé de ses plaintes ; on regardoit les murmures comme un désordre plus dangereux que le mal qui les occasionnoit, et on craignoit qu'ils n'indisposassent contre le gouvernement, et n'en dérangeassent les ressorts. Plus cette crainte est vaine et puérile, plus il est sûr que nous avons un caractère conforme à notre gouvernement, et que nous ne portons en nous-mêmes aucun principe de révolution (2).

Tant qu'il y a dans un état différens ordres qui se craignent, qui se respectent, qui se balacent, on peut calculer leurs forces et prévoir l'effet de leur rivalité ; mais quand tout équilibre est rompu, et qu'une puissance supérieure a détruit toutes les autres, où la politique la plus pénétrante pourroit-elle découvrir le germe d'une nouvelle constitution ? Dès qu'une puissance est parvenue dans l'état à n'éprouver aucune contradiction, elle doit nécessairement accroître ses forces, parce qu'on lui pardonne tout ce qui n'excite pas le désespoir, et que, pour réussir dans ses projets, elle n'a jamais besoin de recourir à ces violences atroces qui irritent et soulèvent à-la-fois tous les esprits.

Si un philosophe de nos jours avoit fait

ces réflexions, auroit-il dit qu'il se défie de tout ce que les écrivains politiques ont dit sur les causes de la prospérité ou du malheur des sociétés? Il auroit craint de se compromettre en leur demandant que, pour justifier leurs remarques sur le passé, ils tirassent l'horoscope des états qui existent en Europe. Sans doute on peut prédire des malheurs aux états mal constitués; et si on ne peut dire sous quelle sorte de calamité ils succomberont, c'est qu'ils portent en eux-mêmes plusieurs principes de décadence que des évènemens ou des hasards étrangers peuvent développer plutôt ou plus tard. En examinant la situation de la France à la fin des règnes de Henri II et de Henri IV, on devoit prédire des désordres; mais pour prévoir quels seroient ces désordres, il auroit fallu connoître une chose étrangère au gouvernement, c'est-à-dire, le caractère, le génie et les talens des personnes qui abusèrent des vices de l'état pour le troubler. A la place des Guise, des Condé et des Coligny, supposez sous les fils de Henri VIII les hommes qui agitèrent la minorité de Louis XIII, vous verrez des désordres, mais d'une autre nature que ceux qui faillirent à faire perdre la couronne à la maison de Hugues-Capet. Faites renaître sous Louis XIII des ambitieux d'un génie vaste et profond, et vous verrez renouveler les projets et les malheurs de la ligue.

Parcourons les différens ordres de l'état ; tout n'indique-t-il pas que le clergé forme un corps dont le caractère particulier est plus propre à fixer qu'à changer les principes actuels du gouvernement ? Il y a long-temps qu'il a séparé ses intérêts de ceux de la nation, et quand il défend ses immunités, il a recours à des raisonnemens théologiques qui ne sont point applicables à l'état des autres citoyens. L'église est riche, mais c'est le roi qui dispose de la plus grande partie de ses richesses, et qui les distribue à son gré à des hommes nés ordinairement sans fortune, et d'autant plus avides que l'avarice a décidé de leur vocation. De-là cet esprit servile qui n'est que trop commun dans les ecclésiastiques. Appelés dans les états particuliers de quelques provinces pour en défendre les droits, ils les trahissent pour mériter les faveurs de la cour. A l'esprit de la religion qui élève l'ame, et qui fait aimer l'ordre et la justice, le clergé a substitué je ne sais quel esprit de monachisme qui n'inspire qu'une bassesse stupide dans les sentimens. Il aime le pouvoir arbitraire, parce qu'il est plus aisé de circonvenir un prince et de le gouverner, que de tromper une nation libre que sa liberté éclaire et fait-penser. Ce penchant pour le pouvoir arbitraire est tel que pouvant, que devant même ne pas reconnoître dans l'ordre de la religion un gouvernement monarchique, il se précipite

cependant avec ardeur sous le joug de la
cour de Rome qui lui présente des honneurs inutiles, et ne peut lui accorder aujourd'hui qu'une protection infructueuse.
Pour jouir en quelque sorte d'un pouvoir
arbitraire dans son diocèse, chaque évêque néglige autant les conciles généraux,
que le pape les craint : cependant ces assemblées œcuméniques sont dans l'ordre de
l'église ce que les états-généraux sont dans
l'ordre politique. Plus le clergé de France
a eu de peine à conserver quelques-unes
de ses immunités, tandis que le reste de
la nation perdoit les siennes, plus il a
flatté le gouvernement pour mériter quelque faveur. L'habitude de cette politique
est contractée, elle subsistera vraisemblablement ; et plus les ecclésiastiques crain-
dront de perdre leur fortune, plus ils se
confirmeront dans leurs principes.

A l'ancienne politique qu'avoient les
grands de s'emparer de la puissance du
prince et de l'exercer sous son nom, ils
ont substitué depuis long-temps une autre
manière de faire fortune ; c'est de devenir
courtisans ; et ils ont communiqué leur
esprit à cette noblesse nombreuse qui n'approche point du prince, qui vit dans les
provinces, ou qui occupe les emplois subalternes dans les troupes, et qui croit
qu'il est de sa dignité d'emprunter le langage et les sentimens des grands. L'obéissance aveugle à laquelle on accoutume les

gens de guerre contre les ennemis de l'état, les prépare à exécuter pendant la paix tout ce qu'on leur ordonne contre les citoyens. Ces instrumens les plus dangereux du pouvoir arbitraire se glorifient des commissions extraordinaires dont on les charge, croient participer à l'autorité dont ils ne sont que les instrumens, et s'élever au-dessus de ceux qu'ils ont consternés.

Les grands sont persuadés qu'il leur importe d'avoir un maître absolu. Pour quelques mortifications qu'ils essuient à la cour, leur vanité acquiert des complaisans, des flatteurs et des protégés ; ils se font craindre, et commettent impunément des injustices. Pour piller le prince, leur avarice demande qu'il soit le maître de la fortune de tous les citoyens ; et ils ne voient point que les bienfaits de la cour ont plus appauvri de grandes maisons qu'ils n'en ont enrichi. Enfin ils ne doutent point que leur dignité ne tienne au pouvoir absolu, et ils craignent qu'un gouvernement libre ne les rapprochât d'une classe qui leur est inférieure, et ne les confondît avec elle.

Erreur grossière ! Dans tout gouvernement libre où il y a, comme en Suède et en Angleterre, un prince héréditaire dont la maison a des prérogatives particulières sur toutes les autres familles, la noblesse aura toujours de grands avantages, et son sort sera assuré. Les seigneurs

anglais et suédois, aussi jaloux que les
nôtres des droits et des privilèges de leur
naissance et de leur dignité, ne jouissent-
ils pas d'une fortune plus avantageuse que
les seigneurs français ? Et cette fortune
établie sur la constitution de l'état, et non
sur la volonté inconstante du prince, n'est-
elle pas plus solide ? Pour se désabuser
de son erreur, notre grande noblesse n'auroit qu'à comparer son état actuel à celui
de ses ancêtres ; elle verroit qu'à mesure
que la monarchie est devenue plus absolue,
ses grandeurs se sont diminuées, et pour
ainsi dire anéanties ; elle verroit que plus
on approche du despotisme, plus tous les
rangs se confondent aux yeux du prince.
Il est de la nature du despotisme de tout
avilir ; il voit les objets de trop loin et
de trop haut pour apercevoir entr'eux quelque différence : qu'on me cite en effet un
état despotique où la noblesse du sang
n'ait pas enfin été détruite, et n'ait pas
du-moins perdu tous ses avantages.

A mesure que les grands, depuis le
règne de Charles VI, ont rendu le prince
plus puissant, il s'est servi constamment
de cette puissance pour diminuer leur fortune, leur crédit et leur considération. Après
avoir travaillé à augmenter la prérogative
royale, les grands ont été éloignés de l'administration des affaires. On leur a laissé
de vains titres qui les divisent entr'eux ;
on a supprimé les charges qui donnoient

une grande autorité, et les places par leur nature les plus importantes n'ont aujourd'hui de pouvoir réel qu'autant que celui qui les occupe a de crédit. Depuis Henri IV nos rois n'ont associé à leur pouvoir que des hommes qu'ils ne pouvoient jamais craindre, et qui retomboient dans le néant, si le prince cessoit d'en faire les organes de sa volonté, et de leur prêter son nom. Pour recouvrer du pouvoir, les grands ont été obligés d'ambitionner des places que leur vanité dédaignoit autrefois, et ils ne les ont obtenues que parce qu'ils ne sont pas plus redoutables que les personnes auxquelles ils ont succédé.

Quoi qu'il en soit, la fortune actuelle des grands, leur manière de penser et l'influence qu'elle a sur toute la nation, sont autant d'obstacles à une (3) révolution ; et il faudroit un concours de circonstances d'autant plus extraordinaires pour changer l'esprit national, que le tiers-état n'est rien en France, parce que personne n'y veut être compris. Tout bourgeois ne songe parmi nous qu'à se tirer de sa situation et à acheter des offices qui donnent la noblesse, et dès qu'il en est revêtu, il ne se regarde plus comme faisant partie de la commune. Le peuple n'est en effet que cette populace sans crédit, sans considération, sans fortune, qui ne peut rien par elle-même.

Le parlement est le seul corps qui pourroit

roit mettre quelques entraves au pouvoir arbitraire. Obligé par son propre intérêt de faire encore entendre quelquefois le nom des lois, la nation lui doit l'avantage d'avoir conservé ce mot, et voilà tout; car cette compagnie n'a pas la puissance nécessaire pour empêcher que les lois qu'elle réclame par intervalle, ne soient tous les jours violées. Que devons-nous attendre de son zèle pour le bien public? Il est important de le savoir; c'est à l'erreur d'avoir cru le parlement capable d'empêcher l'oppression et de défendre nos droits, que nous devons en partie l'indifférence avec laquelle nous avons vu la ruine de nos états-généraux et la décadence de nos privilèges.

Jamais les remontrances n'ont été plus fréquentes que de nos jours; quel mal ont-elles empêché? Dans cent occasions différentes Monluc, dont j'ai déjà parlé, auroit pu renouveler les reproches qu'il faisoit autrefois au parlement. En reprenant quelque crédit, la magistrature n'a point songé aux intérêts de la nation, elle n'a été occupée que de ses propres prérogatives. Pour juger du bien que le droit d'enregistrement peut produire à l'avenir, il faut examiner celui qu'il a fait par le passé. Depuis cinquante-deux ans que le parlement a recouvré la permission de délibérer avant que d'enregistrer, les lois ont-elles été moins flottantes, moins incertaines, moins dures, moins arbitraires qu'elles ne l'ont été pendant le temps que Louis XIV avoit réduit l'enregistrement à une vaine formalité ? Si le parlement a pu faire le bien, pourquoi ne l'a-t-il pas fait ? S'il lui étoit impossible de le faire, pourquoi n'avertissoit-il pas la nation de chercher un autre protecteur ? Si son droit de modifier et de rejeter les lois qui lui paroissoient injustes, n'est qu'une chimère, pourquoi y est-il ridiculement attaché ? Si ce droit est quelque chose de réel, pourquoi la nation n'en tire-t-elle aucun avantage ?

Une expérience de plusieurs siècles n'a point été capable d'éclairer le parlement sur sa situation et ses intérêts. A peine a-t-il réussi à donner quelque alarme ou quelque inquiétude à des ministres timides et assez mal-adroits pour être embarrassés de leur pouvoir, qu'il a cru que le moment étoit arrivé de faire valoir ses anciennes prétentions, et de devenir cet ancien champ de Mars et de Mai qui ne formoit qu'une seule puissance avec le roi. Pour se rendre plus considérable, il a enfin adopté l'idée qu'il avoit jusque-là rejetée, de l'unité du parlement. Mais cette démarche étoit fausse, parce que tous ces parlemens répandus dans le royaume ne pouvoient pas se conduire par un seul et même esprit. Quand toutes leurs démarches auroient été parfaitement égales et uniformes, leurs forces n'auroient point encore pu contrebalancer celle du roi. Le parlement de Paris ne devoit s'associer les parlemens de province que pour se rendre plus sûr de l'approbation du public; ce n'étoit qu'en l'intéressant à sa cause qu'il pouvoit se rendre puissant; c'est l'opinion publique qui seule est capable d'imposer à un gouvernement.

Quelque espérance que le parlement de Paris eût conçue de son alliance avec les parlemens de province, il n'a pu y sacrifier les préjugés anciens de sa vanité. Craignant de perdre de sa grandeur par le système de l'unité, et que des magistrats de province ne sortissent des bornes de la subordination, il n'a pas manqué de saisir la première occasion de les humilier, et de les avertir qu'il étoit essentiellement et privativement la cour des pairs. Cette prétention puérile n'a pas seulement rompu la ligue nouvelle et fragile des magistrats, tout le public en a été révolté. On a vu que la première classe du parlement ne songeoit qu'à ses intérêts, et y songeoit d'une manière trop grossière et trop peu habile pour qu'elle pût faire le bien public. On a commencé à n'être plus la dupe de ses intentions; et toute l'illusion a enfin cessé, quand on a vu qu'elle abandonnoit le soin de sa propre existence en laissant accabler les parlemens de Pau et de Rennes. Cette conduite du parlement de Paris a dévoilé à tous les yeux sa foiblesse et sa corruption; et quelle confiance pourroit-on désormais donner à une compagnie, ou foible ou corrompue, qui a permis qu'on s'essayât sur d'autres à la détruire (4) elle-même ? On a appris que les cours souveraines n'ont qu'une existence précaire ; et bien loin que le foible crédit qui reste au parlement, puisse être le principe d'une réforme heureuse dans le gouvernement, il est vraisemblable qu'il ne servira qu'à écraser la nation et empêcher le rétablissement des états-généraux. Le ministre lui permettra des remontrances, des représentations, des chambres assemblées et de « jouer à la madame », qu'on me permette cette expression ridicule, pour empêcher que le public ne s'aperçoive qu'il a besoin de quelque protecteur plus puissant et plus intelligent.

A moins d'un de ces évènemens dont on rencontre quelques exemples dans l'histoire, et qui remuent avec assez de force une nation pour lui faire perdre ses préjugés et lui donner un caractère nouveau, la France, qui devroit renfermer un des peüples les plus heureux de la terre, tombera dans un état de dépérissement, de misère et de langueur, où tombe enfin toute société qui empêche les citoyens de s'intéresser à la chose publique. La liberté est nécessaire aux hommes, parce qu'ils sont des êtres intelligens ; dès qu'ils en sont privés, ils ne conservent ni courage ni industrie ; et la société, compo-

sée d'automates, doit périr, si elle est atta-
quée par des ennemis qui soient des hommes.

Ne cherchons point ici ce que la France
doit redouter de la part de ses voisins ;
n'examinons point si ses ennemis ont un
gouvernement plus sage qu'elle. Cette discussion m'entraîneroit trop loin. Bornons-
nous à la recherche des dangers domestiques dont elle est menacée ; et en jetant
les yeux sur un peuple voisin, il me semble
que nous pouvons juger du sort qui
nous attend : les Espagnols avoient autrefois tout ce qu'il faut pour rendre une
nation florissante ; avant qu'ils fussent accablés sous une puissance arbitraire, ils
ont fait de grandes choses; et s'ils avoient
eu l'art d'affermir les principes de leur liberté, ils seroient aujourd'hui heureux.
Mais le pouvoir du roi étant parvenu à
s'accroître au point de ne trouver aucun
obstacle, l'état a été sacrifié, comme il
devoit l'être, aux passions du monarque
et de ses ministres. Les Espagnols avilis
et dégradés ont perdu leur génie, leurs
talens, leur courage et leur activité, et ont
cherché le bonheur qui les fuyoit, dans
leur paresse et leur indolence. Les provinces sont devenues des déserts, les hommes ont cessé d'être citoyens ; et malgré
les vastes possessions du roi d'Espagne, il
a aujourd'hui moins de force que n'en
avoient autrefois ces petits rois d'Aragon,

K 3

de Grenade, de Castille, de Léon, de Murcie, etc. quand le gouvernement étoit encore propre à donner du ressort à l'ame des sujets. Au commencement de ce siècle, l'Espagne, qui avoit été la terreur de l'Europe, n'a pas été en état de défendre par ses propres forces le roi qu'elle s'étoit donné ; elle a perdu les provinces qu'elle possédoit en Italie et dans les Pays-Bas, et si sa position topographique l'exposoit aux incursions de ses ennemis, ne seroit-elle pas démembrée ?

La France n'offre déjà plus que le spectacle effrayant d'une multitude de mercenaires dont elle ne peut payer les services à leur gré, et qui la serviront mal. Qu'on ne soit pas surpris que des hommes qui ne peuvent être citoyens, préfèrent leurs intérêts à ceux de la patrie. On voit déjà parmi nous l'empreinte fatale du despotisme , non pas de ce despotisme terrible qui s'abreuve du sang et répand la consternation par-tout, nos mœurs amollies ne le permettent pas , mais de ce despotisme qui établit par-tout la misère et l'indigence , qui porte par-tout le découragement , la corruption, la bassesse et l'esprit de servitude, symptômes certains d'une décadence , et avant-coureurs d'une ruine inévitable, quand il se présentera un ennemi redoutable sur ses frontières.

Fin du livre huitième.

REMARQUES ET PREUVES

DES

Observations sur l'Histoire de France.

LIVRE SEPTIÈME.

CHAPITRE PREMIER.

(1) Voyez le dernier chapitre du quatrième livre.

(2) J'ai fait connoître cette situation dans le quatrième chapitre du livre précédent.

(3) Louis duc d'Orléans et frère de Charles V, avoit épousé Valentine Visconti, sœur et héritière du dernier duc de ce nom, qui régna sur Milan. François Sforce, qui avoit épousé une bâtarde de ce prince, s'empara de cette succession, et ses descendans en jouissoient encore quand le duc d'Orléans succéda à Charles VIII.

(4) Voyez le cinquième chapitre du livre quatrième.

K 4

CHAPITRE II.

(1) CES sentimens commencèrent à paroître dans les états que Louis XI tint à Tours en 1467. L'objet principal de ces états étoit de savoir quel apanage on feroit à Charles frère du roi, et sur-tout de ne lui pas donner la Normandie. Voici de quelle façon s'expriment les gens des trois états. « Quand lesdites offres seront faites à mon dit sieur Charles, où il ne s'en voudra contenter, mais voudroit attenter aucune chose, dont guerre, question ou debast pust advenir au préjudice du roy ou du royaume, ils sont tous déliberez et fermes de servir le roy en cette querelle à l'encontre de mon dit sieur Charles, et de tous autres qui en ce le voudroient porter et soutenir : et des à present pour lors, et des lors pour maintenant les dits des trois estats, pour ce qu'ils ne se peuvent pas si souvent rassembler, accordent, consentent et promettent de ainsi le faire et de venir au mandement du roy, le suivre, et le servir en tout ce qu'il voudra commander et ordonner sur ce. »

« Outre plus ont conclu lesdits estats, et sont fermes et déterminés, que si mon dit sieur Charles, le duc de Bretagne ou autres faisoient guerre au roy nostre souverain seigneur, ou qu'ils eussent traité ou adhérence avec ses ennemis, ou ceux du royaume, ou leurs adhérens, que le roy doit procéder contre ceux qui le feroient..... Et dès maintenant pour lors, et dès lors pour maintenant, toutes les fois que lesdits cas écheroient, iceux estats ont accordé et consenti, accordent et consentent que le roy, sans attendre autre assemblée ne congrégation des estats, pour ce que aisément ils ne se peuvent pas assembler, y puisse procéder à faire tout ce que ordre de droit et de justice, et les estatuts et ordonnances du royaume le portent. » Registre des états tenus à Tours en 1467, par Jean le Prevost, greffier des états. Cette pièce se trouve dans le Cérémonial Français, par MM. Godefoy, *T.* 2, *p.* 277.

(2) Ce qui se passa aux états tenus à Tours en 1483 sous Charles VIII, est une preuve que la nation étoit alors persuadée que l'autorité des princes et des grands étoit une partie essentielle de notre gouvernement et de notre droit public. Voyez la relation de Jean Masselin, official de l'archevêque de Rouen, et l'un des députés de la province de Normandie; cette pièce se trouve dans le traité de la majorité de nos rois, par M. Dupuy, *p.* 233.

La délibération passa en cette sorte. « Nous déclarames en premier lieu, en fismes des protestations, quand l'élection de ce conseils (du roi) nous ne prétendions en aucune maniere préjudicier à l'autorité et aux prérogatives des princes, et que nostre intention estoit que chacun d'euz conservast son rang, sa dignité et son pouvoir, puisque par leur bonté et bienveillance nous avons la liberté toute entiere de parler et de traiter des affaires. En second lieu, que nous ne donnions nos suffrages que par forme d'avis et de conseil, et non pas comme une décision fixe et arrestée. »

« L'évesque de Chaalons dit que les princes ne doivent pas juger, que ce fût choses indécente et indigne de leur qualité, d'admettre quelques-uns du corps des estats dans le conseil

K 5

du roy ; vu qu'entre les députez, il y avoit des personnes de très-grand mérite et sçavoir, capables de soutenir avec honneur cette dignité, et bien que le faste et l'apparence extérieure leur manquast aussi bien que la grande autorité, cet honneur pourtant ne leur pouvoit estre dénié, puisqu'il étoit dû à leurs vertus et mérite. »

Les députés dont parle l'évêque de Châlons, ne conservèrent pas long-temps leur intégrité. « Tous ceux qui sembloient avoir le plus d'autorité, furent vivement tentez, et plusieurs furent facilement corrompus, soit en deferant aux prieres de leurs amis, ou en cedant au credit et à l'autorité de ceux qui les prient, pour s'acquerir leur faveur et bonnes graces. Mais ils furent principalement attirés par les vaines promesses qu'on leur faisoit. Et certainement elles furent vaines au regard de plusieurs, d'autant que le nombre fut petit de ceux qui furent recompensés par dons de pensions ou offices, qui peut-être se trouverent de moindre valeur qu'ils ne l'avoient espéré. Il y en eut aussi plusieurs qui se laisserent emporter par leur ambition aveugle et par leur avarice, et dans les délibérations l'on ne voyoit aucune vérité ni sincérité. Et la faute de ces personnes est d'autant plus grande et considérable qu'ils estoient les plus relevez en dignité et autorité entre les députez.

Il est certain que les longues et odieuses disputes touchant l'établissement de ce conseil étoient devenues très-ennuyeuses, et que les suffrages de ceux qui favorisoient ce premier conseil, les prieres, les reprimandes et les menaces de plusieurs avoient rendu presque immobiles les autres qui disoient leur avis avec plus de vérité et de franchise, et il en restoit très-peu qui portassent cette affaire avec soin

et affection ; et s'étant entierement relachez,
ils l'abandonnerent sans se plus soucier de
l'issue qu'elle auroit. »

J'ai déjà parlé de ces états de 1483 ; mais
j'ai cru qu'on ne seroit pas fâché de trouver
encore ici quelques autorités qui serviront de
preuve à ce que j'ai dit, et qui font connoître
le génie et le caractère de notre nation dans
une circonstance très-critique. Si l'on voit d'un
côté un peuple las de sa liberté et prêt à se
vendre, n'aperçoit-on pas de l'autre combien
l'autorité que les grands affectent est mal affermie ? Leurs divisions préparent leur chûte et le
triomphe de la puissance royale.

(3) « Je ne veux pas oublier à vous dire une
chose que faisoit le roy vostre grand pere,
qu'il luy conservoit toutes provinces à sa dévotion, c'estoit qu'il avoit le nom de tous
ceux qui estoient de maison dans les provinces,
et autres qui avoient autorité parmi la noblesse et du clergé, des villes et du peuple,
et pour les contenter, et qu'ils tinssent la
main à ce que tout fut à sa devotion, et pour
estre averti de tout ce qui se remuoit dedans
les dites provinces, soit en general, ou en
particulier, parmy les maisons privées, ou
villes, ou parmi le clergé, il mettoit peine
d'en contenter parmy toutes les provinces,
une douzaine, ou plus, ou moins, de ceux
qui ont plus de moyen dans le pays, ainsi
que j'ai dit cy dessus : aux uns il donnoit des
compagnies de gens d'armes, aux autres quand
il vacquoit quelque benefice dans le même
pays, il leur en donnoit, comme aussi des
capitaineries des places de la province, et des
offices de judicature, selon et à chacun sa
qualité, car il en vouloit de chaque sorte,
qui luy fussent obligez, pour sçavoir comme

K 6

toutes choses y passoient : cela les contenoit
de telle façon, qu'il ne s'y remuoit rien,
fust au clergé ou reste de la province, tant
de la noblesse que des villes et du peuple,
qu'il ne le sceut ; et en étant adverti, il y
remedioit, selon que son service le portoit,
et de si bonne heure qu'il empeschoit qu'il
n'avoit jamais rien contre son autorité ny obeissance qu'on lui devoit porter ; et pense que
c'est le remede dont pourrez user, pour vous
faire aisement et promptement bien obéir, et
oster et rompre toutes autres ligues accoin-
tances et menées, et remettre toutes choses
sous vostre autorité et puissance seule. J'ai
oublié un autre point qui est bien nécessaire
qui mettiez peine ; et cela se faira aisement,
si le trouvez bon ; c'est qu'en toutes les principales villes de vostre royaume, vous y
gagniez trois ou quatre des principaux bourgeois et qui ont le plus de pouvoir en la
ville, et autant de principaux marchands qui
ayent bon credit parmi leurs concitoyens, et
que sous main, sans que le reste s'en ap-
perçoive, ni puisse dire que vous rompiez
leurs privileges, les favorisant tellement par
bienfaits ou autres moyens, que les ayez si
bien gagnez, qu'il ne se face ni die rien au
corps de ville ny par les maisons particulieres, que n'en soyez adverty ; et que quand
ils viendront à faire leurs élections pour leurs
mag'strats particuliers, selon leurs privileges,
que ceux cy par leurs amis et pratiques, facent
toujours faire ceux qui seront à vous du tout,
qui sera cause que jamais ville n'aura autre
volonté, et n'aurez point de peine à vous y
faire obéir. » *Extrait de l'écrit intitulé: Avis*
donnez par Catherine de Medicis à Charles IX,
pour la police de sa cour, et pour le gouver-

nement de son état. Cette pièce se trouve dans, les mémoires de Condé, édit. in-4.° de 1743., T. 4, p. 657.

(4) Telle fut l'assemblée que François I.er tint au parlement le 16 décembre 1527, et que quelques écrivains ont appelé improprement, un lit de justice, puisqu'elle ne fut soumise à aucune des formes en usage dans le parlement. Si jamais il fut besoin de convoquer les états-généraux, ce fut dans cette occasion, où François I.er vouloit consulter sur la validité de l'article du traité de Madrid, par lequel, il s'étoit engagé d'abandonner à l'empereur Charles-Quint le duché de Bourgogne et quelques autres seigneuries.

Outre les seigneurs et les grands officiers qui accompagnent le roi en pareilles occasions, on appela trois cardinaux, vingt archevêques ou évêques; les premiers présidens des parlemens de Toulouse, de Rouen et de Dijon, un président du parlement de Grenoble, le second président du parlement de Rouen, et le quatrième président du parlement de Bordeaux, le prévôt des marchands et les quatre échevins de Paris; trois conseillers du parlement de Toulouse, deux conseillers du parlement de Bordeaux, un du parlement de Rouen, un du parlement de Dijon, deux du parlement de Grenoble, deux du parlement d'Aix.

Après que le roi eut exposé l'affaire sur laquelle on devoit délibérer, le cardinal de Bourbon prit la parole et parla au nom du clergé. Le duc de Vendôme parla ensuite au nom des princes et de toute la noblesse du royaume. Jean de Selve, premier président du parlement de Paris, parla au nom de toute la magistrature et de la ville de Paris.

« Sur ce a, ledit Selve, premier président,

demandé au dit seigneur roi, si son plaisir estoit que les cardinaux, archevêques et évesques, et autres gens d'église, les princes, nobles, ceux de la justice et de la ville advisassent ensemble ou séparément, le suppliant d'en ordonner : à quoy le dit seigneur a fait réponse que les gens d'église s'assembleront à part, les princes et nobles à part, et ceux de la ville à part, et qu'ils en viennent faire réponse chaque à part. »

Quatre jours après, le 10 décembre, le roi se rendit une seconde fois au parlement pour entendre les avis des quatre corps. Le cardinal de Bourbon parla le premier au nom de l'église de France ; le duc de Vendôme prit ensuite la parole pour les princes, seigneurs et gentilshommes ; le premier président de Selve harangua au nom de toute la magistrature ; et enfin le prévôt des marchands parla pour la ville de Paris.

Il seroit inutile de m'étendre plus au long sur ces assemblées de notables qui ne produisirent jamais aucun bon effet, et qui s'assemblèrent tantôt au parlement, tantôt dans le palais du roi.

CHAPITRE III.

(1) Tout le monde sait que le parlement prêta serment entre les mains du duc de Bethfort, d'observer l'ordre de succession établi par le traité de Troyes. Cette compagnie étoit fort dévouée à la faction de Bourgogne. « Du samedi 29 aoust 1417. Ce jour après diner, la cour fut assemblée en la chambre de parlement, de la chambre des enquestes et reques-

tes du palais, pour avis et délibération sur
ce qu'on avoit rapporté et exposé en ladite
court, c'est à savoir que le roy avoit voulu
et ordonné en son grant conseil pour maintenir la ville de Paris en plus grande seureté,
paix et tranquillité, et autres causes, de faire
partir et eslongner de ladite ville de Paris,
pour aucun temps aucuns des conseillers et
officiers de la dite court, nommez et escripts
en certain rolle, sauf à eux, corps, honneurs, offices et biens quelconques, ou quel
rolle estoient escripts et nommés messire J. de
Longweul, G. Petit, G. de Sens, G. de Berze,
G. de Celfoy, Guy de Gy, Estienne Genffroi,
J. Boulard, Estienne Desportes, Jean Percie-
res, J. de Saint Romain, H. de Mavel, Phi-
lippe-le-Begue, conseillers du roy. Jhue,
J. Milet notaires, J. Dubois greffier criminel,
G. de Buymont, J. de Buymont, Terrat procureurs, Carsemarc huissier dudit parlement,
sous ombre de ce qu'on les soupçonnoit d'estre
favorables ou affectés au duc de Bourgogne,
lequel on disoit venir et adresser son chemin
pour venir à Paris accompagné de gens d'armes, contre les inhibitions et deffenses du
roy, et finalement la dite cour, pour aller
devers les gens du grant conseil et leur exposer et remontrer entre autres choses l'innocence des dits conseillers et officiers ci-
dessus nommés, afin que ledit rolle au regard d'eux fust aboly et ne feussent contraints partir la ville de Paris, laquelle chose
les dits commissaires n'ont pu obtenir, jaçoit
ce que les dessus nommez et chacun d'eux
auroit lettres du roy, faisant mention que
le roy envoye iceux conseillers et officiers
dessus nommez, et chacun d'eux à certaines parties de ce royaume pour certaines

besongnes, touchant le fait du roy et de la court. » *Registres du parlement.* Cette pièce se trouve dans le recueil concernant la pairie, par M. Lancelot, p. 698.

Remarquez, je vous prie, avec quel art et quel ménagement on traite cette compagnie, ce qui est une nouvelle preuve du crédit qu'elle avoit acquis au milieu des divisions du règne de Charles VI. Remarquez encore que le parlement n'avoit point alors l'honneur de s'adresser directement au roi, et ne portoit ses plaintes ou ses remontrances qu'aux ministres.

(2) « Aussi desiroit (Louis XI) de tout son cœur de pouvoir mettre une grande police au royaume, et principalement sur la longueur des procès, et en ce passage vint brider cette cour de parlement, non point diminuant leur nombre ne leur authorité, mais il avoit à contre cœur plusieurs choses dont il les hayoit. *Comines, l. 6, ch. 6.* » Ce qui lui rendoit le parlement désagréable, c'étoit l'enregistrement; il étoit choqué de se voir contraint d'envoyer à cette compagnie ses traités de paix, et de demander son approbation. « Et mesmement es dits de parlement, des comptes et des finances, que ces dites présentes ils vérifient et approuvent et les facent publier, etc. » *Traité de Conflans en forme de lettres-patentes, du 5 octobre 1465, pour terminer la guerre du bien public.*

(3) « Le roi vous défend que vous ne vous entremettiez en quelque façon que ce soit de l'estat, ni d'autre chose que de la justice, et que vous preniez un chacun ces lettres en général de vostre pouvoir et délégation en la forme et maniere qu'il a esté cy devant fait. Pareillement vous défend et prohibe toute cour, jurisdiction et connoissance

des matieres archiepiscopales, épiscopales et
d'abbayes, et déclare que ce que attenterez
au contraire soit de nul effet et valeur; et avec
ce ledit seigneur a revoqué et revoque et déclare nulles toutes limitations que pourriez
avoir faites au pouvoir et régence de madame
sa mere.... Ordonne que ce qui a esté enregistré en ladite cour, contre l'autorité de la
ladite dame, sera apporté au dit seigneur dedans quinze jours pour le canceller, et de ce
l'enjoint au greffier de ladite cour, sur peine
de privation de son office.... Semblablement
le dit seigneur défend à la dite cour d'uset
cy après d'aucunes limitations, modifications,
ou restrictions sur ses ordonnances, édits et
chartes, mais où ils trouveroient qu'aucune
chose y deust estre ajoutée ou diminuée au
profit du dit seigneur ou de la chose publique,
ils en avertiront le dit seigneur. D'autre part le
dit seigneur vous dit et déclare que vous
n'avez aucune jurisdiction ni pouvoir sur le
chancelier de France, laquelle appartient au
dit seigneur et non à autre; et par ainsi tout
ce que par vous a esté attenté à l'encontre de
lui, il le déclare nul, comme fait par gens
privez, non ayant jurisdiction sur luy, et vous
a commandé et commande d'oster et canceller
de vos registres tout ce que contre luy est fait,
et enjoint audit greffier, sur les peines que dessus, que dans le même temps il ait à rapporter les registres au dit seigneur, canceller
en ce qui touche le dit chancelier. Et d'autant
que le dit seigneur a par chacun jour grosses
plaintes et doléances de la justice mal admi-
nistrée et des grands frais qu'il convient faire
aux parties pour la recouvrer, et que ce jour-
d'huy lui avez fait dire que cela procede de
ceux qui ont acheté leurs offices, et qui pour

éviter frais, aucuns anciens reputez prudéns la faisoient administrer en plusieurs lieuz, et a sçu le dit seigneur d'ailleurs, que les affinitez, lignages et grosses familiaritez de ceux qui sont es cours, causent les désordres : le dit seigneur à cette cause ordonnera que pour s'informer de tout, et après y pourveoir pour le bien de son royaume et descharge de sa conscience. Et veut et entend le dit seigneur que le présent édit soit enregistré en son grand conseil et les cours de parlement. » *Edit du 24 juillet* 1527. Cet édit fut publié en présence du roi dans son conseil, où les présidens et conseillers du parlement furent appelés.

(4) Voyez ce que j'ai dit dans les remarques du livre précédent au sujet de la cour des pairs, qui étoit distinguée du parlement avant le procès du duc d'Alençon.

(5) « Dans les dernières années du règne de Louis XII, dit Mezeray, il arriva une chose qui sembla alors de très-petite conséquence, mais qui depuis a bien coûté des millions aux sujets de l'état, et leur en coûtera encore bien davantage. J'ai marqué dans le règne de Charles VIII, que le roy faisoit tous les ans un fonds de quelques six mille livres pour payer l'expédition des arrêts du parlement, afin que la justice se rendît tout-à-fait gratis. Un malheureux commis auquel on avoit donné ce fonds-là, l'emporta et s'enfuit ; le roi desiroit en faire un autre, mais comme il étoit fort pressé d'argent pour les grandes guerres qu'il avoit à soutenir, quelque flatteur luy fit entendre que les parties ne seroient point grevées de payer ces expéditions. En effet ils n'eurent pas d'abord grand sujet de s'en plaindre, parce qu'elles ne coûtoient que six blancs ou trois sols la pièce ; mais depuis cette dé-

pense s'est infiniment augmentée, et on ne peut pas dire sans étonnement jusqu'à quel point elle est montée aujourd'hui.

Je puis à ce propos marquer ici l'origine des épices, qui est une autre charge que les misérables plaideurs se sont imposée eux-mêmes. Quelque partie qui avoit obtenu un arrêt à son profit, s'étant avisée, pour remercier son rapporteur, de lui donner des boîtes de dragées et de confitures qu'alors on nommoit épices, un second, puis un troisieme, un quatrieme et plusieurs autres ensuite le voulurent imiter. Ces reconnoissances volontaires furent tirées à conséquence, et devinrent un droit nécessaire ; les juges crurent être bien fondés de les demander quand on ne les donnoit pas. Après ils les taxèrent, puis à la fin ils les convertirent en argent. Tant il est dangereux de faire règlement des présens à des personnes qui s'en peuvent faire un droit quand il leur plaît. »

(6) Le voile a été déchiré par la révolution que la magistrature du royaume a éprouvée dans ces derniers temps. M. le chancelier de Maupou a rompu la chaîne des traditions de la doctrine et de l'ambition des parlemens. Il nous a fait connoître que ces compagnies n'avoient pas la force que nous leur attribuions. Il nous a fait sentir une grande vérité, que tout ordre de citoyens qui favorise le despotisme, dans l'espérance de le partager avec le prince, creuse un abîme sous ses pas, et assemble un orage sur sa tête. Nous voyons de la manière la plus claire ce que c'est aujourd'hui que l'enregistrement. Si vous desirez que cette vaine formalité soit moins ridicule qu'elle ne l'est dans les mains des nouveaux magistrats, desirez que les offices ne soient pas donnés par la cour, et que le gouverne-

ment se trouve forcé de faire de la vente des charges une affaire de finance. Alors les parlemens tâcheront de reprendre leur ancien esprit, et en faisant semblant de servir le public, ils se prépareront une seconde disgrace.

(7) Voyez l'histoire de M. de Thou, l. 13.

(8) Voyez encore l'histoire de M. de Thou, l. 35.

(9) Voyez l'avant-dernière remarque du livre précédent. Dans le discours que le chancelier de L'Hôpital prononça au lit de justice tenu à Rouen à l'occasion de la majorité de Charles XI, il parla d'une ancienne erreur où sont les magistrats ou juges supérieurs, qui s'imaginent qu'il leur est permis d'éluder ou d'affoiblir les lois, sous prétexte de les interpréter ou de les appliquer avec plus de justice.

(10) « De par le roi. Nostre amé et féal pour aucunes causes qui nous mouvent, lesquelles nous vous dirons, nous voulons, vous mandons et commandons, que doresnavant, vous ne instituez, ne faciez ou souffrez recevoir et instituer aucuns officiers quelsconques en nostre cour de parlement, pour quelconque élection qu'icelle cour aye faite ou fasse, ne aussi en nos chambres des comptes et des generaux de la justice, pour quelconques retenues ou dons que ayons faicts. Car nous en retenons à nous toute l'ordonnance et disposition, et le faites sçavoir à nos gens de nos dites cours et chambres, afin que n'en puissent prétendre ignorance, et que par eulx en vostre absence, et sous vostre sceu ne fasse au contraire. » *Lettres de Charles VII à son chancelier, du 2 mars* 1437. Elles furent enregistrées au parlement le 2 d'avril suivant.

« Que doresnavant quant les lieux de presidens et des autres gens de nostre parlement vacqueront, ceux qui y seront mis, soient prins et mis par élection, et que lors nostre dit chancelier aille en sa personne en nostre court de nostre dit parlement, duquel il soit faicte ladite élection, et y soient prinses bonnes personnes, sages, lettrées, expertes et notables selon les lieuz où ils seront mis, afin qu'il y soit pourveu de teles personnes comme il appartient à tel siege, et sans aucune faveur ou acception de teles personnes. » *Ordon. du mois de janvier* 1400, *art.* 18. Il est aisé de juger que la présence du chancelier ne pouvoit pas s'allier avec la liberté ; c'étoit lui en effet qui décidoit de toutes les places. Ce qu'il y a de plus extraordinaire, c'est que l'on continuoit à faire des ordonnances pour autoriser les élections dans le temps même que les offices de judicature se vendoient publiquement.

« Avons à cette cause ordonné et ordonnons que doresnavant en faisant les dites élections et nominations des dits presidens et conseillers, iceux nos dits president et conseillers ainsi élisans et nommans, jureront sur les saints évangiles de Dieu es mains du premier president de la dite cour, ou autre qui en son absence présidera, d'élire sur son honneur et conscience, celui qu'il sçaura et connoîtra estre le plus lettré, expérimenté, utile et profitable pour les dits offices respectivement exercer au bien de justice et chose publique de nostre royaume. » *Ordon. de Blois en* 1498, *art.* 31. La liberté que Louis XII voulut rendre au parlement venoit trop tard ; on avoit déjà contracté l'habitude de faire un trafic des magistratures, et d'ailleurs la cour étoit trop puissante pour que sa recommandation ne fût pas aussi dangereuse que la présence du chancelier.

(11) « Nous ordonnons que doresnavant aucun n'achette office de president, conseiller ou autre office en nostre dite cour et semblablement d'autre office de judicature en nostre royaume, ne pour iceux avoir baillé, ne promettre, ne fasse bailler, ne promette par lui ne autre, or, argent, ne chose équipolent, et de ce il soit tenu faire serment solemnel avant que d'estre institué et reçu, et s'il est trouvé avoir fait ou faisant le contraire, le privons et déboutons à présent du dit office, lequel déclarons impétrable. » *Ordon. de Charles VIII en juillet* 1495, *art.* 68.

Par l'ordonnance du mois d'avril 1453, art. 84, on voit que Charles VII se plaignoit déjà que les praticiens achetassent des protections à la cour pour obtenir des offices de judicature. Cet abus étoit trop étendu pour qu'on pût espérer d'y remédier, en condamnant les coupables à des amendes, et en les déclarant incapables de posséder aucun office royal.

Cette corruption s'est conservée jusqu'au temps de la validité authentique des offices, et nous la verrons renaître, si l'ordre nouvellement établi par M. de Maupou peut subsister. Le premier janvier 1560, dit M. Thou, livre 24, François II fit un édit pour rétablir les élections des magistrats; ordonnant, quand une place vaqueroit, qu'on lui proposeroit trois sujets dont il en choisiroit un; cette ordonnance, ajoute-t-il, fut depuis plusieurs fois renouvelée, et ne fut jamais exécutée, par l'ambition et la cupidité des courtisans qui tiroient de grosses sommes de la vente des offices, et qui sous prétexte de remplir les coffres du roi, firent que par des édits bursoux on augmenta à l'infini le nombre des juges. Ainsi cet ordre illustre qu'il importoit tant de conserver dans tout son éclat et dans sa dignité pour contenir par là dans le devoir les autres ordres de l'état, commença à s'avilir peu-à-peu ; des hommes indignes de leur place et sans mérite, parvinrent aux honneurs de la magistrature, par les seules richesses et par la faveur des grands dans la seule vue d'un intérêt bas et sordide.

(12) Voyez le recueil des œuvres du chancelier de L'Hôpital, ou l'hist. de M. de Thou, liv. 25.

(13) « Le peuple qui entend la division qu'il y a entre la dite cour et vostre conseil, se rend plus difficile à vous rendre l'obéissance qu'il doit. Je passerai plus outre, que la cour en ses remontrances use bien souvent de cette clause qui peut estre cause de beaucoup de maux. » La cour ne peut ny doit, selon leur conscience, enteriner ce qui lui a esté mandé ; » et avec le même respect je proteste, comme j'ai déjà fait, de ne vouloir parler de cette compagnie qu'avec honneur ; je dis, sire, que de ces paroles en avient souvent de grands inconveniens. Le premier est, que comme le peuple entend que messieurs de la cour sont pressés si avant par vostre autorité, qu'ils sont contraints de recourir au devoir de leurs consciences, il fait sinistre jugement de la vostre, et de ceux qui vous conseillent, qui est un grand aiguillon pour les acheminer à une rebellion et désobéissance : le second inconvenient est qu'il avient souvent que ces messieurs, après avoir usé de ces mots si severes et rigoureux, peu de temps après, comme s'ils avoient oublié le devoir de leurs consciences, passent outre et accordent ce qu'ils

avoient refusé : et par expérience il vous souvient, sire, qu'il y a environ deux ans, qu'ils refuserent par deux fois vos lettres-patentes sur les facultés de monsieur le cardinal de Ferrare, usant toujours de ces mots : nous ne pouvons ne devons selon nos consciences ; et toutes fois deux mois après sur une lettre missive en une matinée, ils reçurent et approuverent les dites facultez qu'ils avoient refusées avec tant d'opiniâtreté. Je demanderois volontiers ce que deviennent lors leurs consciences. Ce qui me fait dire, et les prie, sire, en vostre présence, qu'ils soient désormais plus retenus à user de telles clauses, et considerer que s'ils demeurent en leurs opinions, ils font grand tort à vostre majesté ; s'ils changent, ils donnent à mal penser à beaucoup de gens de leurs consciences. ».

Dans ces derniers temps, le parlement a souvent dit dans ses remontrances qu'il a manqué à son devoir en enregistrant tel édit ou telles lettres-patentes, et qu'il ne l'a fait que pour donner des preuves de son amour et de son respect pour le roi. Quel étrange langage pour des magistrats ! en avouant que quelque chose leur est plus précieux que la justice, ne se décrient-ils pas auprès du public ?

(14) On a vu dans la dernière remarque du livre précédent deux articles de l'ordonnance de Blois en 1498, par laquelle Louis XII avoit tâché de réprimer la tyrannie des seigneurs. Je vais prouver par des pièces que cet esprit subsiste.

« Comme depuis nostre avenement à la couronne, nous ayant esté faites plusieurs et diverses plaintes du peu de reverence que beaucoup de nos sujets ont aux arrests de nos cours souveraines, et autres jugemens don-

nez

nez en cas de crimes, tellement que la plupart desdits arrests, sentences et jugemens
demeurent inexécutez et illusoires, ce qui avient
pour ce que ceux qui par lesdits arrests, sentences et jugemens sont condamnés au supplice de mort, ou autre grande peine corpo-
relle, ou bien bannis de nostre royaume, et
leurs biens confisqués, n'estans pas compa-
rus aux assignations qui leur ont esté baillées,
et n'ayant pu estre pris prisonniers, tiennent
fort en leurs maisons et biens, là où après
lesdits arrests, sentences et jugemens, ils ne
devoient trouver lieu de refuge, ni de sûr accès en cettuy nostre royaume, sont reçus,
recueillis et favorisez de leurs parens, amis
ou autres personnes qui les reçoivent et lati-
tent au grand mepris et contemnement de
nous et de nostre dite justice, dont il advient
plusieurs meurtres et autres grands inconveniens, tant pour l'observation de nostre dite
justice, que pour le repos public et general
de tous nos sujets, lesquels sans l'obeissance
et reverence de nostre dite justice, ne pourroient estre longuement entretenus en union
et tranquilité. Pour ce estoit, que nous
après avoir mis cette affaire en déliberation
avec les princes de nostre sang et gens de
nostre conseil privé, estans les nous : avons
par leur avis, dit, statué et ordonné, et par
la teneur de ces dites presentes, disons, statuons, voulons et ordonnons que doresnavant quand il y aura aucun de nos sujets condamné, soit par défauts, contumaces ou autrement, au supplice de mort, ou autres
grandes peines corporelles, ou bannis de nostre dit royaume et leurs biens confisqués, nos
autres sujets, soient leurs parens ou autres

ne les pourront recueillir, recevoir, cacher, ni latiter en leurs maisons ; mais seront tenus s'ils se retirent devers eux, de s'en
saisir pour les representer à la justice afin
d'ester à droit, autrement en défaut de ce
faire, nous voulons et entendons qu'ils soient
tenus pour coupables, et consentans des crimes dont les autres auront esté chargés, condamnés et punis comme leurs alliez et complices de la mesme peine qu'eux, davantage
à ceux qui viendront reveler à justice lesdits
receptateurs, nos officiers en procédant à
l'encontre d'eux sur le fait du dit recelement,
adjugent aux dits revelateurs par même jugement la moitié des amendes et confiscations
esquelles ils auront condamné lesdits recep-
teurs ; et quant à ceux desdits condamnez
qui après lesdits arrests, sentences et jugemens donnez à l'encontre d'eux, ne voudront
obeir aux exécuteurs d'iceux, et tienront fort
en leurs maisons et châteaux contre les gens
et ministres de nostre dite justice, nous voulons et entendons que lorsqu'il sera apparu
de ladite rebellion, les baillifs et seneschaux,
au ressort desquels seront assis lesdites maisons, châteaux, assemblent le ban et arriere
ban, prévost des mareschaux et les communes ; et s'ils ne sont assez forts, que les mareschaux de France et gouverneurs des provinces à la premieré sommation et requeste qui
leur en sera faite, et leur faisant apparoir de
ladite rebellion, comme dessus est dit, assemblent davantage les gens de nos ordonnances : et si besoin est, fassent sortir le canon
pour faire mettre en exécution lesdits arrests,
sentences et jugemens, fassent telle ouverture des dites maisons et châteaux, que la
force nous en demeure. Voulons qu'en signe

de ladite rebellion, outre la punition qui sera
faite suivant nos édits, de tous ceux qui se
trouveront dans lesdites maisons et châteaux
avoir adhéré aux dits rebelles, ils fassent
démolir, abattre, raser, icelles maisons et
châteaux sans qu'ils puissent estre puis après
restablis ni réédifiez, si n'est pas nostre congé
et permission. » *Ordonn. de François II*,
du 17 décembre 1559.

« Sur la remontrance et plainte faite par
les députez du tiers état, contre aucuns seigneurs de nostre royaume, de plusieurs ex-
torsions, corvées, contributions et autres
semblables exactions et charges indues, nous
enjoignons très-expressement à nos juges de
faire leur devoir et administrer justice à tous
nos sujets, sans exception de personnes de
quelque autorité et qualité qu'ils soient, et à
nos avocats et procureurs y tenir la main et
ne permettre que nos pauvres sujets soient
travaillez et opprimez par la puissance de
leurs seigneurs feodaux, censiers et autres,
auquels défendons intimider ou menacer leurs
sujets et redevables, leur enjoignons se porter envers eux moderement et poursuivre
leurs droits par les voyes ordinaires de justice, et avons des à présent revoqué toutes lettres de commission et délégation accordées et
expédiées ci-devant à plusieurs seigneurs de
ce royaume, à quelques juges qu'elles aient
esté adressées, pour juger en souveraineté les
procès intentés pour raison des droits d'usage,
paturage, et autres prétendus tant par les
dits seigneurs que pour leurs sujets, manans,
et habitans des lieux et renvoyé la connoissance et jugement des dits procès à nos baillifs et séneschaux ou à leurs lieutenants, et

par appel à nos cours de parlement, chacun en son ressort. » *Ordor. de Charles IX, janvier 1560, en consequence des états-généraux tenus à Orléans, art.* 106.

« Entendons toutefois maintenir les gentils-hommes en leurs droits de chasses à grosses bestes, es terres où ils ont droit, pourvu que ce soit sans le dommage d'autrui, même du laboureur. *Ibid. art.* 108.

Parce qu'aucuns abusans de la faveur de nos prédécesseurs par importunité ou plustost subrepticement ont obtenu quelques fois des lettres de cachet et closes ou patentes, en vertu desquelles ils ont fait sequestrer des filles et icelles épousé et fait épouser, contre le gré et vouloir des peres, meres et parens, tuteurs ou curateurs, chose digne de punition exemplaire; enjoignons à tous juges procéder extraordinairement et comme en crime de rapt, contre les impetrans et ceux qui s'aideront de telles lettres, sans avoir aucun égard à icelles. *Ibid. art.* 111.

Parce que plusieurs habitans de nos villes, fermiers et laboureurs se plaignent souvent des torts et griefs des gens et serviteurs des princes, seigneurs ou autres qui sont à nostre suite, lesquels exigent d'eux des sommes de deniers pour les exempter de logis, et ne veulent payer qu'à discrétion : enjoignons aux prevosts de nostre hostel et juges ordinaires des lieux, procéder sommairement par prévention et fautes, à peine de s'en prendre à eux. *Ibid. art.* 116.

Défendons à tous capitaines de charrois, tant de nos munitions de guerres ou artillerie, qu'autres nos officiers, et de ceux de nostre suite, prendre les chevaux des fermiers

et laboureurs, si ce n'est de leur vouloir, de
gré à gré, et en payant les journées, à peine
de la hard. *Ibid art.* 117.

Défendons aussi à tous pourvoyeurs et sommeliers d'arrester ou marquer plus grande
quantité qu'il ne leur faut, ni de prendre des
bourgeois des villes, laboureurs et autres personnes, vin, bled, foin, avoine ou autre
provision sans payer, ou faire incontinent
arrester le prix aux bureaux des maistres d'hostel, ni autrement abuser en leurs charges, à
peine d'estre à l'instant cassez et de plus grande
punition s'il y échet, aux quels maistres
d'hostel enjoignons payer ou faire payer huit
jours après le prix arresté. *Ibid. art.* 118.

Sur la plainte des députez du tiers-état,
avons ordonné qu'il sera informé à la requeste
de ceux qui le requereront, contre toutes
personnes, qui, sans commission valable, ont
levé ou fait lever deniers sur nos sujets, soit
par forme d'emprunts, cottisations particulieres ou autrement, sans avoir baillé quittance,
et d'iceux rendront compte, pour l'informa-
tion vue en nostre conseil privé, y estre
pourvu comme appartiendra par raison. *Ibid.
art.* 130.

Avons déclaré que les dits gouverneurs
(des provinces) ne peuvent et leur deffendons donner aucunes lettres de grace, de re-
mission et pardon, foires, marchez et légi-
timation, et autres semblables, d'évoquer les
causes pendantes par devers les juges ordinaires, et leur interdire la connoissance d'icelles, s'entremettre aucunement du fait de la
justice. *Ordon. de Moulins, en février* 1566,
art. 22.

Parce qu'à nous seul appartient lever deniers
en nostre royaume, et que faire autrement,

seroit entreprendre sur nostre autorité et majesté. Deffendons très-expressement à tous nos gouverneurs, baillifs, séneschaux, trésoriers et géneraux de nos finances, et autres quelconques nos officiers d'entreprendre de lever ou faire lever aucuns deniers en nos pays, terres et seigneuries, et sur les sujets d'icelles, quelque autorité qu'ils ayent, ou pour quelque cause que ce soit, ne permettre qu'aucuns en levent, soit en particulier ou de communauté, sinon qu'ils ayent nos lettres-patentes précises et expresse pour cet effet. *Ibid. art.* 23.

Ceux qui tiendront fort en leurs maisons et chasteaux contre nostre justice et decrets d'icelle, et n'obéiront aux commandemens qui leur seront faits, confisqueront leurs dites places à nostre profit, ou des hauts justiciers à qui il appartiendra, soit en pays où confiscation a lieu, soit en autre : sauf si pour certaines grandes causes est ordonné par nous ou justice que les dites maisons et chasteaux seront demolies et razez pour exemple. » *Ibid. art.* 29.

Dans l'ordonnance donnée à Paris au mois de mai 1579, sur les plaintes des états-géneraux assemblés à Blois, on trouve dans les articles 274 et 275 les mêmes dispositions que dans l'ordonnance de Moulins, que je viens de rapporter, *art.* 22 *et* 23.

« Deffendons à tous seigneurs et autres, de quelque état et qualité qu'ils soient, d'exiger, prendre ou permettre estre pris, ou exigé sur leurs terres et sur leurs hommes ou autres, aucunes exactions indues, par forme de taille, aydes, crues, ou autrement, et sous quelque couleur que ce soit ou puisse estre, sinon es cas des quels les sujets et autres seront tenus et redevables de droit, où ils peuvent estre

contraints par justice, et ce sur peine d'estre
punis selon la rigueur de nos ordonnances,
sans que les peines portées par icelles puissent
estre moderées par nos juges. » *Ordon. de mai*
1579, *art.* 280.

« Défendons aussi à tous gentilshommes et
seigneurs de contraindre leurs sujets et autres
à bailler leurs filles, nieces ou pupilles en mariage à leurs serviteurs ou autres, contre la
volonté et liberté qui doit estre en tels contrats, sur peine d'estre privez du droit de noblesse et punis comme coupables de rapt, ce
que semblablement nous voulons aux mesmes peines estre observé contre ceux qui
abusent de nostre faveur par importunité,
ou plustost subrepticements ont obtenu et
obtiennent de nous lettres de cachet, closes
ou patentes en vertu desquelles ils font enlever et sequestrer filles, icelles épousent et font
épouser contre le gré et vouloir du pere, mere,
parens, tuteurs et curateurs. » *Ibid. art* 281.

« Abolissons et interdisons tous péages de
travers nouvellement introduits, et qui ne
sont fondés en titre ou possesion légitime; et
seront ceux à qui lesdits droits de péages appartiennent, tenus entretenir en bonne et
due reparation les ponts, chemins et passages,
et garder les ordonnances qui ont été faites
par les rois nos prédécesseurs tant pour la forme du payement des dits droits en deniers
que pour l'affiche ou entretennement d'un tableau ou pancarte : le tout sur les peines portées par lesdites ordonnances, et de plus
grieves s'il y échet. » *Ibid. art.* 282.

« Pour les continuelles plaintes que nous
avons de plusieurs seigneurs, gentilshommes
et autres de nostre royaume qui ont travaillé
et travaillent leurs sujets et habitans du plat

pays où ils font résidences, par contributions de deniers ou grains, corvées ou autres semblables exactions indues, mesme sous la crainte des logemens des gens de guerre, et mauvais traitement qu'ils leur font ou font faire par leurs agens et serviteurs : enjoignons à nos baillifs et seneschaux tenir la main à ce qu'aucun de nos dits sujets soient travaillez ni opprimez par la puissance et violence des seigneurs, gentilshommes ou autres. » *Ibid. art.* 283.

«Défendons à tous sommeliers et pourvoyeurs tant nostres qu'autres, d'enlever aucuns bleds, vins et autres vivres sur nos sujets sans payer comptant ce qu'ils enleveront. » *Ibid. art.* 326.

« Sur la plainte à nous faite par lesdits ecclésiastiques, que pour les ports d'armes, forces et violences qu'aucuns de nos sujets commettent, sont tellement redoutez, que les sergens n'osent approcher et n'ont sûr accès en leurs maisons pour leur donner les assignations requises en telles poursuites ; avons ordonné et ordonnons que toutes personnes ayans seigneuries ou maisons fortes, et autres de difficile accès, demeurans hors des villes, seront tenus élire domicile en la prochaine ville royale de leur demeure et résidence ordinaire ; et quant aux assignations et significations, commandemens et exploits, qui seront faits aux dits domiciles élus, vaudront et seront de tel effet et valeur, comme si faits estoient à leurs propres personnes, en baillant audit domicile eslu delay competant, selon la distance des lieux, pour leur faire sçavoir les dits exploits, qui seront faits à l'un des officiers, baillifs, presvosts, lieutenans, procureurs fiscaux, greffiers, fermiers ou receveurs et domestiques ; et seront de tel effet et va-

leur, comme s'ils estoient faits à leurs propres personnes ou domiciles ; et en matiere
criminelle, au défaut de la dite élection, per-
mettons iceux faire ajourner à son de trompe
et cri public, en la plus prochaine ville royale
de leur demeure. » *Ordonn. de février* 1580,
art. 32.

Voilà une longue suite d'ordonnances qui
prouve invinciblement avec quelle force les
abus nés pendant la licence des fiefs étoient
enracinés dans les esprits : on feroit un volume de réflexions sur les articles qu'on vient
de lire. Combien les citoyens n'étoient - ils
pas divisés ? Pourquoi s'étoient - ils faits des
intérêts contraires ? Que notre législation
étoit grossière ! Le conseil mal habile du roi
croyoit qu'il suffisoit de publier une ordonnance
et de faire des menaces pour remédier à un
abus. Je me contenterai d'observer que les
autorités que je viens de rapporter dans cette
remarque, servent à confirmer plusieurs autres points de notre histoire dont j'ai parlé
dans mon ouvrage. Je prie encore le lecteur
d'examiner avec soin, si les Français en con-
servant tant de vices, tant d'abus et tant de
préjugés de leur ancien gouvernement féodal,
tandis que le roi se servoit si mal de sa puissance législative, n'étoient pas fortement invités à se cantonner encore dans leurs terres
ou dans les provinces qu'ils gouvernoient
tyranniquement. On retrouve sous les fils de
Henri II les mêmes vices, les mêmes erreurs,
la même foiblesse qui formèrent le gouvernement féodal sous les rois de la seconde
race.

(15) Ce n'est qu'en 1644 que les magistrats
du parlement acquirent une noblesse qu'ils
transmirent à leurs descendans. Jusqu'alors ils

L 5

n'avoient joui que d'une noblesse personnelle,
ou des privilèges de la noblesse, tels que sont
ceux qu'on accorde aux roturiers qui possè-
dent aujourd'hui quelque charge à la cour.
« Nous avons maintenu et gardé, maintenons
et gardons les officiers de nos dites cours,
dans leurs anciens privilèges, prérogatives et
immunités attribués à leurs dites charges,
sans toutefois qu'eux ni leurs descendans puissent jouir des privilèges de noblesse et autres
droits, franchises, exemptions, et immunitez
à eux accordez par des édits et déclarations pendant et depuis l'année 1644, que nous avons
revoquez et annullez, revoquons et annul-
lons par ces présentes; ensemble toutes autres
concessions de noblesse, privileges, exemptions et droits de quelque nature et qualité qu'ils
puissent être accordez en conséquence aux
officiers servans dans lesdites compagnies que
nous avons pareillement déclarés nuls et de
nul effet. Voulons qu'en conséquence de la
révocation des dits privilèges, tous lesdits
officiers, de quelque ordre et qualité qu'ils
puissent être, soient retenus et retablis au
même semblable état qu'ils étoient auparavant les édits, déclarations, arrests et regle-
mens intervenus pour raison de ce, pendant
et depuis l'année 1644; sans qu'eux ni leurs
descendans puissent directement ni indirecte-
ment user, ni se prévaloir du bénéfice d'iceux,
qui seront censés nuls, de nul effet et
comme non avenus. » *Édit donné en août
1669.*

Louis XIV se ressouvenoit de la guerre de
la Fronde. En 1690, il rétablit les privilèges
accordés au parlement en 1644. Je ne retrouve
point dans mes papiers la note que j'avois
faite de cet édit de 1690. Mais, ce qui revient

au même, je rapporterai ici la déclaration du 29 juin 1704, en faveur des substituts du procureur-général. « Nous avons par notre édit du mois de novembre 1690, déclaré et ordonné que les présidens, conseillers, nos avocats et procureurs-généraux de notre cour de parlement de Paris, premier et principal commis au greffe civil d'icelle alors pourvus, et qui le seroit cy-après, lesquels ne seroient pas issus de noble race, ensemble leurs veuves demeurant en viduité, et leurs enfans et descendans tant mâles que femelles nez et à naître en légitime mariage, seroient reputez nobles, et comme tels jouiroient des droits, privileges, rangs et préeminences dont jouissent les autres nobles, etc. Nous avons déclaré et ordonné, déclarons et ordonnons, voulons et nous plaît que nos dits conseillers substituts de notre procureur-général au parlement de Paris, soient et demeurent compris et aggrégez au nombre des officiers de la dite cour, dénommez et compris en notre édit du mois de novembre 1690. Voulons, etc. » *Déclaration du 29 juin 1704.*

(16) Avant que de rapporter le discours du président de St. André, le lecteur ne sera pas fâché de lire ici la harangue du chancelier de L'Hôpital, telle qu'on la trouve dans les mémoires de Condé, *tom. 2, p. 529.*

« L'estat du parlement est de juger les différends des subjets et leur administrer la justice. Les deux principales parties d'un royaume sont que les ungs le conservent avec les armes et forces; les autres l'aydent de conseil, qui est divisé en deux. Les ungs advisent et pourvoyent au faict de l'estat et police du royaume; les autres jugent les différends des subjects, comme ceste cour qui en a l'auc-

L 6

torité presque par tout le royaume. Ceux du conseil privé manient les affaires de l'estat par les lois politiques et autres moyens. Aultre prudence est nécessaire à faire les lois que à juger les différends. Cellui qui juge les procès, est circonscript des personnes, et de temps et ne doit exceder cette raison. Le législateur n'est pas circonscript de temps et personnes ; ains doit regarder *ad id quod pluribus prodest*, oresque à aucuns semble qu'il fasse tort, et est comme celui qui est *in specula* pour la conservation de l'universel, et ferme l'œil au dommaige d'un particulier. Le dict parce que tous les jours viennent plainctes qui font parler les gens de cette disconvenance du conseil du roi et du dict parlement. Les édits qui sont advisez par le conseil sont envoyez à la court, comme l'on a accoustumé de toujours; et les rois lui en ont voulu donner la connoissance et délibération, pour user de remontrances quand ils trouvent qu'il y a quelque chose à monstrer. Les remontrances ont toujours esté bien reçeues par les rois et leur conseil ; mais quelquefois ont passé l'office de juge ; et ce parlement qui est le premier et plus excellent de tous les autres, y deust mieulx regarder ; et toutefois est advenu que en déliberant sur les édicts, il a tranché du tout ou en partie ; et après avoir faict remontrances et en la volonté du roi, a faict li contraire. Aucuns cuident, comme lui, que cela se faict de bon zele ; autres pensent que la cour oultre-passe sa puissance. Quand les remontrances d'icelles sont bonnes, le roi et son conseil les suivent et changent les édits, dont la cour se deust contenter, et en cest endroit cognoistre son estat envers ses supérieurs. »

Le président de St. André répondit. « N'a point entendu que quant y a eu édicts du dict seigneur présentés à icelle, elle y ait faict aucune désobéïssance ; mais les rois très-chrétiens voulans que leurs lois fussent digerées en grandes assemblées afin qu'elles fussent justes, utiles, possibles et raisonnables, qui sont les vraies qualités des bonnes lois et constitutions, après les avoir faictes, les ont envoyées à la dicte court, pour congnoistre si elles ont estoient telles. Quand la dicte court les a trouvées autres, en a faict remontrances, qui a esté suivre la volonté des rois et non rompeure des lois, lesquelles ne servent de rien, si elles ne sont que scriptes : car leur force est en l'exécution, et chacun sçait qu'elle n'y est pas et qu'elle est plus nécessaire en ce temps qu'elle ne le fut oncques.... Vray est que cy-devant aucuns édits ont esté envoyez ceans n'appartenans en rien à l'auctorité de la court ; mais semble que ce ayt esté pour une autorisation ; comme ceulx qui concernent les aydes, gabelles et subsides, dont la dicte court ne s'est jamais meslée, ains de domaine seulement, et toutes fois pour obéir, n'a laissé de les faire publier avec limitation *in quantum tangit domanium*, dont la connoissance lui appartient. »

(17) Voyez la remarque 4 du chapitre précédent.

(18) Cette assemblée se tint le 6 Janvier 1558, au palais dans la chambre de S.ᵗ Louis. Après que Henri II y eut prononcé un discours relatif aux malheureuses circonstances dans lesquelles se trouvoit le royaume, le cardinal de Lorraine prit la parole, et promit au nom du clergé de puissans secours d'argent. Le duc de Nevers, qui parla pour la noblesse,

assura qu'elle étoit prête à prodiguer son sang et ses biens pour la gloire du roi. Jean de S.t André, à genoux, remercia le roi au nom du parlement et de toutes les cours supérieures, d'avoir bien voulu former entre la noblesse et le tiers-état un ordre particulier en faveur des magistrats : il offrit la vie et les biens de ceux pour qui il parloit. André Guillard du Mortier montra le même zèle en portant la parole pour le tiers-état. « *Voyez l'histoire de M. de Thou, l. 9.* »

La vanité du parlement, si content en 1558 de n'être plus compris dans l'ordre de la bourgeoisie, fit des progrès rapides ; et dans l'assemblée des notables tenue à Paris en 1626, il ne voulut plus souffrir qu'il y eût de distinction entre l'ordre de la magistrature et ceux du clergé et de la noblesse. Nous avons une relation de cette assemblée par le procureur-général du parlement de Navarre, et je vais en rapporter un morceau tel qu'on le trouve dans le Cérémonial français, par MM. Godefroy, p. 402.

« J'ai remarqué cy-dessus, dit l'historien, qu'après les discours faits à l'ouverture de l'assemblée, M. le garde des sceaux avoit comme en passant dit, que la volonté du roy étoit que sur les propositions la dite assemblée opinât par corps et non par têtes. L'effet de cette déclaration parut à la première séance, où monseigneur frère du roi, ayant fait opiner par têtes, et après commandé au greffier de lire les opinions, le dit greffier lut les avis par corps, disant : MM. du clergé sont d'un tel avis, MM. de la noblesse d'un tel et MM. les officiers d'un tel. Sur quoi MM. les officiers, par la bouche de M. le premier président de Paris, remontrèrent à mon dit seigneur, qu'outre que cette façon de recueillir les voix étoit préjudiciable, voire honteuse aux officiers, en tant que par ce moyen on les distinguoit du clergé et de la noblesse, pour les jeter dans un tiers-état et plus bas ordre, elle étoit nouvelle et contraire aux usages pratiqués ès assemblées de cette nature, protestans n'y vouloir consentir. A quoi mon dit seigneur répondit avoir commandement de sa majesté d'en user ainsi; mais qu'ils pouvoient avoir recours à elle et lui faire leurs très-humbles remontrances.

Le lendemain les dits officiers étant allez trouver sa majesté au Louvre, lui représenterent par la bouche du premier président de Paris, le préjudice et la honte que ce leur seroit d'opiner par corps, puisque représentans les cours de parlemens et autres compagnies souveraines, composées de tous les trois ordres du royaume, ils se verroient néanmoins réduits au plus bas, et à représenter le tiers ordre séparé de ceux du clergé et de la noblesse, lesquels n'avoient à présent sujet de se distinguer d'eux puisque toujours ils ont réputé à honneur de pouvoir être reçus à opiner avec eux dans les dites compagnies. Que la vocation qu'eux tous avoient en la dite assemblée étoit différente, en ce que ceux du clergé et de la noblesse y sont appellez par la volonté et faveur particuliere du roi, qui en cela avoit voulu reconnoître le mérite d'un chacun d'eux; mais que les premiers présidens et procureurs-généraux y étoient appellez par les lois de l'état, suivies de la volonté de sa majesté, pour y représenter toute sa justice souveraine: qu'ès assemblées de notables comme celle-ci, faites sous les rois ses prédécesseurs, même en celle de Rouen convoquée par sa majesté en 1617, les dits officiers avoient opiné avec MM. du clergé et de la noblesse, ensemblement par têtes, sans aucune distinction ni différence d'ordres, dont la séparation seroit d'ailleurs suivie de plusieurs difficultés, à cause des divers présidens qu'il faudroit établir, chaque corps desirant l'honneur d'être présidé par monseigneur, et même de grandes longueurs pour ce que toujours après avoir opiné séparément, il faudroit s'assembler pour conférer les avis et en former un général sur chaque proposition. »

Sur quoi sa majesté prononça qu'on opineroit par têtes et ensemblement, se réservant à elle de faire opiner par corps où il écherroit de difficultés. Néantmoins à la première séance après, le premier président de Paris absent sur la proposition qui fut faite, monseigneur demanda les avis à MM. du clergé, qui tous les portèrent à l'oreille de M. le Cardinal de la Valette ; et après MM. de la noblesse, lesquels le dirent à l'oreille de M. le maréchal de la Force, lesquels sieur cardinal et maréchal de la Force les rapportèrent, disans : l'avis du clergé est tel, et celui de la noblesse tel. Et mon dit seigneur ayant demandé les avis aux officiers, M. le second président de Paris ayant fait le sien ; M. du Mazurier, premier président de Toulouse, protesta ne vouloir opiner, puisque contre l'intention de sa majesté on opinoit par corps ; et mon dit seigneur luy ayant dit qu'il avoit ordre du roi d'en user ainsi, le dit sieur Mazurier, et avec lui plusieurs des dits officiers, se levèrent pour sortir, mais par le commandement exprès et réitéré de mon dit seigneur, ils se rassirent, protestans de recourir à sa majesté, laquelle étoit ce jour-là allée prendre le plaisir de la chasse à Versailles.

Le même jour les dits officiers s'étant assemblez chez le premier président de Paris, résolurent de faire leurs plaintes à sa majesté, à son retour de Versailles, et de ne se trouver point cependant à l'assemblée; ce qui succéda heureusement à cause des fêtes où l'on entroit, pendant lesquelles l'assemblée choma. Sa majesté étant de retour, le procureur-général du parlement de Paris rapporta l'être allé trouver au Louvre, et de soi-même lui avoir fait les plaintes que tous les officiers étoient prêts à lui porter, avec les raisons de leurs justes ressentimens, et qu'elle lui avoit commandé de leur dire, que son intention étoit de les contenter en cet endroit, et que pour cet effet, elle donneroit ordre à monseigneur son frère de les faire opiner par têtes sans distinction : ce qui fut depuis pratiqué en toutes les séances et délibérations : ès quelles après la lecture de la proposition qui étoit portée par le procureur-général du parlement de Paris, monseigneur demandoit les avis à MM. les premiers présidens des parlemens, commençant par celui de Paris, en ensuite aux procureurs-généraux comme ils étoient assis ; après à M. le lieutenant civil, aux premiers présidens et procureurs-généraux des chambres des comptes de Paris et Rouen; après aux premiers présidens et procureurs-généraux des cours des aydes des dits lieux ; après à MM. de la noblesse, commençant par ceux qui n'ont point l'ordre ; ensuite à MM. du clergé, commençant par le bout d'en bas de leur banc ; après à MM. les maréchaux de la Force et de Bassompierre, en commençant par celuy-cy; après à M. le cardinal de la Valette, et finalement monseigneur opinoit lui-même. Après que tous avoient opiné, mon dit seigneur commandoit au greffier de lire les avis, chacun desquels il avoit écrit en un cahier, et après les avoir comptés, la délibération se formoit par la pluralité. Il est vrai que quelquefois, selon les matières, mon dit seigneur commençoit à prendre les avis par MM. de la noblesse, autres fois par ceux du clergé, ce qui arriva peu souvent. »

(19) Voyez livre 2, chapitre 2, remarque 9.

(20) « Il y a dans le premier registre du parlement une déclaration de Charles VII, en date de cette année 1453, par laquelle il est ordonné que les officiers du parlement de Paris et de celui de Toulouse auront rang et séance dans l'une et dans l'autre de ces compagnies du jour de leur réception. Le parlement de Paris ne s'en étant pas tenu à cette déclaration, ce fut la cause que celui de Toulouse délibéra en 1467 que nul des présidens ni des conseillers du parlement de Paris ne seroit reçu à celui de Toulouse, jusqu'à ce que les officiers de celui de Paris auroient acquiescé à cette déclaration. » *Annales de Toulouse*, p. 218.

L'unité du parlement, distribué en différentes classes, n'étoit pas une nouveauté. *Voyez du Tillet, recueil des rois de France, ch. du conseil privé du roi.* « Le roy, dit cet écrivain, n'a qu'une justice souveraine par lui commise à ces parlemens, lesquels ne sont qu'un en divers ressorts. »

(21) On a vu dans les remarques précédentes comment l'ancienne cour des pairs et le parlement se confondirent sous le règne de Charles VII à l'occasion du duc d'Alençon. Dès-lors le parlement se regarda comme la cour des pairs ; mais il falloit quelqu'évènement important et remarquable, pour bien constater et fixer cette doctrine. Le procès du prince de

Condé, condamné à mort sous François II, et rétabli sous Charles IX, fut l'évènement favorable que le parlement attendoit. Ce prince, qui refusa de reconnoître le conseil du roi pour son juge compétent, ne réclama point l'ancienne cour des pairs dont personne peut-être alors n'avoit l'idée. Charles IX lui ayant ensuite donné des lettres-patentes pour reconnoître son innocence, il n'en fut pas content, et voulut être justifié en plein parlement. Le 13 mars 1560, le roi donna des lettres-patentes en conséquence, et le prince de Condé les porta lui-même au parlement le 20 mars; et, dans le discours qu'il prononça, dit, qu'il ne reconnoissoit que cette compagnie pour juge.

De-là tout le bruit que fit le parlement de Paris, lorsque Charles IX fit publier sa majorité au parlement de Rouen : il ne manqua pas de dire dans ses remontrances, qu'il étoit la vraie et seule cour des pairs ; qu'il est contre toutes les règles de vérifier les édits dans les parlemens de province, avant que de les avoir vérifiés au parlement de Paris ; que celui-ci est le premier et la source de tous les autres parlemens, et qu'il est seul dépositaire de l'autorité des états qu'il représente. *Voyez l'histoire de M. de Thou, liv.* 35.

(22) C'est sous la présidence de M. de Maupou, aujourd'hui vice-chancelier et père de M. le chancelier, que le parlement reprit l'ancienne doctrine de l'unité des parlemens; mais la malheureuse aventure de M. le duc de Fitzjames ne laissa pas subsister long-temps cette opinion. Quoique le parlement de Toulouse eût montré dans cette circonstance les plus grands égards pour l'autorité et les prérogatives du parlement de Paris, cette dernière compagnie fut indignée que les magis-

trats de Toulouse eussent osé informer contre M. le duc de Fitzjames et le décréter : elle fit des arrêts pour déclarer qu'elle étoit uniquement et essentiellement la cour des pairs ; et les parlemens de province en firent de leur côté pour réprouver cette doctrine. Personne ne s'aperçut que cette querelle puérile mettoit tous les parlemens sur le penchant du précipice ; en effet, s'ils avoient été unis , et qu'ils eussent compté les uns sur les autres, jamais M. le chancelier de Maupou n'auroit osé former le projet qu'il vient d'exécuter.

(23) Une des choses qui prouve le mieux la futilité de tous les sentimens chimériques que le parlement a enfantés sur son origine, ses droits et son autorité, c'est l'espèce d'égalité dans laquelle la chambre des comptes s'est maintenue. On a vu dans les remarques précédentes que le greffe de la chambre des comptes ne servoit pas moins de dépôt aux lois que le greffe même du parlement, et que les ordonnances ont quelquefois été envoyées à la chambre des comptes avant que d'être portées au parlement.

On ne sera peut-être pas fâché de trouver des lettres assez extraordinaires de Philippe de Valois du 13 mars 1339, adressées à la chambre des comptes ; le parlement auroit bien su tirer parti d'un pareil titre.

« Philippe par la grace de Dieu , roy de France. A nos amez et feaulz les gens de nos comptes à Paris , salut et dilection. Nous sommes ou temps present moult occupez pour entendre au fait de nos guerres , et à la deffense de nostre royaume et de nostre peuple , et pour ce ne povons pas bonnement entendre aux requestes delivrez tant de grace que de justice, que plusieurs gens tant d'église , de religion que autres nos subjets nous ont souvent à requerre. Pourquoy nous qui avons grant et plaine fiance dans vos loyautez, nous commettons par ces presentes lettres plenier povoir à durer jusques à la feste de la Toussains prochaine à venir, de ottroier de par nous à toutes gens tant d'église, de religion comme seculiers, graces sur acquets tant fais comme à faire à perpétuité, de ottroier privileges et graces perpétuelles et à temps à personnes seculieres, églises, communes et habitans des villes et impositions, assis et maletostes pour leur proufit et du commun des liez, de faire grace de rappel à bannis de nostre royaume, de recevoir a traicté et composition quelques personnes et communitez sur causes tant civiles que criminelles, qui encore n'auront esté jugées, et sur quelconques autres choses que vous verrez qui seront à ottroier, de nobiliter bourgeois et quelconques autres personnes non nobles, de légitimer personnes nées hors mariage, quant au temporel, et d'avoir succession de pere et de mere, de confermer et renouveller privileges, et de donner lettres en cire vert sur toutes les choses devant dites, et chascune d'icelles, à valoir perpétuellement et fermement sans révocation et sans empeschement, et aurons ferme et estable tout ce que vous aurez fait es choses dessus dites et chascune d'icelles. » M. Du Puy a rapporté cette pièce dans son traité de la majorité de nos rois, p. 153.

CHAPITRE IV.

(1) V OYEZ l'histoire de M. de Thou, *liv.* 12.

(2) Ces remontrances sont du 16 octobre 1555. Voyez l'histoire de M. de Thou, *liv.* 16.

CHAPITRE V.

(1) V OYEZ l'histoire de M. de Thou et les mémoires de Condé, *t.* 6.

(2) « Traité d'association fait par Mgr. le prince de Condé avec les princes, chevaliers de l'ordre, seigneurs, capitaines, gentilshommes, et autres de tous estats qui sont entrez ou entreront ci-après en ladite association, pour maintenir l'honneur de Dieu, le repos de ce royaume, et l'estat et liberté du roy, sous le gouvernement de la royne sa mere, le 11 avril 1562. »

On voit par cette pièce qu'étant question de réformer la religion, on ne songeoit aucunement à réformer le gouvernement. On voit qu'on cachoit ses vrais sentimens, en feignant de s'armer en faveur du roi et de la reine sa mère ; misérable comédie que nous avons vu se renouveler dans la guerre de la Fronde, et qu'on n'auroit point jouée, s'il n'avoit pas été nécessaire de se prêter à l'opinion publique au sujet de l'autorité royale. « Et durera cette presente association et alliance inviolable, jusqu'à la majorité du roy ; c'est assavoir jusques à ce que sa majesté estant en aage, ait pris en personne le gouvernement de son royaume, pour lors nous soumettre à l'entiere obéissance et subjection de sa simple volonté ; auquel temps nous esperons lui rendre si bon compte de la dicte association, comme aussi nous ferons toutes et quantes fois qu'il plaira à la royne, elle estant en liberté, qu'on cognoistra que ce n'est point en ligue ou monopole defendu, mais une fidelle et droicte obéissance pour l'urgent service et conservation de leurs majestés.

Nous nommons pour chef et conducteur de toute la compagnie, monseigneur le prince de Condé, prince du sang, et par tout conseiller nay, et l'un des protecteurs de la couronne de France ; lequel nous jurons, etc.

En quatriesme lieu, nous avons compris et associé à ce present traicté d'alliance, toutes les personnes du conseil du roi, excepté ceux qui portent armes contre leur devoir, pour asservir la volonté du roy et de la royne ; lesquelles armes s'ils ne posent, et s'ils ne se retirent, et rendent raison de leur faict en toute subjection et obéissance, quand il plaira à la royne les appeler, nous les tenons avec juste occasion pour coupables de leze-màjesté, et perturbateurs du repos public du royaume.

Nous protestons de rechef n'estre faicte (la dite association) que pour maintenir l'honneur de Dieu, le repos de ce royaume, et l'estat et liberté du roy sous le gouvernement de la royne sa mere. »

Dans la déclaration que le prince de Condé fait à l'empereur et aux princes de l'empire, il dit que l'autorité des états est absolue

pendant la minorité des rois, et il ajoute :
« Laquelle authorité ne dure que pour le temps
de la minorité des roys jusques à leur aage de
quatorze ans. ... Telle administration n'est
pour diminuer la grandeur et authorité des
roys que nous recognoissons estre instituez de
Dieu ; à laquelle ne voulons aucunement resister, car autrement seroit resister à la puissance divine, mais pour entretenir, garder
et conserver leur bien, pendant que, selon
l'impuissance de nature, ils ne peuvent encore
administrer, mais estant parvenus en l'aage de
quatorze ans, cesse toute administration ; et
tout est tellement remis en sa main, qu'il
n'est contredit ni empesché en chose qui lui
plaise d'ordonner. » *Mém. de Condé*, t. 4,
p. 56.

(3) Histoire de M. de Thou, l. 24. Vous
verrez que ceux qui s'engagèrent dans la conjuration d'Amboise pour perdre les Guises,
avoient pris l'avis des plus célèbres jurisconsultes de France et d'Allemagne, ainsi que
des théologiens les plus accrédités parmi les
protestans. Tous ces docteurs furent d'avis
qu'on devoit opposer la force à la domination peu légitime des Guises, pourvu qu'on
agît sous l'autorité des princes du sang qui
sont nés souverains magistrats du royaume.

Lettres de Charles IX du 25 mars 1560,
pour la convocation des états-généraux. « Aucuns des dietz estats se sont amusez à disputer sur le faict du gouvernement et administration de cesluy nostre royaume, laissans en
arriere l'occasion pour laquelle les faissions
rassembler, qui est chose surquoi nous avons
bien plus affaire d'eux et de leur aide et conseil que sur le faict du dict gouvernement....
Nous vous mandons et ordonnons très-expressement

sément que vous ayez à faire entendre et sçavoir par tout vostre ressort et juridiction, à
son de trompe et cry publicq, ad ce que aucun
n'en prétende cause d'ignorance, qu'il y a
union, accord et parfaicte intelligence entre
la royne nostre très-honorée dame et mere,
nostre très-cher et très-amé oncle le roy de
Navarre, de present nostre lieutenant-général, représentant nostre personne par-tout nos
royaume et pays de nostre obeissance, et nos
très-chers et très-ametz cousins le cardinal
de Bourbon, prince de Condé, duc de
Montpensier et prince de la Rochesurion,
tous princes de nostre sang, pour le regard
du dict gouvernement et administration de
cesluy nostre royaume; lesquels tous ensemble ne regardans que au bien de nostre service et utilité de nostre dict royaume, comme
ceulx à qui et non autres le dict affaire touche, y ont prins le meilleur et plus certain
expédient que l'on sçauroit penser; de maniere
qu'il n'est besoin à ceulx des estats de nostre
dict royaume, aucunement s'en empescher;
ce que leur defendons très-expressement par
ces presentes sur-tout qu'ils craignent nous
desobeir et deplaire. » *Mém. de Condé*, *t.* 2,
p. 281.

(4) « La cour pour obvier, empescher et
éviter aux oppressions, incursions, assemblées
et conventicules qui se font journellement,
tant en ceste ville que autres villes, villaiges,
bourgs et bourgades de ressort d'icelle, dont
il peult advenir tel dommaige et inconvénient
qu'il est advenu en plusieurs villes, lieux et
bourgs du royaume, a permis et permet à
tous manans et habitans, tant des dictes villes,
villaiges, bourgs et bourgades que du plat
pays, s'assembler et équiper en armes pour

résister et soi défendre contre tous ceux qui s'assembleront pour saccager les dictes villes, villaiges et églises, ou autrement, pour y faire convainticules et assemblées illicites, sans que pour ce les dicts manans et habitans puissent estre déferez, poursuivis et inquiétez en justice, en quelque sorte que ce soit, enjoint néantmoins aux officiers des lieux, informer diligemment et procéder contre tous ceux qui ainsi s'assembleront, et feront presches, assemblées, conventicules ou oppressions au peuple, gens d'église, leurs personnes et biens, et de tout en avertir la dicte court sous peine de s'en prendre aux dicts officiers. Enjoint aussi la dicte court au procureur-général du roy envoyer la presente ordonnance en chacun des bailliages et seneschaussées de ce ressort, pour y estre publiée. Faict en parlement le 13 juillet 1562. »

« Sur la requeste et remontrance ce jourd'huy faictes en la court par le procureur-général du roy, etc. La court la matiere mise en déliberation a enjoinct et enjoinct très-expressement à messire René de Saulseux, chevalier, à présent capitaine par ordonnance du roy en la ville de Meaulx, de faire tout debvoir et diligence, assembler bon nombre de gens de guerre, tant de la dicte ville que des champs, pour prendre et appréhender tous les dicts rebelles, séditieux et perturbateurs de l'estat de ce royaume, portans armes contre le roy, et à ceste fin lui a permis et permet faire assembler et armer les habitans du plat pays, pour porter confort et ayde à la force du roy, par toutes voyes et manieres qu'il verra estre à faire, mesmes par son toczin, en telle maniere que le roy soit obey, la force lui demeure, et la justice faicte promptement de telles personnes si malheureuses et pernicieuses à Dieu et aux hommes. » *Arrêt du 27 janvier 1563.*

(5) « La court, toutes les chambres assemblées, sur les remontrances et requestes à elle faictes par les capitaines des dixaines de ceste ville de Paris, oys les gens du roy, et sur le tout la matiere mise en délibération, et aux fins de l'arrest d'icelle, du vingt-septiesme novembre dernier, ordonne que chacun des dicts capitaines assemblera ung bon nombre des plus apparens et notables personnaiges de leurs dixaines, tels qu'ils verront bon estre, lesquels seront tenus y assister, pour enquerir des suspects et notez de la nouvelle secte et opinion, et de la cause et occasion des suspitions, soient officiers du roy en icelle court, grand conseil, chambre des comptes, généraulz de la justice des aydes, des monnoies, chancellerie, chastellet de Paris, tresor, eaues es forest, et autres corps, colleges et communaultez, tant ecclésiastiques que seculiers, de quelque estat, qualité et condition qu'ils soient, et ceulx de leurs maisons et familles, pour faire les dicts capitaines leur procès-verbaulx dans huitaine, qu'ils bailleront incontinent au procureur-général du roy, pour iceulx veus par la court en ordonner : esquels procès-verbaulx ne seront nommez escripts les personnes qui y auront assisté ; mais les bailleront au dict procureur-général par un roolle à part et secret, sans le relever, trois jours après ; laquelle huitaine passée, enjoinct icelle court aux dicts capitaines faire la recherche chacun en leur dixaine, à mesme instance, jour et heure sans dissimulation, faveur et hayne d'aucunes personnes et entreprinses sur les quartiers les ungs des

M 2

autres, etc. » Cet arrêt est du 28 janvier 1562.

Voici une lettre que le parlement écrivit à la reine-mère le 29 mars 1562. « Par une lettre de vostre majesté que nous a communiquée monsieur le maréchal de Montmorency, nous avons sceu que la maison du roy est exempte de l'exercice de la nouvelle opinion ; et parce que celle ne nous semble assez ; car la maison du dict seigneur à laquelle la vostre et celles de nos seigneurs ses freres et madame sont joinctes, ou à mieulx dire, ne sont que une, est le miroir de tous les sujects, avons avisé vous remonstrer et supplier très-humblement, nostre souveraine dame, n'y endurer personne qui ne soit de l'ancienne religion que nos très-chrétiens roys ont tenue, et vos majestez veulent continuer ; car les paroles gastens comme le dict exercice ; aussi vos dictes majestez sont chargées envers Dieu, non-seulement d'estre très-chrestiennes, mais de faire que le royaume demeure très-chrestien ; et la tolérance que avé accordée par la pacification, est par nécessité, en espérance de réduire le tout à l'union qui estoit auparavant la divison de religion ; celle excuse ne peult estre en la dicte maison, autrement seroient forcés vos dictes majestez de se servir de personnes que ne leur seroient fidelles ; car en diversité de religion, ne se trouve oncques dilection ne sureté de bon office. »

(6) J'ai déjà prouvé que les états croyoient depuis long-temps n'avoir que le droit de faire des doléances et des représentations. Pour juger du peu de cas qu'on en devoit faire sous les fils d'Henri II, voyez le discours du chancelier Guillaume de Rochefort, aux états tenus à Orléans en 1483. Il a l'audace de leur dire :

« vous pouvez connoître avec quelle liberté le roi vous a permis de vous assembler et de dire vos avis sur les affaires, avec quelle douceur aussi il vous a donné audience ; en ce que, au commencement de votre assemblée, vous ayant été offert des secrétaires du roi pour recevoir et rédiger par écrit vos actes, vous fûtes d'avis de n'admettre aucun parmi vous qui ne fût député par les états. Il vous donna de plus deux audiences fort longues, où il vous fut permis de lui représenter par écrit et de vive voix tout ce qu'il vous plairoit... Le roi auroit pu sans vous appeler, délibérer et conclure dans son conseil sur vos articles, etc. » *Traité de majorité de nos rois, par M. Du Puy, p.* 258. On termina ces états d'une manière digne de la considération qu'ils avoient acquise ; les affaires les plus difficiles n'étoient pas encore terminées, et on enleva tous les meubles des salles où les ordres s'assembloient.

Dans l'assemblée des notables du 16 décembre 1527, François I.er dit dans son discours, « qu'il pense faire honneur à ses sujets de se montrer si familierement avec eux, que de vouloir avoir leur advis et délibérations. » Si on lit le discours que le chancelier de L'Hôpital tint aux états d'Orléans sous Françoi II, on sera surpris que cet homme d'ailleurs si éclairé eût des idées si louches et si fausses du droit des nations.

Henri III croyoit déroger à sa toute-puissance, en promettant par serment d'observer l'ordonnance qu'il accordoit aux prières des états de Blois. « S'il semble, disoit-il, qu'en ce faisant je me soumette trop volontairement aux lois dont je suis l'auteur, et me dispensent elles-mêmes de leur empire, et que par ce moyen je rende l'autorité royale aucunement plus bornée et limitée que mes prédecesseurs : c'est en quoi la générosité du bon prince se connoît, que de dresser ses pensées et ses actions selon sa bonne foy, et se bander de tout à ne laisser corrompre, et me suffira de répondre ce que dit ce roi à qui on remontroit qu'il laisseroit la royauté moindre à ses successeurs qui ne l'avoit reçue de ses pères qui est que il la leur lairroit beaucoup plus durable et assurée. »

Dans son traité de la majorité des rois, du Tillet nous apprend très-bien quelle étoit l'opinion des personnes les plus éclairées de son temps, sur l'autorité royale et les droits de la nation. « L'assemblée des estats, dit-il, est sainte, ordonnée pour la conférence des sujets avec leur roi, qui montrant sa volonté de bien régner, leur communique les affaires publiques pour en avoir avis et secours, les reçoit à lui faire entendre librement leurs doléances, afin que les connoissant, il y pourvoye : ce qu'il fait par délibération de son très-sage conseil, dont il est pour cet effet assisté ; et octroye à ses dits sujets ce qu'il voit estre raisonnable, et non plus. Car s'il estoit nécessaire de leur accorder toutes leurs demandes, il ne seroit plus leur roi. » Du Tillet ajoute plus bas : « autant que la dite assemblée des estats est fructueuse quand on y tend à bonne fin, autant est-elle dommageable, s'il s'y mesle de la faction. »

(7) C'est au sujet de l'édit publié le 12 mars 1560. Voyez l'histoire de M. de Thou, *l.* 24. Le même historien, *l.* 42, dit que le parlement de Toulouse n'enregistra l'édit de pacification de 1568, qu'avec des modifications et des restrictions qu'il inséra secrètement

dans ses registres. *Lecta publicata, registrata, audito procuratore generali regis, respectu habito litteris potentibus regis, prima die hujus mensis, urgenti necessitati temporis, et obtemperando voluntati dicti domini regis, absque tamen approbatione novæ religionis, et id totum per modum provisionis, et donec aliter per dictum dominum regem fuerit ordinatum. Parisiis in parlamento sexta die martis, anno domini millesimo quingentesimo sexagesimo primo.* Enregistrement de l'ordonnance du 17 janvier 1561.

« Nous avons déclaré et déclarons tous autres édits, lettres, déclarations, modifications, restrictions et interprétations, arrêts et registres, tant secrets qu'autres délibérations ci-devant faites en nos cours de parlement et autres qui par cy-après pourroient être faites au préjudice de notre dit présent édit, concernant le fait de la religion et troubles arrivés en cettuy notre royaume, être nul effet et valeur » *Edit de pacification du mois d'août* 1570, *art.* 43.

« Mandons aussi..... icelui notre dit édit publier et enregistrer en nos dites cours selon la forme et teneur purement et simplement, sans user d'aucunes modifications, restrictions, déclarations ou registres secrets. » *Ibid. art.* 44. Voyez la même chose dans l'art. 63 de l'édit de pacification, donné en mai 1576.

« Nous avons déclaré et déclarons tous autres précédens édits, articles secrets, lettres, déclarations, modifications, réquisitions, restrictions, interprétations, arrêts, registres tant secrets qu'autres, délibérations cy-devant par nous faites en nos cours de parlement et ailleurs, concernant le fait de la religion, et des troubles arrivés en notre dit royaume, être de

M 4

nul effet et valeur. » *Edit donné à Poitiers en septembre* 1577.

Tous les édits de pacifications s'expriment de la même manière, et pour abréger ici je me contenterai de citer ici l'édit de Nantes en avril 1598. « Avons déclaré et déclarons tous autres précédens édits, articles secrets, lettres, déclarations, modifications, restrictions, interprétations, arrêts et registres tant secrets qu'autres délibérations, ci-devant par nous ou les rois nos prédécesseurs, faites en nos cours de parlement et ailleurs, concernant le fait de la religion et des troubles arrivez en nostre dit royaúme, être de nul effet et valeur, auxquels et aux dérogatoires y contenues, nous avons par cettuy nostre édit dérogé et dérogeons. » *Art.* 91. Dans l'article suivant il est ordonné d'enregistrer librement et simplement, sans user d'aucunes modifications, restrictions, déclarations et registres secrets. »

Fin des remarques du livre septième.

REMARQUES ET PREUVES

DES

Observations sur l'Histoire de France.

LIVRE HUITIÈME.

CHAPITRE PREMIER.

(1) Voyez la remarque 14, ch. 3 du livre précédent.

(2) « Avons statué et ordonné, statuons et ordonnons que les grands jours se tiendront par les présidens et conseillers de nostre cour de parlement de Paris, en leur ressort, et es lieux où d'ancienneté on a accoustumé de les tenir ; auxquels grands jours assisteront d'an en an aux gages accoutumez, l'un des quatre présidens des enquestes avec treize conseillers de nostre dite cour, sçavoir est, huit de la dite grande chambre, et cinq de la dite chambre des enquestes, selon leur ordre et ancienneté. » *Ordon. de Blois en 1498, art. 72.*

« Avons ordonné et ordonnons que les gens tenans nos cours de parlement de Toulouse et Bordeaux tiendront les dits grands jours de deux en deux ans chacun en leur ressort, respectivement es lieux qui verront estre à faire pour le mieux, en suivant la forme que

M 5

nos dits présidens et conseillers de nostre
cour de Parlement à Paris, ont accoustumé
de tenir, réservés qu'ils ne seront que neuf,
sçavoir est, un président et huit conseillers
dont y aura cinq laïes et trois clercs. » *Ibid.*
art. 73.

Ces articles furent rappelés par l'ordonnance
de François I.er du 12 juillet 1519. Les guerres d'Italie rendirent presque inutile la tenue
de ces grands jours ; la noblesse qui savoit
le besoin qu'on avoit d'elle, n'étoit pas disposée à se soumettre à l'ordre que des gens
de lois vouloient établir. Quand une fois les
guerres civiles eurent été allumées sous le
fils de Henri II, ce fut en vain que Henri III
auroit ordonné les grands jours, le gouvernement étoit sans autorité, et les parlemens
étoient abandonnés au fanatisme le plus dé-
raisonnable.

(3) Voyez le chap. 6 du livre 4.

(4) Je me contenterai de rapporter ici l'a-
nalyse que M. de Thou fait de cet acte dans
le livre 63.e de son histoire. « Par la formule de l'union qui devoit être signée au
nom de la très-sainte Trinité, par tous les
seigneurs, princes, barons, gentilshommes
et bourgeois, chaque particulier s'engageoit
par serment à vivre et mourir dans la ligue
pour l'honneur et le rétablissement de la religion, pour la conservation du vrai culte
de Dieu, tel qu'il est observé dans la sainte
église romaine, condamnant et rejetant toutes erreurs contraires. Pour le maintien des
différentes provinces du royaume dans tous
leurs droits, privilèges et libertés telles qu'elles les possédoient du temps de Clovis, qui le
premier de nos rois établit en France la re-
religion chrétienne.

On prescrivoit aussi les lois suivantes, que chaque particulier s'engageroit à sacrifier ses biens et sa vie même, pour empêcher toutes entreprises contraires à l'avancement de la sainte union, pour contribuer d'ailleurs de tout son possible à l'entier accomplissement des desseins qu'elle se proposoit ; que si quelqu'un des membres de l'union recevoit quelque tort ou dommage, quel que fût l'agresseur, et sans égard pour la personne, on n'épargneroit rien pour en tirer vengeance, soit par les voies ordinaires de la justice, soit même que pour cela on fût obligé de prendre les armes ; que si par un malheur, qu'on doit prier le ciel de détourner, quelqu'un des amis venoit à rompre ses engagemens, il en seroit puni avec la dernière rigueur, comme traître et réfractaire à la volonté de Dieu, sans que pour cela ceux qui s'employeroient à la juste punition de ces sortes de déserteurs, pussent en être repris soit en public, soit en particulier ; qu'on créeroit un chef de l'union à qui tous les autres jureroient une obéissance aveugle et sans bornes ; que si quelqu'un des particuliers manquoit à son devoir ou faisoit paroître de la répugnance à s'en acquitter, le chef seroit le seul maître d'ordonner de la peine que sa faute auroit méritée ; que dans les villes et à la campagne tout le monde seroit invité à se joindre à la sainte union ; qu'en y entrant on s'engageroit à fournir dans l'occasion de l'argent, des hommes et des armes, chacun selon son pouvoir ; qu'on regarderoit comme ennemi quiconque refuseroit d'embrasser le parti de la ligue, et que le commandement seul du chef de l'union autoriseroit à lui courre sus à main armée ; que si entre les unis il arrivoit

M 6

des querelles, des contestations ou des procès, le chef seul en décideroit, sans que pour cela on pût recourir à la justice ordinaire sans sa permission, et qu'il auroit droit de punir les contrevenans dans leur corps et dans leurs biens selon qu'il le jugeroit à propos. Enfin on avoit encore ajouté la formule du serment que chacun des unis devoit prononcer sur les saints évangiles en s'engageant dans le parti. »

J'ajouterai ici une pièce importante qu'on trouve dans les mémoires de Nevers, *t.* 1 , *p.* 541 , et intitulée : « Déclaration des causes qui ont meu Mgr. le cardinal de Bourbon et les princes pairs, seigneurs, villes et communautez catholiques de ce royaume de s'opposer à ceux qui par tous moyens s'efforcent de subvertir la religion catholique et tout l'état. » Déclarons avoir juré tous et saintement promis de tenir la main forte et armée à ce que la sainte église soit réintégrée en sa dignité et en la vraie et seule religion catholique ; que la noblesse jouisse comme elle doit de sa frachise toute entiere, et le peuple soit soulagé, les nouvelles impositions abolies , et toutes crues ôtées depuis le regne du roi Charles IX que Dieu absolve ; que les parlemens soient remis en la plénitude de leur connoissance , en leur entiere souveraineté de leurs jugemens , chacun en son ressort , et tous sujets du royaume maintenus en leurs gouvernemens , charges et offices, sans qu'on les puisse ôter, si non en tous cas des anciens établissemens , et par jugemens dès juges ordinaires ressortissans au parlement, que tous deniers qui se leveront sur le peuple , soient employés à la défense du royaume , et à l'effet auquel ils sont destinez ; et que désormais les états-généraux soient libres et sans aucune pratique, toutes fois que les affaires les requerront, avec entiere liberté d'y faire ses plaintes, auxquelles n'aura été duement pourvu. » Cet acte est du dernier mars 1585. En ayant assez de raison pour sentir qu'on a besoin d'une réforme, est-il concevable qu'on soit assez sot pour se contenter de pareilles demandes ?

Voici une autre pièce qu'on trouve encore dans les mémoires de Nevers, *t. 2, p.* 614, et qui vous fera connoître l'esprit de la capitale. Elle fut lue publiquement à l'hôtel de ville le 8 juin 1591. Je n'en rapporterai que quelques articles. « Sera pourveu au roy nouvellement eslu d'un bon conseil, et principalement d'évesques sages et craignant Dieu, et qui n'ayent abandonné sa cause ; ensemble d'un bon nombre de seigneurs et gentilshommes vieux et expérimentez, et tirez, s'il est possible, des provinces de l'union, afin de rapporter les plaintes de toutes les parties du royaume, et donner avis sur l'occurrence des affaires.

« Que si l'on trouve bon, comme il est très-nécessaire, que l'on fasse des lois fondamentales de l'état pour obvier aux maux que nous sentons, et en garantir la postérité, les feront jurer au roy nouvellement esleu, avec les articles que les rois ont accoustumé de jurer en leur sacre : lesquelles lois il jurera maintenir et entretenir de tout son pouvoir ; et à quoi il s'obligera tant pour lui que ses successeurs, avec la clause qu'en cas de contravention les sujets seront dispensés du serment de fidélité.

« Et afin que telles lois soient perpetuelles, et chaque jour représentées aux yeux d'un chacun, seront icelles inscrites en airain et apposées es palais des villes où il y a parlement; aux provinces esquelles n'y a parlement, elles seront mises en la premiere maistresse place de la premiere ville de la province.

« Les estats se tiendront, sçavoir les généraux de six ans en six ans; ou tel autres temps qu'il leur sera ordonné en la ville qu'il plaira au prince de les assembler; et à faute de les assembler, s'assembleront en la ville capitale. Les provinciaux de trois en trois ans, en la principale ville de la province, si ce n'est que pour la nécessité des affaires, il soit besoin d'une convocation extraordinaire, et sans lesquels estats ne se pourra conclure par le roy, de faire la guerre ou la paix, ou mettre tailles, subsides et impositions sur le peuple. »

Ces deux articles, où l'on commençoit à entrevoir quelques principes d'un bon gouvernement, ne firent aucune impression sur les esprits. On ne fut frappé que des articles suivans dans lesquels il n'est question que de brûler et d'exterminer les hérétiques, soit français, soit étrangers.

(5) Voyez l'histoire de M. de Thou, l. 63, et ce que Davila rapporte des premiers états de Blois, l. 13.

(6) Voyez l'histoire de M. de Thou, l. 60.

CHAPITRE II.

(1) « PREMIEREMENT, afin que la chose soit conduite par plus grande authorité, on est d'avis de bailler la superintendance de toute l'affaire au roy Philippe catholique, et à ceste

fin d'un commun consentement, le tout chef
et conducteur de toute l'entreprise. On estime
bon de procéder en ceste façon, que le roy
Philippe aborde le roy de Navarre par plaintes et querelles, à raison que contre l'institution de ses prédécesseurs, et au grand danger
du roy pupille, duquel il ha la charge, nour-
rit et entretient une nouvelle religion : et si
en cela se montre difficile, le roy catholique
par belles promesses essayera de le retirer de
sa méchanceté et malheureuse déliberation,
luy découvrant quelque espoir de recouvrer
son royaume de Navarre, ou bien de quelque autre grand profit et esmolument en
recompense du dit royaume : l'adoucira et
ployera, s'il est possible, pour le retenir de costé, et conspirer avec luy contre
les autres autheurs de cette secte pernicieuse.
Ce que succédant à souhait, seront lors faci-
les et abregez les moyens de la guerre future.
Mais poursuivant et demeurant iceluy toujours obstinés, néanmoins le roy Philippe,
à qui tant par l'autorité à luy donnée par le
saint concile, que par le voisinage et proximité, la chose touche de plus près, par
léttres gracieuses et douces l'admonestera de
son devoir, entremeslant en ses promesses es
blandices, quelques menaces. Cependant tant
secrettement et occultement que faire se
pourra, fera sur l'hyver quelque levée et amas
de gens d'eslite au royaume d'Espagne : puis
ayant les ses forces prestes, déclarera en public ce qu'il brasse. Et ainsi le roy de Navarre
sans armée et pris à l'impourveu facilement
sera opprimé, encore que d'adventure avec-
que quelque troupe tumultuaire et ramas-
sées, s'efforceast d'aller à l'encontre, ou

voulust empescher son ennemy d'entrer en pays.

« Or s'il cede , sera aisément chassé hors son royaume , et avec lui sa femme et ses enfans : mais s'il fait teste , et plusieurs volontaires , gens d'armes et sans soulde le deffendent , car plusieurs des conjurez d'icelle secte se pourroient avancer pour retarder la victoire , alors le duc de Guise se déclarera chef de la confession catholique , et fera amas de gens d'armes vaillans et de tous ceux de sa suite. Aussi d'une autre part pressera le Navarrois , ensorte qu'estant poursuivi d'un costé et d'autre , tombera en proye , car certainement un tel roy ne peut faire teste à deux chefs ni à deux exercices si puissans.

« L'empereur et les autres princes allemans, qui sont encore catholiques , mettront peine de boucher les passages qui vont en France , pendant que la guerre s'y fera , de poeur que les princes protestans ne fassent passer quelque force , et envoyent secours audit roy de Navarre , de poeur aussi que les cantons de Souysse ne luy prestent ayde , sauf que les cantons qui suivent encore l'authorité de l'église romaine , denoncent la guerre aux autres , et que le pape ayde de tant de forces qu'il pourra lesdits cantons de sa religion , et baille sous main argent et autres choses nécessaires au soutenement des frais de la guerre.

« Durant ce le roy catholique bailléra part de son exercice au duc de Savoye , qui de son côté fera levée de gens si grande , que commodement faire se pourra en ses terres. Le pape et les autres princes d'Italie déclareront chef de leur armée le duc de Savoye : et pour augmenter leurs forces , l'empereur Ferdinand donnera ordre d'envoyer quelques compagnies de gens de pied et de cheval, allemans.

« Le duc de Savoye, pendant que la guerre troublera ainsi la France et les Souysses, avec toutes forces se ruera à l'impourveu sur la ville de Geneve, sur le lac de Lozanne, la forcera, ou plus tost ne se départira, ne retirera ses gens, qu'il ne soit maistre et jouissant de la dite ville, mettant au fil de l'épée, ou jettant dedans le lac tous les vivans qui y seront trouvés, sans aucune discrétion de sexe ou aage. Pour donner à connoistre à tous qu'enfin la divine puissance a compensé le retardement de la peine par la grieve grandeur de tel supplice, et qu'ainsi souvent fait ressentir les enfans et porter la peine par exemple mémorable à tout jamais de la méchanceté de leurs peres, et mesmes de celles qu'ils ont commises contre la religion. En quoy faisant ne faut douter que les voisins touchés de cette cruauté et tremeur, ne puissent estre ramenez à santé, et principalement ceux qui à raison de l'aage ou de l'ignorance sont plus rudes ou plus grossiers, et par conséquent plus aisez à mener, auxquels il faut pardonner.

« Mais en France, par bonnes et justes raisons, il fait bon suivre autre chemin, et ne pardonner en façon quelconque à la vie d'aucun, qui autrefois ait fait profession de ceste secte : et sera baillée cette commission d'extirper tous ceux de la nouvelle religion au duc de Guise, qui aura en charge d'effacer entierement le nom, la famille et race des Bourbons, de poeur qu'enfin ne sorte d'eux quelqu'un qui poursuive la vengeance de ces choses, ou remettre sus ceste nouvelle religion.

« Ainsi les choses ordonnées par la France, et le royaume mis en son entier, ancien et pristin estat, ayant amassé gens de tous costez, il est besoin envahir l'Allemaigne, et avec l'ayde de l'empereur et des évesques, la rendre et restituer au saint siege apostolique. Et où ceste guerre seroit plus forte et plus longue qu'on ne pense et desire, afin que par faute d'argent, ne soit conduite plus lentement ou plus incommodement, le duc de Guise pour obvier à cet inconvénient, prestera à l'empereur et aux autres princes d'Allemaigne et seigneurs catholiques tout l'argent qu'il aura amassé de la confiscation de tant de nobles, bourgeois puissans et riches qui auront esté tuez en France, à cause de la nouvelle religion, qui se monte à grande somme, prenant par le duc de Guise suffisante caution et respondant : par le moyen desquelles, après la confection de la guerre, sera remboursé de tous les deniers employez à cet effect sur les dépouilles des lutheriens, et autres, qui pour le fait de la religion seront tuez en Allemaigne de la part des saints peres, pour ne défaillir, et n'estre veus négligens à porter ayde à tant sainte affaire de guerre, ou vouloir épargner leur revenu et propres deniers, ont adjouste que les cardinaux se doivent contenter pour leur revenu annuel de cinq ou six mille escus, les évesques plus riches, de deux ou trois mille au plus, et le reste du dit revenu, le donner de franche volonté à l'entretenement de la guerre, qui se conduit pour estirper la secte de lutheriens et calvinistes, et restablir l'église romaine, jusques à ce que la chose soit conduite à heureuse fin.

« Que si quelque ecclésiastique ou clerc

ha vouloir de suivre les armes en guerre si sainte, les pères ont tous d'un commun consentement conclu et arresté, qu'il le peut faire, et s'enroler en ceste guerre seulement, et ce sans aucun scrupule de conscience.

« Par ces moyens, France et Allemaigne ainsi chastiées, rabaissées et conduites à l'obeissance de la sainte église romaine, les pères ne font pas doute que le temps ne pourvoye de conseil et commodité propre à faire que les autres royaumes prochains soient ramenez à un troupeau et sous un gouverneur et pasteur apostolique : mais qu'il plaise à Dieu ayder et favoriser leurs présens desseins, saints et pleins de piété. » Cette pièce se trouve dans les mémoires de Condé, tit. 6, pag. 167.

CHAPITRE III.

(1) Voyez dans le recueil des pièces concernant la pairie, par M. Lancelot, p. 185, la déclaration de Philippe-le-Bel à Yoland de Dreux, duchesse de Bretagne.

(2) Voyez le chapitre 5 du livre troisième.

(3) Avant cette époque, les seigneurs ou princes du sang ne jouissoient d'aucune prééminence sur les autres seigneurs; et nous avons encore plusieurs actes où ils ne sont point nommés avant les autres. Je me contente de renvoyer sur cette matière à ce qu'en a écrit M. le comte de Boulainvilliers dont l'ouvrage est entre les mains de tout le monde.

(4) « Au sacre du roy Louis XI, le duc de Bourbon plus éloigné de la dite couronne,

chef de sa maison , précéda les comtes d'Angoulesme et Nevers , puisnez des branches d'Orléans et de Bourgogne, plus proches de la dite couronne. » *Du Tillet , recueil des rangs des grands de France.* Si la pairie n'avoit pas donné une prérogative supérieure à celle des seigneurs du sang, les princes n'auroient pas rechérché la pairie comme une grande faveur. Il suffit de jeter les yeux sur l'ouvrage de Du Tillet que je viens de citer , pour juger combien les usages sur les rangs et les dignités ont été incertains et inconstans parmi nous ; il est bien étonnant que notre vanité même , la plus chère de nos passions, n'ait pu nous donner aucunes règles fixes.

« Le 17 juin 1541 , fut jugé, dit Du Tillet, que le duc de Montpensier ayant les susdites deux qualités (de prince et de pair) pourroit bailler ses roses premier que le duc de Nevers, combien qu'il fust pair plus ancien que n'estoit le dit duc de Montpensier. Au sacre du roy Henri II , les ducs de Nevers et de Guise plus anciens pairs précedent le dit duc de Montpensier prince du sang et pair ; mais déclara le dit roy le 25 juillet 1547 que cela ne fist préjudice au dit duc de Montpensier, fust pour semblable acte ou autres. Le duc de Guise précéda au dit sacre le duc de Nevers plus ancien pair que luy , qui fut parce que le dit duc de Guise représentoit le duc d'Aquitaine, et celuy de Nevers représentoit le comte de Flandres , le dit duc de Montpensier le comte de Champagne. Le rang des représentez estoit gardé , non des représentans. »

(5) Il y a déjà long-temps que les pairs sont regardés comme les conseillers du roi en ses grandes , nobles et importantes affaires ; et

ç'est en conséquence de cette opinion, quand ils sont reçus au parlement, qu'on leur fait prêter aujourd'hui le serment inutile, je dirois presque ridicule, « d'assister le roi et lui donner conseil en ses plus grandes et importantes affaires. » Les lettres d'érection du comté d'Anjou en pairie, et qui ont servi de modèle à toutes les érections suivantes, ont sans doute contribué à donner naissance à cette opinion. *Ad honorem cedit et gloriam regnantium et regnorum, si ad regiæ potestatis dirigenda negotia insignibus visi conspicui præficiuntur officiis, et inclitis præclaræ personæ dignitatibus, ut et ipsi sua gaudeant nomina instituta magnificis, et cura regiminis talibus decorata læteribus, à sollicitudinibus pacisque ac justitiæ robora, quæ regnorum omnium fundamenta consistunt conservari commodius valeant et efficacius ministrari.* Sous le règne de Charles VI cette opinion fit de grands progrès, et j'en ai développé les causes dans le corps même de mon ouvrage.

(6) « Nous aurions advisé de remplir le lieu et place des anciens duchez et comitez laïcs tenus en pairie de la couronne de France, d'autres ducs et pairs depuis créez en nostre royaume selon l'ordre de leur création, par la maniere qui s'ensuit : c'est à sçavoir pour la duché de Bourgogne, nostre très-cher et amé oncle le roy de Navarre ; pour celle de Normandie, nostre très-cher et amé cousin le duc de Vendosme, et pour celle de Guyenne, nostre très-cher et amé cousin le duc de Guise ; et quant aux comtez pour celle de Flandre, nostre très-cher et amé cousin le duc de Nevers ; pour celle de Champagne, nostre très-cher et amé cousin Louis de Bourbon duc de Montpensier, et pour celle de Toulouse,

nostre très-cher et amé cousin le duc d'Aumale.
Sur quoy nostre dit cousin le duc de Montpensier nous eut remontré, que pour le regard de
la proximité du sang royal et lignage dont
il nous attient, il devoit en l'assiette, ordre et
assistance des pairs de France laïcs, précéder
nos très-chers et amez cousins Claude de
Lorraine duc de Guise, et François de Cleves
aussi duc de Nevers comte d'Eu, tous deux
pairs de France, et que la création et antiquité
des pairies ne pouvoit altérer l'ordre et le
rang dus aux princes du sang royal de France,
qui doivent toujours suivre et approcher le
lieu d'où ils sont descendans..... Sur quoy
nos dits cousins les ducs de Guise et de Nevers soutenans le contraire, auroient dit que
pour estre plus anciens pairs en création et
reception que n'est nostre dit cousin le duc
de Montpensier, ils devoient en tous actes et
assemblées des dits pairs de France, aller
devant lui et le précéder, ainsi qu'en tout
temps il auroit esté observé entre iceux pairs
qui alloient selon l'ordre et l'ancienneté de
leurs créations et receptions... Attendu qu'en
cet acte solemnel d'iceux sacre et couronnement, il n'est question de chose qui touche
en rien l'honneur et prééminence du sang
royal, que nostre dit cousin le duc de Montpensier attaque pour précéder nos dits cousins
les ducs de Guise et de Nevers, mais seulement de la préférence des pairs de France, et
lesquels devront aller devant et précéder l'un
l'autre, nous avons par ces présentes, par
maniere de provision, ordonné, attendu la
dite briéveté de temps, et jusques à ce que
autrement en ait esté décidé, que nos dits
cousins les ducs de Guise et de Nevers comte
d'Eu, créez et reçeus pairs de France pre-

miers que nostre dit cousin le duc de Montpensier, précederont, en cettuy acte seulement, iceluy nostre dit cousin le duc de
Montpensier, sans que cela lui puisse toutes-
fois aucunement préjudicier par cy-après, soit
en semblables actes, ou tous autres d'honneur
et de prééminence, quels qu'ils soient, où
l'on devra avoir respect et regard à la dignité
du sang royal dont est issu nostre dit cousin
le duc de Montpensier. » *Ordonnance du* 25
juillet 1547.

« Nostre très-cher et amé cousin le duc de
Guise, pair et grand chambellan de France,
nous a fait remontrer que à l'assiette et assemblée des pairs de France, qui nous assisterent
lors que nous fumes dernierement en nostre
dite cour tenir nostre dit parlement, il se laissa
précéder par nostre très-cher et amé cousin le
duc de Montpensier, ne sçachant ce que depuis
il a entendu pour certain, qui est, que le duc
de Guise est fait et créé premier pair que le
duc de Montpensier, ainsi qu'il se trouve par
les registres de nostre dite cour, ou leurs
érections, créations et receptions sont enregistrées. A cette cause, et que par telle précé-
dence, s'il la souffroit et toleroit, il perd son
rang et ancienneté, il nous a supplié et requis
sur ce luy vouloir pourvoir sommairement,
sans qu'il soit besoin en entrer en autre contestation, afin que de son temps il ne fasse
telle playe au college des dits pairs, que de
pervertir l'ordre qui d'ancienneté y a esté institué et établi, lequel nous voulons estre entretenu, gardé et observé : par quoy nous
avons déclaré et déclarons par ces presentes,
de nostre certaine science, pleine puissance
et authorité royale, que ce que nostre dit
cousin le duc de Guise pair de France a fait,

ainsi que dit est, par inadvertance à la dite
assiette et assemblée des pairs, qui nous ont
assisté dernierement que nous avons tenu le
dit parlement, se laissant précéder par nostre
dit cousin le duc de Montpensier, ne lui peut
ne doit aucunement préjudicier à son rang et
ancienneté, par lesquels il doit estre premier
que le dit duc de Montpensier, assis, inscrit,
nommé et appelé, comme estant premierement créé, reçeu et institué pair de France,
eu recours aux registres de nostre cour; vous
mandant, commettant et enjoignant que selon
et suivant nostre presente déclaration, et en
icelle gardant et observant, faites corriger et
reformer le registre qui fut fait et tenu pour
ce jour de la dite assiette et assemblée des
pairs, où par inadvertance, ainsi que dit est,
nostre dit cousin s'est laissé préceder : dont,
en tant que besoin est, ou seroit, nous l'avons
par ces presentes signées de nostre main relevé
et relevons, le faisant par vous mettre et
inscrire au dit registre selon son rang, premier que nostre dit cousin le duc de Montpensier, qui est après lui créé, reçeu et institué. »
Lettres-patentes de Henri II en 1571.

(7) Cette qualité de prince que je donne
aux plus grandes maisons du royaume, ne
peut point être contestée par les personnes qui
connoissent notre ancien gouvernement. Qu'on
ouvre Beaumanoir, ch. 34, on y trouvera ces
mots : « en tous les liez la ou li rois n'est pas
nommés, nous entendons de chaux qui tiennent en baronnie, car chacun des barons si
est souverain en sa baronnie. » Ouvrez le ch. 48.
vous y lirez ce passage : « Comment li houmes
de porte pueent tenir franc fief; si est par
espécial grace que il ont d'où roy ou d'où
prinche qui tient en baronnie. »

Je

Je nommerois volontiers ici toutes les maisons qui ont possédé de grands fiefs, ou des baronnies et des comtés avant le règne de St. Louis; mais il vaut mieux me taire. Quelles plaintes n'exciterois-je pas, si par malheur je venois à oublier quelque famille; car nous sommes bien plus jaloux de la grandeur de nos pères que de la nôtre? D'ailleurs je ne suis point et ne veux point être généalogiste, il est trop difficile de ne se pas tromper en faisant ce métier; en croyant dire des vérités, je ne conterois peut-être que des chimères.

(8) Voyez la remarque 1, ch. 6 du livre 3.

(9) « Avons dit, statué et ordonné, disons, statuons et ordonnons par édict et arrest irrévocables, voulons et nous plaît que doresnavant les princes de nostre sang, pairs de France, précéderont et tiendront rang selon leur degré de consanguinité, devant les autres princes et seigneurs pairs de France, de quelque qualité qu'ils puissent estre, tant es sacres et couronnement des rois, que es séances des cours de parlement et autres quelconques solemnitez, assemblées et cérémonies publiques, sans que cela leur puisse estre plus à l'advenir, estre mis en dispute ne controverse, sous couleur des titres et priorité d'érection des pairies des autres princes et seigneurs, ne autrement pour quelque cause et occasion que ce soit. » *Édit de décembre de 1576.*

En 1575, le duc de Montpensier présenta requête à Henri III pour demander que son différend de préséance avec le duc de Guise fût jugé; l'affaire fut portée au parlement, qui, en 1541, le 17 juin, avoit déjà donné un arrêt, par lequel il est dit : « que le duc de Montpensier, prince du sang royal et pair de France,

Tome IV.   N

précédera au fait des rozes le duc de Nevers, comte d'Eu, encore que Nevers et Eu eussent été premierement érigés en pairie que Montpensier : et ce à cause de la qualité de prince du sang jointe à la qualité de pairs. » *Cérémonial Français, par MM. Godefroy, p. 332.*

(10) Cet édit n'ayant point eu son effet, il seroit inutile d'en rapporter les articles. On le trouve dans tous les recueils d'ordonnances.

(11) « Le jeudi 7 de septembre (1581) jour des arrests en robes rouges, d'Arque premier mignon du roy vint en parlement assisté des ducs de Guise, d'Aumale, Villequier et autres seigneurs, et fit publier les lettres d'érection du vicomte de Joyeuse en duché et pairie, et icelles enteriner avec la clause qu'il précéderoit tous autres pairs, soit princes yssus du sang royal ou de maisons souveraines, comme Savoye, Lorraine, Cleves et autres semblables. » *Mémoires de l'Étoile, p.* 129. La même année Epernon fut érigé en duché-pairie en faveur de la maison de Nogaret, avec la clause de précéder tous les pairs à l'exception des pairs qui ceroient princes et du duc de Joyeuse.

(12) Voyez la remarque 1, chap. 6 du livre 3.

(13) Ce fut l'ordonnance d'avril 1561. Cette ordonnance dictée par l'esprit de tolérance du chancelier de L'Hopital, et contraire à tous les principes fanatiques du parlement, fut adressée aux gouverneurs des provinces pour la faire exécuter. Peu s'en fallut que le chancelier ne fût décrété d'ajournement personnel. Le parlement se contenta de défendre par un arrêt de publier cette ordonnance. Il établit dans ses remontrances qu'il est contre toutes les règles et tous les usages, d'adresser aux gouverneurs et non aux parlemens une ordonnance qui ne

peut être regardée comme loi, qu'autant qu'elle est publiée et enregistrée dans les cours souveraines. *Voyez l'histoire de M. de Thou, l. 28.*

(14) François I.er en donna l'exemple par son édit du 24 juillet 1527, que j'ai rapporté dans la remarque 3, chap. 3 du livre précédent, et ses successeurs le suivirent : de sorte qu'il s'établit une rivalité constante entre le conseil et le parlement. En laissant au parlement la liberté de faire des remontrances, la cour prétendit qu'il devoit enregistrer, dès que le roi auroit déclaré qu'il persévéroit dans ses volontés. Souvenez-vous, dit Charles IX au parlement de Paris, que votre compagnie a été établie par les rois pour rendre la justice aux particuliers suivant les lois, les coutumes et les ordonnances du souverain; par conséquent de me laisser à moi et à mon conseil le soin des affaires de l'état. Défaites-vous de l'ancienne erreur dans laquelle vous avez été élevés, de vous regarder comme les tuteurs des rois, les défenseurs du royaume et les gardiens de Paris. Si dans les ordonnances que je vous adresse, vous trouvez quelque chose de contraire à ce que vous pensez, je veux que selon la coutume vous me le fassiez au plutôt connoître par vos députés : mais je veux qu'aussitôt que je vous aurai déclaré ma dernière et absolue volonté, vous obéissiez sans retardement.

Le parlement ne s'étant pas conformé à ces ordres, le roi rendit, le 24 septembre 1563, un arrêt par lequel, sans avoir égard à l'arrêt du parlement de Paris, le cassoit et l'annulloit comme rendu par des juges incompétens, à qui il n'appartenoit pas de connoître des affaires publiques du royaume ; lui ordonnoit de vérifier et publier son édit du mois d'août dernier, sans y ajouter aucune restriction ni

modification ; enjoignoit à tous les présidens
et conseillers de se trouver à l'assemblée, s'ils
n'en étoient empêchés par maladie ou autre
cause légitime, sous peine d'être interdits des
fonctions de leurs charges ; leur défendoit aussi
d'avoir jamais la présomption d'examiner, de
statuer, ou même de délibérer touchant les
édits de sa majesté qui concerneroient l'état,
sur-tout lorsqu'ils auroient déjà fait leurs remontrances, et que le roi auroit notifié ses volontés : voulant sa majesté que ses édits soient
alors enregistrés purement et simplement.

« Après que nos édits et ordonnances auront
esté envoyées en nos cours de parlemens et
autres souveraines pour y estre publiées, voulons y estre procédé, toutes affaires délaissées,
sinon qu'ils avisassent nous faire quelques remontrances, auquel cas leur enjoignons de les
faire incontinent, et après que sur icelles remontrances, leur aurons fait connoître nostre
volonté, voulons et ordonnons estre passé
outre à la publication sans aucune remise à
autres secondes. » *Ordonn. de Moulins en février* 1566, *art.* 2.

Cet article ne fut pas observé ; le parlement
de Paris fit d'itératives remontrances, et ne
publia l'ordonnance qu'en y mettant des modifications et des réserves, comme il paroît par
la seconde déclaration sur l'ordonnance de
Moulins, donnée à Paris le 11 décembre 1566,
et dans laquelle le roi s'exprima ainsi : « néanmoins en publiant les dites ordonnances, le
septieme jour du dit mois de juillet, nostre
dite cour auroit excepté de la dite publication
plusieurs articles, et sur autres réservé faire
itératives remontrances ; les choses demeurant
en l'estat dont seroit advenu que nos dites
ordonnances ne sont aucunement publiées

gardées ni observées..... Déclarons, voulons et nous plaît que les gens de nos parlemens puissent nous faire et réiterer telles remontrances qu'ils aviseront sur les édits, ordonnances et lettres-patentes qui leur seront adressées, mais après avoir esté publiées, seront gardées et observées sans y contrevenir, encore que la publication fust faite de nostre très-exprès mandement, ou que l'on eût retenu et réservé d'en faire de plus amples et iteratives remontrances. »

Il semble qu'il seroit inutile de rapporter ici un plus grand nombre d'autorités pour faire connoître et constater quels étoient l'esprit et les prétentions du conseil et du parlement. J'en suis fâché pour la mémoire du chancelier de L'Hôpital dont la vertu a honoré ces derniers siècles, et qui a été certainement le plus éclairé de nos magistrats. Trompé par ses bonnes intentions, et ne prévoyant pas où devoit aboutir l'autorité arbitraire qu'il vouloit remettre entre les mains du roi, il ne voyoit que le mal que faisoit le fanatisme du parlement, et il travailla constamment à renverser la digue que des circonstances et des hasards heureux avoient élevée contre le torrent de la puissance arbitraire. Il me semble que ce combat de rivalité sur la forme de l'enregistrement, et la force et le crédit qu'il devoit avoir, n'auroit pas subsisté si longtemps sans les troubles, les désordres et les circonstances malheureuses qui forcèrent souvent les fils de Henri II à n'oser pas quelquefois se servir de toute leur autorité.

(15) Voyez les ordonnances de Néron. Il remarque que cette ordonnance donnée au mois de mai 1579, ne fut enregistrée au parlement que le 25 de janvier 1580, après plu-

sieurs délibérations et plusieurs remontrances faites au roi. Quoique cette ordonnance soit datée de Paris, on l'appelle communément l'ordonnance de Blois, parce qu'elle fut rendue en conséquence des états qui avoient été assemblés en cette ville en 1576.

Cette conduite du parlement dut paroître extraordinaire à toutes les personnes qui avoient quelque idée de la dignité et des droits que doit avoir une nation. En parlant des difficultés que le parlement de Paris opposa à l'ordonnance de Moulins de 1566, Bugnyon avoit dit : « Ne sont les ordonnances faites en pleines assemblées des estats de ce royaume, du conseil privé du roy, des députez de ses cours de parlement, telles que les presentes, sujettes à aucune publication ni vérification, des cours d'iceux parlemens de ce royaume, les autres au contraire se doivent publier principalement au parlement de Paris, auquel est demeuré le nom de cour des pairs, et semblablement d'authorité et puissance de les homologuer, ainsi qu'elle a fait de tout temps, et fait encore à présent, sinon que le roy veuille et commande d'authorité absolue, comme il fait ici, qu'il soit obéi en ses ordonnances. »

(16) « Sur les remontrances faites à la cour par le procureur général, la chose mise en délibération, toutes les chambres assemblées, la dite cour n'ayant jamais eu d'autres intentions que de maintenir la religion catholique, apostolique et romaine, et l'état et couronne de France sous la protection d'un roi très-chrétien, catholique et français, a ordonné et ordonne qu'aujourd'huy après dîner le président le Maistre, accompagné d'un bon nombre de conseillers, ira remontrer à monseineur le duc de Mayenne, lieutenant-général

de l'état et couronne de France, en la présence des princes et officiers qui sont à présent en cette ville, qu'on n'ait à faire aucun traité pour transférer la couronne entre les mains d'aucunes princesses, ou d'aucuns princes étrangers ; qu'il est juste que les lois fondamentales de ce royaume soient observées, et les arrêts de la cour touchant la déclaration d'un roy catholique et français, mis à exécution, et que pour cet effet, le même duc ait à se servir du pouvoir qui lui a été donné, pour empêcher que, sous prétexte de religion, la couronne ne soit transférée à une puissance étrangère contre les lois du royaume, et pourvoir par même moyen au commun repos du peuple, le plustôt que faire se pourra pour l'extrême nécessité où il se trouve réduit; et cependant la dite cour a déclaré et déclare tous les traités faits et à faire, pour l'établissement de quelque prince ou princesse que ce soit, s'ils sont étrangers, non valables et de nul effet, pour être au préjudice de la loi salique et des autres lois fondamentales de ce royaume. » *Voyez cet arrêt dans Davila, liv. 13, et dans l'histoire de M. de Thou, l.* 106.

J'avoue que dans cette affaire, je serois assez porté à croire avec Davila que le duc de Mayenne fut l'auteur de l'arrêt qu'on vient de lire. Je n'ai rapporté dans le corps de mon ouvrage que les principales raisons qui m'ont déterminé à prendre cet avis, car j'aurois fatigué la plupart de mes lecteurs en entrant dans un plus grand détail, mais une remarque me donne plus de liberté. Observez d'abord que cet arrêt donné pour conserver la loi salique ou l'ordre de succession établi en faveur de la maison de Hugues-Capét, ne nomme ni Henri IV, ni aucun prince de la branche de

Bourbon. Il ne paroît fait que contre l'Espagne ; il favorise le duc de Mayenne , parce qu'il est ordonné de n'élever sur le trône qu'un prince français ; et que le duc étoit d'une maison qui , quoique étrangère , étoit naturalisée française. La prétention même qu'avoient les princes lorrains de descendre de Charlemagne , en faisoit de vrais Français , et donnoit une espèce de droit à l'usurpation qu'ils méditoient.

Je remarque en second lieu que tout cet arrêt est dressé avec un art , une circonspection et des ménagemens qui décèlent bien mieux le génie du duc de Mayenne , qu'une compagnie qui fait ses efforts pour secouer ses préjugés , renoncer à son esprit de parti , et publier une doctrine qu'elle paroissoit avoir oubliée. Si l'arrêt dit qu'il est juste que les lois fondamentales du royaume soient observées , il fait entendre que ces lois se bornent à ne pas permettre qu'on donne la couronne à des étrangers ; et tout de suite il ajoute que les arrêts de la cour touchant la déclaration d'un roi catholique et français doivent être mis à exécution. Si le parlement avoit agi de son propre mouvement , et n'eût voulu faire connoître que son amour pour la justice et son attachement pour la famille régnante , n'est-il pas naturel qu'il se fût exprimé avec plus de zèle et de chaleur ?

Ce fait n'est pas rapporté de la même manière par les écrivains contemporains. M. de Thou dit , liv. 106 , que cet arrêt déplut extrêmement au duc de Mayenne , mais qu'il n'osa faire paroître son mécontentement. Pourquoi cette retenue ? elle devoit déplaire aux Espagnols , et n'étoit pas propre à faire prendre au parlement une autre conduite. Si le duc de Mayenne étoit réellement offensé de l'arrêt du parlement, il falloit y remédier, et se plaindre de l'entreprise de la cour, qui osoit se mettre au-dessus des états ; cacher son ressentiment n'étoit qu'une puérilité. Ce prince n'ignoroit pas en quels termes les derniers rois avoient ordonné aux magistrats du parlement de se borner à être les maîtres des rois.

L'Etoile dit dans ses mémoires que le duc de Mayenne fit une réponse courte au discours du président le Maistre, et en apparence pleine de mécontement. Voilà qui est clair et conforme à l'opinion de Davila, mais il ajoute : « on le vit changer de couleur et laisser tomber son chapeau deux ou trois fois. » Voilà un trouble réel, et on n'entend plus rien à la narration de l'Etoile ; peut-être ce trouble n'étoit-il que joué.

« Le dernier de juin, continue-t-il, la cour assemblée fut interrompue par Belin envoyé du duc de Mayenne, pour les prier de surseoir leurs délibérations d'un jour ou deux seulement. Sur quoi la cour députa le président le Maistre et les conseillers Vamours et Fleuri vers le duc de Mayenne, qui leur dit tout en colère : il faut changer d'amitié votre arrêt, comme je vous en prie bien fort, sinon j'y emploierai les forces à mon grand regret : la cour m'a fait un affront dont elle se fût bien passée. Le président répondit qu'il étoit prince trop sage et advisé pour en venir à la force et aux voyes de fait, et quand il le feroit, Dieu seroit toujours pour la justice, laquelle ils avoient simplement suivie en leur arrêt, sans avoir jamais pensé à l'offenser. Alors M. de Lyon dit qu'à la vérité la cour avoit fait au duc de Mayenne un vilain affront, et qu'elle ne l'avoit dû faire. La cour, repartit le prési-

N 5

dent, n'est pas affronteuse, et ce qu'elle a fait, elle l'a fait justement: le respect qu'elle doit à M. le duc lui a bien fait prendre et endurer ce qu'il a voulu lui dire; mais elle ne vous doit pas de respect, ains au contraire vous à elle. »

Je demande à tout lecteur sensé si, par tout ce récit, on ne découvre pas dans les acteurs une certaine mollesse de conduite, qui est une preuve de leur intelligence secrète. On voit que le duc de Mayenne ne fait que ce qu'il est obligé de faire pour ne pas rompre avec les Espagnols. S'il eût été réellement indigné contre le parlement, si le président le Maistre et le conseiller du Vair qui conduisoient leur compagnie, n'eussent pas été en effet ses créatures, il auroit agi auprès de ces ligueurs entêtés dont parle l'Etoile, et s'en seroit servi pour les opposer à ses ennemis. Les mémoires du temps ne manqueroient pas de parler de ces intrigues. Le duc de Mayenne ne prend au contraire aucune mesure pour obliger le parlement à se rétracter ; il ne songe pas même à profiter de l'orgueil des états pour réprimer l'audace du parlement.

« Le duc de Mayenne et le président le Maistre ayant eu un éclaircissement au sujet de l'arresté du dernier juin 1593 , qui exclue les étrangers de la couronne, le duc dit que s'il avoit été averti, lui et les autres princes se seroient trouvés au parlement ; à quoi le président répondit que la cour est la cour des pairs de France, et que quand ils y vouloient assister, ils étoient les bien reçeus, mais que de les en prier, elle n'avoit pas coutume de ce faire. » *Mémoires de Nevers*, t. 2 , p. 937. Il seroit inutile de donner plus d'étendue à cette remarque.

CHAPITRE IV.

(1) « IL (Henry IV) s'achemina vers saint Quintin...... où se trouverent aussi peu après la plus part des grands et plus qualifiés seigneurs de France, aucuns desquels, au lieu de bien servir le roy et de le consoler et soulager en ses ennuis et tribulations, essayerent de se prévaloir d'icelles pour s'en adventager à son dommage, lui faisant faire des ouvertures et propositions étranges, desquelles à force d'importunitez et de subtiles raisons recherchées dans la plus noire malice des autheurs de telles impertinences, ils rendirent monsieur de Montpensier le porteur, lequel étoit venu trouver le roy en sa chambre, ensuite de plusieurs protestations de son affection, lui dit : que plusieurs de ses meilleurs et qualifiez serviteurs, voyans les grandes forces ennemies qui lui tomboient à tous momens sur les bras, desquelles il ne pouvoit empescher les progrès à faute d'avoir toujours sur pied une grande armée bien payée et disciplinée, avoient selon leur advis excogité un moyen par lequel il lui en seroit entretenu une grande et fort bien soudoyée qui ne se debanderoit jamais, étant toujours complette de ce qui lui seroit nécessaire, voire mesme de vivres et d'une bande d'artillerie de quinze ou vingt pieces de canon avec son attellage et des munitions pour tirer toujours deux ou trois mille coups, lesquels il pourroit mener par tout où bon lui sembleroit. Sur quoy le roy voyant que monsieur de Montpensier avoit comme fait une pose à son

N 6

propos, il lui repartit soudain : que son discours étoit beau et bon et de belle apparence,
mais qu'il falloit que des cervelles bien tim-
brées et des personnes bien fondées, bien expérimentées et bien puissantes s'en meslassent
pour en produire les effets ; qu'il ne luy res-
pondoit encore de rien qu'il n'eust recognu
auparavant si les moyens en estoient aussi fa-
ciles et certains comme ses paroles belles et
bien spécieuses, tant desiroit-il qu'il conti-
nuast et les lui fît entendre : à quoi M. de
Montpensier en le supliant de prendre en
bonne part ce qu'il proposeroit, lui dit que
ce n'estoit pas choses qu'il n'eust esté autrefois pratiquée et dont les rois ne fussent bien
prévalus {, laquelle consistoit seulement à
trouver bon que ceux qui avoient des gouvernemens par commission, les pussent posséder en propriété en les recognoissant de la
couronne par un simple hommage lige , et
d'autant qu'il se pourroit trouver quelques
seigneurs bien qualifiés de grand mérite et
longue expérience qui n'avoient point de
gouvernemens, ils avoient advisé de séparer
quelques contrées de ceux qui estoient les
plus amples et de plus grande étendue, dont
ils seroient pourveus avec le gré et commun consentement d'eux tous, lesquels après
en général et un chacun en son particulier s'o-
bligeroient à lui fournir et soudoyer par avance
telles troupes et autres équipages que besoin
seroit , ect. » *Economies royales de Sully* , *ch.
60.* Cette autorité sert merveilleusement à
prouver ce que j'ai dit plus haut du danger
où étoit le royaume d'être démembré , et du
goût que les grands avoient conservé pour les
fiefs.

(2) Voyez l'histoire de M. de Thou.

(3) Voyez l'histoire de M. de Thou, l. 117.

(4) « S'ils font un corps séparé (les pairs) ils ne peuvent en aucune maniere précéder le corps du parlement qui est le premier de tous les corps de l'état, qui n'est jamais précédé de personne, qui est même supérieur aux états-généraux, lorsqu'ils sont assemblez, et qui ne peut jamais être séparé du roy, par qui que ce soit, comme l'on voit aux processions générales, aux obseques des rois et à toutes les grandes cérémonies. C'est pourquoi le parlement ne fait point partie des états-généraux, et n'est d'aucun des trois corps qui les composent, parce qu'il est séparé de tout le reste des sujets du roy qui forment leurs corps d'eux-mêmes. Le parlement au contraire est immédiatement attaché à la royauté, sans laquelle il ne compose aucun corps ni communauté. » Premier mémoire des présidens à mortier du parlement de Paris en 1664.

(5) Voyez la remarque 18, ch. 3 du livre précédent.

(6) « Du 14 may 1610 de relevée. Ce jour l'audience tenant de relevée, la cour se leva sur les quatre heures à cause du bruit survenu au barreau de la blessure du roy ; et néantmoins arrêta qu'elle ne se separeroit point jusqu'à ce qu'elle fût informée de l'occasion de ce bruit. Et à cette fin ordonna que les gens du roy se transporteroient au Louvre, et pendant ce temps monsieur le premier président seroit averti de ladite résolution. Peu de temps après seroit arrivé ledit sieur président, lequel toutes les chambres par luy assemblées, auroit dit avoir rencontré en chemin messire Christophe de Harlay, bailly du palais, son fils, ayant commandement de la reyne de parler à la cour. Lequel

entré auroit dit avoir commandement de ladite dame reyne de dire à la cour, que sa majesté desiroit qu'elle fût assemblée et délibéré par elle ce qui étoit à faire sur ce misérable accident qui étoit survenu de blessure du roy. A l'instant les gens du roy retournez du Louvre auroient dit par messire Louis Servin, advocat du roy, assisté de messire Cardin le Bret son collegue, qu'ils apportoient à la cour une luctueuse et déplorable nouvelle que la nécessité de leurs charges les forçoit lui faire entendre, que Dieu avoit fait sa volonté du roy, et que la reyne désolée leur a commandé prier la cour de s'assembler pour aviser ce qui est nécessaire en ce misérable état. Et afin d'y mettre telle assurance qu'il se pourra, ont requis que ladite dame reyne soit déclarée régente, pour être par elle pourveu aux affaires du royaume. Eux retirez, la matiere mise en délibération : la cour a déclaré et déclare la reyne mere du roy régente en France, pour avoir l'administration des affaires du royaume pendant le bas âge du dit seigneur son fils avec toute puissance et autorité, ect. » *Registres du parlement.* Cette pièce et les suivantes sont rapportées dans le traité de la majorité de nos rois, par M. Du Puy, p. 460.

« Du samedy 15 de may 1610, le roy étant venu en son lit de justice en sa cour de parlement, se seroit assis en son trône.... Cela fait la reyne mere dudit seigneur roy se leva, et comme elle descendoit pour se retirer, et laisser délibérer ce qui étoit à faire, monsieur le premier président la supplia de se remettre en sa place, disant qu'il n'y avoit point de délibération à faire, et que la qualité de régente ayant été déclarée par l'arrêt du jour précédent, il ne restoit qu'à le publier, etc. »

Registre du parlement. C'est ainsi que le parlement s'empara du droit de nommer la régence, et établit même que pour un pareil acte la présence du roi n'étoit pas nécessaire : cette manœuvre est conduite avec assez d'adresse.

« Sur ce monsieur le chancelier prononça l'arrêt qui s'ensuit : Le roy seant en son lit de justice par l'avis des princes de son sang, autres princes, prélats, ducs, pairs et officiers de la couronne, ouy et requerant son procureur général, a déclaré et déclare, conformément à l'arrêt donné en sa cour de parlement le jour d'hier, la reyne sa mere régente en France, pour avoir soin de l'éducation et nourriture de sa personne, et l'administration des affaires de son royaume pendant son bas âge. Et sera le présent arrêt publié et enregistré en tous les bailliages et séneschaussées et autres sieges royaux du ressort de sa cour, et en toutes les autres cours de parlement de son royaume. Fait en parlement le 15.ᵉ jour de may l'an 1610. »

Dans la relation de tous ces faits écrits par maître Jacques Gillot, conseiller en la grand'-chambre, il est dit : M. le chancelier encore qu'il eût fait entendre à tous, que l'avis commun de tous étoit de dire, suivant l'arrêt donné en son parlement le jour d'hier, néantmoins ne le prononça pas ; ce que luy ayant été remontré à part par M. le premier président, il répondit que c'étoit par oubliance ; et qu'il seroit mis par écrit, et de fait on lui porta signer, où ces mots étoient, à déclaré et déclare conformément à l'arrêt donné en sa cour de parlement, du jour d'hier : ce qu'il fit, et l'arrêt a été imprimé et publié avec cette clause.

CHAPITRE V.

(1) « **E**NTRE les dits affaires auxquels il a fallu donner patience , l'un des principaux ont esté les plaintes que nous avons reçues de plusieurs de nos provinces et villes catholiques de ce que l'exercice de la religion catholique n'étoit pas universellement rétabli , comme il est porté par les édits cy-devant faits pour la pacification des troubles , à l'occasion de la religion , comme aussi les supplications et remontrances qui nous ont esté faites par nos sujets de la religion prétendue réformée , tant sur l'exécution de ce qui leur est accordé par lesdits édits , que sur ce qu'ils desiroient y estre ajouté pour l'exercice de leur dite religion, la liberté de leurs consciences et la sureté de leurs personnes et fortunes , présumant avoir juste sujet d'en avoir nouvelles et plus grandes appréhensions , à cause de ces derniers troubles et mouvemens , dont le principal prétexte et fondement , a esté sur leur ruine. » *Préambule de l'édit de Nantes. avril* 1598.

J'invite mes lecteurs à lire l'édit de Nantes, et à faire une attention particulière aux articles 3 , 4, 7 , 14 , 20 , 23 , 25 , 27 , 34 , sur lesquels je fais quelques remarques dans le corps de mon ouvrage.

Quelque envie que j'ai d'être court, je ne puis me dispenser de rapporter ici l'article 90.
« Les acquisitions que ceux de la dite religion prétendue réformée, et autres qui ont suivi leur parti , auront faites par autorité

d'autre que des feus rois nos prédécesseurs pour les immeubles appartenans à l'église, n'auront aucun lieu ni effet; ains ordonnons, voulons et nous plaît que lesdits ecclésiastiques rentrent incontinent et sans délai, et soient conservés en la possession et jouissance réelle et actuelle des dits biens ainsi alienez, sans être tenus de rendre le prix des dites ventes, et ce nonobstant lesdits contrats de vendition, lesquels à cet effet nous avons cassé et revoqué comme nuls, sans toutefois que lesdits acheteurs puissent avoir recours contre les chefs, par l'autorité desquels lesdits biens auront été vendus; et néanmoins pour le remboursement des deniers par eux véritablement sans fraude déboursés, seront expédiées nos lettres-patentes de permission à ceux de la dite religion, d'imposer et égaler sur eux les sommes à quoi se montèrent lesdites ventes, sans qu'iceux acquéreurs puissent prétendre aucune action pour leurs dommages et intérêts, à faute de jouissance; ains se contenteront du remboursement des deniers par eux fournis pour le prix desdites acquisitions, précomptant sur icelui prix les fruits par eux perçus, en cas que la dite vente se trouvât faite à trop vil et injuste prix. »

Quels législateurs que les hommes qui ont fait l'édit de Nantes! Craignoient-ils que les esprits ne fussent pas assez divisés par les intérêts de la religion? Le dernier jour du même mois d'avril 1598, Henri IV donna une espèce de déclaration contenant 57 articles. « Outre et par dessus les articles contenus en notre édit fait et ordonné au présent mois sur le fait de la religion prétendue réformée, nous en avons encore accordé quelques particuliers, lesquels nous n'aurions point estimé

nécessaire de comprendre audit édit, et lesquels néanmoins voulons qu'ils soient observez, et ayent même effet que s'ils y étoient
compris, et à celle fin qu'ils soient lus et
enregistrez es greffes de notre cour de parlement pour y avoir recours lorsqu'il en sera
besoin, et le cas y écherra; à cette cause, etc. »
Ce procédé n'est pas net. Une loi ne sauroit
être trop méditée ; toutes ces déclarations
subséquentes qu'on donne pour l'affermir, ne
sont bonnes qu'à l'affoiblir : on soupçonne
le législateur de mauvaise foi, de précipitation et d'ignorance ; et les esprits conçoivent
des défiances ou des espérances dangereuses.

(2) Voyez dans le livre 5 le chapitre où j'ai
fait voir par quelles causes l'Angletterre a vu
s'élever un gouvernement libre sur les ruines
de ses fiefs. J'ai eu soin d'observer que les
assemblées de la nation ne jouissoient plus
des droits qui leur sont propres, quand les
guerres civiles furent allumées sous Charles Ier.
A l'égard du corps germanique, tout le monde
sait que les diètes et les tribunaux de l'empire ne jouissoient que d'une fausse liberté
avant la guerre qui fut terminée par la paix de
Westphalie. C'est cette paix qui a donné une
forme constante au gouvernement.

CHAPITRE VI.

(1) « SIRE, ceste assemblée des grands
de vostre royaume n'a esté proposée en vostre cour, que souz le bon plaisir de vostre
majesté, pour lui représenter au vrai, par
l'advis de ceux qui en doivent avoir plus de

connoissance, les désordres qui s'augmentent et multiplient de jour en jour, estant du devoir des officiers de la cour en telles occasion vous faire toucher le mal, afin d'en attendre le remède par le moyen de vostre prudence et authorité royale : ce qui n'est, sire, ni sans exemple, ni sans raisons.

» Philippe-le-Bel qui premier rendit vostre parlement sédentaire, et Louis-Hutin qui l'establit dans Paris, luy laisserent les fonctions et prérogatives qu'il avoit eues à la suite des rois leurs prédécesseurs. Et c'est pourquoi il ne se trouve aucune institution particuliere de vostre parlement, ainsi que de vos autres cours souveraines qui ont esté depuis érigées, comme tenant vostre parlement la place du conseil des princes et barons qui de toute ancienneté estoient près la personne des rois, né avec l'estat : et pour marque de ce les princes et pairs de France y ont toujours eu séance et voix délibérative : et aussi depuis ce temps y ont esté vérifiées les lois, ordonnances et édits, création d'offices, traictez de paix et autres plus importantes affaires du royaume, dont lettres-patentes luy sont envoyées pour en toute liberté les mettre en délibération, en examiner le mérite, y apporter modification raisonnable, voire mesme que ce qui est accordé par nos rois aux états-généraux doit estre vérifié en vostre cour où est le lieu de vostre trône royal et le lict de vostre justice souveraine.

» On pourroit rapporter plusieurs exemples pour preuve que de tout temps vostre parlement s'est utilement entremis des affaires publiques, lesquelles ont par ce moyen réussi au bien du service des rois vos prédécesseurs, entre lesquels nous vous représentons comme du regne du roy Jean furent convoquez en vostre parlement les princes, prélats et nobles du royaume pour adviser aux affaires de l'estat ; que depuis par l'advis du même parlement le roy Charles V dit le Sage, déclara la guerre au roy d'Angleterre, retira par ce moyen la Guyenne et le Poictou : et que l'an mil quatre cent et treize vostre mesme parlement moyennant l'accord entre les dictes maisons d'Orléans et de Bourgogne....

» Toutesfois et quantes que ce sont présentez affaires concernant l'intérest du royaume, soit pour entreprise de la cour de Rome, ou des princes étrangers, régences, gouvernemens pendant les minoritez des rois, conservation des droicts et fleurons de la couronne, et manutention des lois fondamentales de l'estat : les propositions et remonstrances sont toujours parties de la mesme compagnie, et la plupart des résolutions y ont esté prises, tesmoin le privé et solemnel arrest pour la confirmation de la loi salique en la personne de Philippe de Valois, et celuy depuis donné pendant les troubles par les officiers de vostre parlemenr, bien qu'ils feussent réduits en captivité et apprehention continuelle de la mort ou de la prison, laquelle action fut dès lors louée grandement par le feu roy vostre pere de très-heureuse mémoire, se pouvant dire avec vérité que cet arrest fortifié de la valeur de ce grand roy, a empesché que vostre couronne n'ait esté transférée en main étrangère....

» Vostre majesté mesme peut estre mémorative du grand et signalé service qui vous a esté rendu par vostre parlement lors du détestable parricide du feu roy Henry-le-Grand vostre pere, et comme par l'arrest, qui sera mémorable à jamais, il destourna prudemment les orages qui sembloient renverser vostre estat, et comme depuis il a continué continuellement à la defense de vostre souveraineté, contre ceux qui l'ont osé débattre et impugner, tant de vive voix, que par leurs escrits...

» Bref, vostre parlement se peut donner cette gloire véritable, que le corps ne s'est jamais séparé ny désuny du chef auquel il s'est toujours au plus mauvais temps et plus roide saisons tellement joint, que l'on ne l'a point vu se départir de l'obeyssance des rois vos prédécesseurs. » *Remontrances du parlement présentées au roi le 22 mai 1615.* Cette pièce se trouve dans le mercure français pour l'année 1615. J'invite mes lecteurs à la lire : on verra avec quelle adresse on abuse des faits pour en changer l'esprit et la nature, et se former de nouveaux droits ; on découvrira sans peine cet esprit permanent du parlement qui a travaillé sans relâche à étendre son autorité ; on verra que, voulant s'élever sur les ruines de la nation asservie, il aspire à être le maître et à se mêler de tout, mais avec la retenue d'une compagnie qui sent sa foiblesse, et qui ne peut plus représenter qu'une nation qui a oublié tous ses droits.

C'est dans cet esprit que le parlement ajoute : « Vostre parlement voyant les désordres en toutes les parties de vostre estat, et que ceux qui en profitent à la ruyne de vostre peuple, pour s'exempter d'en estre recherchez, s'efforcent de donner à vostre majesté de sinistres impressions de ceste compagnie, lui faire perdre créance et l'esloigner de vostre affection, a de grandes raisons de désirer s'instruire avec les grands du royaume des causes de tous ces désordres, les rendre tesmoins de sa fidélité et dévotion à vostre service, et adviser avec eux des moyens convenables, non pour en ordonner et résoudre, mais pour les proposer à vostre majesté, avec plus de poids et authorité, après avoir esté concertez en une telle et si célèbre compagnie, et par ce moyen les engager eux-mêmes en la réformation, et réduire les actions et intérests de tous à l'ordre qui seroit estably par vostre majesté.

» Vostre parlement supplie très-humblement vostre majesté de considérer combien il est nécessaire d'entretenir les alliances anciennes et confédérations renouvellées par le feu roy de très-heureuse mémoire, avec les princes, potentats et républiques estrangeres, d'autant que delà dépend la seureté de vostre estat et le repos de la chrétienté. »

Veut-on être persuadé que quelques seigneurs inquiets et mécontens gouvernoient l'ambition du parlement, et que cette compagnie commençoit à avoir l'esprit qu'elle fit éclater à la naissance de la guerre de la fronde ; qu'on lise ce qui suit : « Et ne se pouvant espérer que l'ordre qui sera étably par vostre majesté puisse estre de longue durée, sans l'advis et conseil des personnes graves, expérimentées et intéressées, vostre majesté est très-humblement suppliée retenir en vostre conseil les princes de vostre sang, les autres princes et officiers de la couronne, et les anciens conseillers d'estat qui ont passé par les grandes charges, ceux qui sont extraits de grandes maisons et familles anciennes, qui par affection naturelle et intérest particulier sont portez à la conservation de votre estat, et en retrancher les personnes introduites depuis peu d'années, non pour leurs mérites et services rendus à vostre majesté, mais par la faveur de ceux qui y veulent avoir des créatures....

» Que les officiers de la couronne, gouverneurs des provinces et villes de vostre royaume, soient maintenus en leur authotité, et puissent exercer les charges dont il a plus au roy les honorer, sans qu'aucun se puisse entremettre de disposer et ordonner de ce qui dépend de leurs fonctions. » On verra dans ces remontrances que le parlement embrasse toutes les branches de l'administration.

(2) On se rappelle sans doute que dans l'affaire de Cinqmars, les conjurés avoient complotté d'assassiner le cardinal de Richelieu. Les mémoires du temps disent que Cinqmars vouloit avoir le consentement de Louis XIII.

(3) « Les frequentes rebellions et la facilité des soulevemens et entreprises particulieres d'autorité privée, prises et levement des armes, soit pour pretextes publics, ou querelles et intérêts particuliers, honteuse à notre état et trop préjudiciable au repos de notre peuple, à notre autorité et à la justice, nous obligent d'y donner quelque ordre plus fort qu'il n'a été fait par ci-devant. Outre les peines portées par les ordonnances précédentes, nous défendons très-expressement à tous nos sujets de quelque qualité et condition qu'ils soient, d'avoir association, intelligence, ou ligues avec aucuns princes ou potentats, républiques ou communautez, dedans ou dehors le royaume, sous quelque couleur ou occasion que ce soit : communiquer avec les ambassadeurs des princes étrangers, les voir, visiter ou recevoir, soit en leurs maisons ou maisons tierces ou neutres : recevoir aucunes

lettres ni presens de leur part, ni leur en envoyer sans notre commandement ou permission, ou ayant charge et obligation de ce faire par leur charge ou employ, à peine d'être convaincus de faction ou soulevement. » *Ordonn. de janvier* 1629, *art.* 170.

« Défendons pareillement à tous nos sujets de quelque qualité et condition qu'ils soient, d'errer, arrêter ou assurer des soldats et gens de guerre à cheval ou à pied par eux ou par autres, sous quelque pretexte que ce puisse être : les lever et assembler sans avoir sur ce nos lettres de commission signées d'un de nos secrétaires d'état, et expédiées sous notre grand sceau. » *Ibid. art.* 171.

« Faire avoir et retenir aucun amas d'armes pour gens de pied ou de cheval, plus qu'il ne leur est nécessaire pour leurs maisons et sans notre permission en la forme susdite. » *Ibid. art.* 172.

« Faire sans notre permission par lettres-patentes en commandement, achat de poudre, plomb, mêche, plus que pour la provision nécessaire et raisonnable de leur maison, et plus qu'il ne sera porté par lesdites permissions. » *Ibid. art.* 173.

« Faire fondre des canons ou autres pieces de quelque calibre que ce soit, en retirer ou en avoir en leurs maisons soit de fonte de notre royaume ou étrangers, sans notre permission en la forme ci-dessus. » *Ibid. art.* 174.

« Faire aucunes ligues ou associations, ou y entrer, soit entre nos sujets ou les étrangers, pour quelque cause que ce soit. » *Ibid. art.* 175.

« Faire fortifier les villes, places et chasteaux, soit ceux qui nous appartiennent, soit

aux

aux particuliers, hors les murailles, fossez et flancs des clôtures pour ceux qui ont droit d'en avoir, de quelque fortification que ce soit, sans notre permission en la forme susdite. » *Ibid. art.* 176.

« Faire assemblées convoquées et assignées publiquement ou en secret sans notre permission, ou du gouverneur et notre lieutenant-général en la province : même auxdits gouverneurs et lieutenans-généraux sans notre permission sous lettres en la forme susdite, esquelles les causes desdites assemblées soient exprimées. » *Ibid. art.* 177.

Dans un pays où une pareille ordonnance est nécessaire, il est bien surprenant qu'on ose la donner. Si elle est inutile, pourquoi la donne-t-on ?

« Faisons pareillement défenses à tous nos sujets de quelque qualité et condition qu'ils soient, ayant quelque charge ou office, de sortir de notre royaume sans notre permission, et à tous autres non ayant charges, sans le déclarer au juge et principal magistrat des villes de leur domicile, ou en avoir acte par écrit et en bonne forme. » *Ibid. art.* 178.

« Défendons pareillement à tous nos sujets, sans aucun excepter, suivant le 77e. article des ordonnances de Moulins, d'écrire, imprimer, ou faire imprimer, exposer en vente, publier et distribuer aucuns livres, libelles ou écrits diffamatoires et convicieux, imprimez ou écrits à la main contre l'honneur et renommée des personnes, même concernant notre personne, nos conseillers, magistrats et officiers, les affaires publiques et le gouvernement de notre état. » *Ibid. art.* 179.

« Et d'autant que le commencement des factions est en la désobéissance et au mépris

des ordres et commandemens du souverain, —
en l'obéissance duquel consiste le repos et la
tranquillité des états et la prospérité des sujets, pour aller au-devant de toutes occasions,
nous voulons et ordonnons que tous ceux
qui ayant reçu commandement de nous en
choses qui regardent le gouvernement de
notre état, ou autres qui leur seront enjoints
par nous, et généralement tout ce qui pourra
leur être commandé par nous ou nos successeurs rois, et de quelque qualité et condition
qu'ils soient, qui n'y voudront obéir, et ne
satisferont à nos commandemens, ou qui après
les avoir reçus, ne nous feront entendre les
raisons qu'ils auront de s'en excuser, et ce
qu'ils estimeront être en cela de plus grand
bien pour notre service, après que nous leur
aurons réitéré les dits commandemens, si
après ledit second commandement ils n'obéissent, et ne satisfont à ce qui leur sera par
nous ordonné, nous les déclarons dès à présent privez de toutes les charges et offices
qu'ils ont, auxquelles il sera par nous pourvu
dès l'instant, sans préjudice des autres peines
que ladite désobéissance pourra mériter selon
la qualité des faits. » *Ibid. art.* 180.

(4) En avril 1667, Louis XIV donna une
ordonnance dont les articles 2 et 5 régloient
que les cours qui se trouveroient dans le lieu
du séjour du roi, seroient tenues de représenter ce qu'elles jugeroient à propos sur le
contenu des ordonnances, édits, déclarations
et lettres-patentes, dans la huitaine après leur
délibération, et les compagnies qui en seroient
plus éloignées dans six semaines ; après quel
temps elles seroient tenues pour publiées et
registrées.

Le 24 février 1673, le roi donna une dé-

claration interprétative des deux articles 2
et 5 qu'on vient de lire. « Incontinent, est-il
dit, que nos procureurs-généraux auront reçu
nos lettres, ils en informeront le premier président, ou celui qui présidera en son absence,
et lui demanderont, si besoin est, l'assemblée des chambres semestres, laquelle le premier président convoquera dans trois jours,
où nos procureurs-généraux présenteront les
édits, ordonnances, déclarations et lettres-
patentes dont ils seront chargez, avec nos
lettres de cachet, le premier président distri-
buera sur-le-champ nos lettres-patentes, sur
lesquelles le conseiller rapporteur mettra le
soit-montré, et le rendra à notre procureur-
général avant la levée de la séance : nos procureurs-généraux les donneront dans vingt-
quatre heures après au conseiller rapporteur ;
trois jours après le conseiller rapporteur en
fera son rapport, et à cet effet celui qui présidera, assemblera les chambres en semestres
à la maniere accoutumée, et sera délibéré sur
icelles toutes affaires cessantes, même la vi-
site et jugement des procès criminels, ou les
propres affaires des compagnies.

« Voulons que nos cours ayent à enregistrer purement et simplement nos lettres-patentes sans aucune modification, restriction
ou autre clause qui en puissent surseoir ou
empêcher la pleine et entiere exécution ; et
néanmoins où nos cours, en délibérant sur
lesdites lettres, jugeroient nécessaire de nous
faire leurs remontrances sur le contenu, le
registre en sera chargé, et l'arrêté rédigé,
après toutes-fois que l'arrêt de l'enregistrement pur et simple aura été dressé et séparément rédigé ; et en conséquence celui qui aura
présidé pourvoira à ce que les remontrances

soient dressées dans la huitaine, par les commissaires des compagnies qui seront par lui députés, pour être délivrées à notre procureur-général avec l'arrêt qui les aura ordonnées, dont il se chargera au greffe. Les remontrances nous seront faites ou présentées dans la huitaine par nos cours de notre bonne ville de Paris, ou autres qui se trouveront dans le lieu de notre séjour, et dans six semaines pour nos autres cours de province ; en cas que sur le rapport qui nous sera fait des remontrances, nous les jugions mal fondées et n'y devoir avoir aucun égard, nous ferons savoir nos intentions à notre procureur-général pour en donner avis aux compagnies, et tenir la main à l'exécution de nos ordonnances, édits et déclarations qui auront donné lieu aux remontrances ; et où elles nous sembleroient bien fondées, et que nous trouverions à propos d'y déférer en tout ou en partie, nous envoyerons à cet effet nos déclarations aux compagnies dont nos procureurs-généraux se chargeront comme dessus, et provoqueront l'assemblée desdites chambres et semestres, les présenteront avec nos lettres de cachet au premier président en pleine séance, et en requerront l'enregistrement pur et simple, ce que nos cours seront tenues de faire, sans qu'aucun des officiers puisse avoir aucun avis contraire, nos cours ordonner aucunes nouvelles remontrances sur nos premieres et secondes lettres, à peine d'interdiction, laquelle ne pourra être levée sans nos lettres signées de notre exprès commandement par l'un de nos secrétaires d'état, et scellées de notre grand sceau, nous réservant d'user de plus grande peine s'il y échet, et sans que la présente clause puisse être communicatoire ni éludée pour quelque cause et sous quelque prétexte que ce puisse être. Les greffiers tiendront leurs feuilles des avis et de toutes les délibérations qui seront prises sur le sujet desdites lettres, lesquelles ils feront parapher avant la levée des séances par celui qui aura présidé, et remettront lesdites feuilles es mains de nos procureurs-généraux pour nous être envoyées ; et à cet effet les greffiers assisteront à la présentation qui sera faite de nos dites lettres par nos procureurs-généraux et à toutes les délibérations qui seront prises sur icelles, nonobstant tous usages à ce contraires. N'entendons néanmoins comprendre aux dispositions ci-dessus nos lettres-patentes expédiées sous le nom et au profit des particuliers, à l'égard desquelles les oppositions pourront être reçues, et nos cours ordonner qu'avant faire droit elles seront communiquées aux parties. »

Les cours souveraines rongèrent leur frein et se consolèrent en pensant que tout iroit si mal qu'on seroit enfin obligé de leur rendre la liberté de l'enregistrement. En effet tout alla très-mal : mais depuis que les anciennes formes de l'enregistrement ont été rétablies par la déclaration donnée à Vincennes le 15 septembre 1715, les choses ne sont-elles pas allées de mal en pis ?

CHAPITRE VII.

(1) JE ne sais point qui avoit proposé à madame de Pompadour et à M. le duc de Choiseul, le projet d'établir des états dans toutes les provinces ; mais je crois être sûr qu'ils avoient adopté cette idée. Des personnes qui gouvernent sans règle, malheureusement ne veulent rien avec force ; ainsi les plats raisonnemens de M. de Montmartel et les brusques saillies de son frère du Verney, suffirent pour qu'on ne songeât plus à troubler le despotisme de nos intendans.

(2) Ce que je dis dans le corps de mon ouvrage, que nous ne portons en nous-mêmes aucun principe de révolution, est une vérité dont on ne peut plus douter, depuis qu'on a vu avec quelle patience nous avons souffert les rapines de l'abbé Terray, et les tyrannies du chancelier de Maupou. Le ministère s'est conduit avec une effronterie, une précipitation et une dureté capables de nous rendre quelque courage, si nous en avions encore pu avoir. A quoi s'est réduit tout notre ressentiment ? A regreter le duc de Choiseul, à le regarder comme un grand homme, et à espérer que la cabale qui l'a fait disgracier ne pourra pas se soutenir. Que nous importe la chûte de ces hommes pervers ? Nous sommes parvenus à ce point de misère et de délabrement qu'on peut tout oser avec nous, et que les hommes qui viendront en place nous feront toujours regreter leurs prédécesseurs. De jour en jour les abus du gouvernement doi-

vent se multiplier, la voie du mal s'élargit ;
ainsi quoique moins méchans peut-être que
les ministres qui règnent aujourd'hui, leurs
successeurs commettront de plus grandes mé-
chancetés.

(3) Je ne puis m'empêcher de placer ici
quelques réflexions que j'ai faites en lisant les
protestations de MM. les princes du sang contre la ruine de l'ancien parlement, et l'établissement du nouveau. Le public a fort approuvé
cette démarche qu'il a regardée comme un
acte héroïque ; mais le public n'a-t-il pas tort,
si cette protestation n'est qu'une mutinerie
d'où il ne peut résulter aucun bien, et dont
nos princes finiront par se repentir ?

Que desirent, que veulent MM. les princes
du sang ? que l'ancien parlement soit rétabli ;
mais je prends la liberté de leur représenter
que ce n'est pas la peine de demander une
pareille faveur, puisqu'en l'obtenant ils se
retrouveroient dans la même situation où ils
étoient il y a quatre mois, et que par conséquent ils seroient encore exposés aux mêmes
entreprises, aux mêmes violences, aux mêmes
injustices de la part d'un second Maupou. Au
lieu de demander une paix véritable et solide,
que MM. les princes du sang se contentent
donc d'une trêve passagère. Je ne crois pas
que ce soit-là une conduite sage ; et le public
qui la loue avec admiration, prouve qu'il in-
cline à la timidité, et qu'il n'est pas plus habile politique que les princes.

Le nouveau parlement qu'on vient de former doit effrayer tous les ordres de l'état.
Fripons, fanatiques ou stupides, c'est un amas
d'hommes déshonorés qui se prêteront effron-
tément à toutes les injustices du ministère.
Leurs mœurs vont former notre nouvelle ju-

risprudence ; et leurs successeurs placés par les intrigues des valets, des commis et des femmes galantes de Versailles, seront prodigues de notre bien, et tiendront une épée suspendue sur les têtes qu'on voudra abattre. Sans doute il faut être indigné contre cet instrument du despotisme, mais il faut l'être encore plus contre le despotisme même : détruire l'un sans attaquer l'autre, c'est ne rien faire ; et le despotisme se reproduira sans cesse par de nouvelles injustices et de nouvelles violences, tant qu'on ne le réprimera pas lui-même. Je crains de n'avoir que trop raison, quand j'ai dit que tout nous annonçoit un avenir malheureux, et que nous sommes incapables de nous défendre contre le torrent qui nous entraine.

Quand le despotisme se forme et travaille à s'établir, il agit d'abord avec beaucoup de circonspection ; il emploie la ruse au-lieu de la force ; il se déguise quelquefois sous le masque du bien public, quelquefois il corrige des abus ; il sème la corruption, la jalousie et la division entre les différens ordres de citoyens ; après les avoir tous affoiblis, il les perd enfin tous les uns par les autres. La première victime immolée, c'est le peuple ou la multitude ; de là on passe à la bourgeoisie honorable, on en vient ensuite à la petite noblesse. Après ces triomphes aisés, le gouvernement fier de ses succès, se lasse enfin de partager les profits du despotisme avec les grands qui le flattent et qui l'ont aidé et soutenu dans ses entreprises. Si MM. les princes avoient fait attention que nous sommes parvenus à cette dernière époque, je suis persuadé que leur protestation auroit été fort différente de ce qu'elle est. Ils auroient remarqué que plus ils sont élevés, plus ils doivent être suspects et odieux au despotisme, qui se lasse enfin d'avoir des égards pour les autres, et ne s'occupe que de soi. Plus ils ont raison de craindre, plus ils doivent prendre de mesures pour leur sûreté et leur salut.

Si MM. les princes du sang ne sentent pas que le ministère les néglige, s'ils ne voient pas au milieu des injures et des tracasseries qu'on leur fait, que c'est le tour des grands d'être accablés, il ne nous reste aucune ressource; si les réflexions que je viens de faire sont vraies, que MM. les princes me permettent de leur demander s'ils croient leur fortune à l'abri de tout revers, quand ils auront culbuté M. le chancelier et obtenu le rétablissement de l'ancien parlement. Notre gouvernement, on ne peut trop le répéter, n'est propre qu'à produire des Maupou; il est si commode d'être despote, que quand un heureux hasard élèveroit un honnête homme au ministère, il aimeroit mieux obéir mollement à ses passions que de se donner la peine de conformer sa conduite aux lois : il renaîtra sans cesse des Terray, des Maupou, des d'Aiguillon; et quelle plus foible barrière peut-on avoir contre de tels ministres, que des magistrats qui n'étant rien de leur origine, ne se sont rendus considérables qu'en se regardant comme les simples instrumens de l'autorité? Ils ont fait constamment tous leurs efforts pour écraser tout ce qui étoit grand; et ils s'en vantent encore tous les jours dans leurs remontrances. Après avoir abusé de la protection du roi et de leur crédit, ils en sont venus au point de se croire supérieurs à la nation qu'ils avoient accablée, et de penser qu'en vertu de leur enregistrement, ils

O 5

devoient partager la puissance législative avec
le roi. Par une suite de cette vanité ridicule,
le parlement a déplu au ministère sans mériter l'estime de la nation ; tout prouve qu'il
aime le despotisme, pourvu qu'il le partage :
en un mot, notre situation actuelle fait voir
évidemment que ces magistrats n'ont produit
aucun bien et n'ont prévenu aucun mal.

Je suppose que la protestation de MM. les
princes du sang soit propre à faire rétablir
l'ancien parlement, et je demande si cette
compagnie sera plus capable qu'autrefois de
protéger à l'avenir la liberté de la nation ? En
la rappelant à ses fonctions, lui rendroit-on
son autorité et ses prérogatives ? Si elle se
persuade qu'elle ne doit son rétablissement
qu'à elle-même, elle sera plus fière que jamais,
et s'attachera plus étroitement aux principes
funestes que je lui reproche ; elle croira qu'elle
ne peut être détruite, et ne sentant pas le
besoin de ménager la nation, elle fera sa cour
à nos dépens. Si le parlement rétabli sent l'impression de sa disgrace, et ne peut douter de
sa foiblesse, ne tâchera-t-il pas de ne point
éprouver une seconde tempête ? En faisant
sonner très-haut sa qualité de cour unique et
essentielle des pairs, cette cour sera-t-elle en
état de défendre efficacement un prince ou un
pair que le ministre voudra faire périr ou tenir
dans une prison ? Nous reverrons encore ce
caractère mêlé d'orgueil, de vanité, d'ignorance et de foiblesse qui a fait le malheur de la
nation. En un mot, l'ancien parlement rétabli
n'auroit-il pas tous les vices que nous craignons
dans le nouveau ? Que nous importe que celui-ci
enregistre après de simples remontrances tout
ce qu'on lui envoie, ou que l'autre les réitère,
attende des lettres de jussion, et oblige quel-

quefois le roi à tenir un lit de justice qui termine tout ?

Mais quand on auroit lieu de présumer que les magistrats de l'ancien parlement seroient désormais des héros, je dirois encore que la protestation de MM. les princes du sang ne suffira point pour les faire rétablir, et qu'ainsi cette démarche est fausse et inutile. MM. les princes réclament le rétablissement de l'ordre ancien : mais quelles mesures ont-ils prises pour donner de la force à leur protestation ? Peuvent-ils se passer des grâces de la cour ? Non. Leurs finances sont-elles en bon état ? Non. Ont-ils cherché à se faire appuyer des gens de qualité et de la noblesse ? Non. Aussi n'ont-ils vu qu'une douzaine de pairs qui se soient unis à eux; et malgré les intrigues qu'on a faites pour porter la noblesse à quelque action d'éclat, M. le duc d'Orléans n'a vu que seize personnes, jeunes gens pour la plupart, qui lui aient écrit pour faire cause commune avec les princes.

Tandis qu'on néglige les princes et les pairs protestans, parce qu'on ne les craint pas ; tandis qu'on ne daigne pas nouer une négociation avec eux, M. le chancelier fait tous les jours un pas en avant. Je crains qu'il ne réussisse, parce qu'il est audacieux ; je crains qu'il ne consomme son ouvrage, parce qu'il achète les coquins et intimide les honnêtes gens. Si tout ne ploie pas sous sa main, on ne le devra ni à la protestation des princes et de quelques pairs, ni aux libelles des jansénistes, ni aux plaintes de la nation, mais aux intrigues de quelques ministres jaloux du crédit du chancelier, et qui veulent augmenter leur autorité. De quel secours nous seroit un parlement rendu par de telles voies ? Il ramperoit ;

et pourvu qu'on lui permît de se venger de quelques-uns de ses ennemis, il nous donneroit l'exemple de la servitude.

Une protestation qui n'a valu à MM. les princes du sang qu'une sorte d'exil et de disgrace, n'est pas un acte bien propre à suspendre les progrès de M. le chancelier. On approuve cette protestation, mais cette approbation n'est aux yeux des gens éclairés qu'une preuve de l'ignorance du public. On a espéré que la démarche de MM. les princes produira quelque bien ; mais depuis qu'on voit qu'elle n'est bonne qu'à les éloigner de la cour, on songe moins à les louer, on s'éloigne d'eux, et ils commencent à perdre une partie de leur considération, parce qu'ils ont perdu leur crédit. Après avoir fait une protestation inutile, MM. les princes ont fait une seconde faute et plus considérable que la première, en n'osant pas l'avoüer, quand les parlemens de province leur ont demandé ce qu'ils devoient croire de l'écrit répandu dans le public sous le titre de protestation de MM. les princes. De-là est né un découragement général dans le royaume; de-là la crainte pusillanime qui a consterné et engourdi tous les magistrats de la province. On a cru que tout fléchissoit sous la main de M. le chancelier, et les parlemens ont souffert leur ruine avec la plus honteuse résignation.

Au-lieu de prendre un poste avantageux dans cette affaire, on peut dire que MM. les princes, faute de lumière et de courage, se trouvent dans le défilé le plus dangereux. Ils ne veulent pas reconnoître le nouveau parlement, mais on leur suscitera des procès devant ce nouveau parlement, et ils seront forcés de se voir condamner par défaut ou de renoncer à leur pro-

testation. Ils se brouillent avec le gouvernement, et le laissent en état de spolier leurs
domaines et de menacer leur fortune. Tandis
qu'on peut faire aux grands une guerre offensive avec beaucoup de chaleur et de vivacité,
il me semble que se réduire à une pure défensive, c'est vouloir être vaincu. Espérer qu'on
sera grand dans une nation esclave, me paroît
la plus grande des folies. Pour conserver leur
grandeur, les princes et les pairs devoient
recourir à un autre moyen que celui qu'ils ont
employé. Au-lieu de demander le rétablissement de l'ancien parlement, il falloit demander
la convocation des états-généraux.

Par cette demande on auroit fait une diversion funeste aux entreprises du chancelier; et
la cour, qui agit avec un despotisme intolé-
rable, se seroit trouvée à son tour sur la défensive. Il falloit dans une requête raisonnée
prouver la nécessité de convoquer les états-
généraux, et compter les avantages qu'on s'en
devoit promettre. Si MM. les princes avoient
pris ce parti, il est certain qu'ils auroient été
secondés par le vœu et le cri de la nation. Le
nombre de leurs adhérans se seroit considérablement multiplié. Les parlemens des provinces, qui n'ont osé prononcer qu'en tremblant le mot d'états-généraux, auroient montré
du courage. *Si leges non valerent, judicia non*
essent, si respublica vi consensuque audacium,
oppressa teneretur, præsidio et copiis defendi
vitam et libertatem necesse esset : hoc sentire
prudentiæ est ; facere, fortitudinis, sentire et
facere, perfectæ cumultatæque virtutis. Ciceronis
Orat. pro P. Sextio. §. 86. Mais en demandant
l'assemblée de la nation, il auroit fallu prendre
des mesures pour empêcher qu'elle n'eût pré-
senté qu'un spectacle inutile et ridicule. Il

auroit fallu répandre dans le public des écrits propres à l'éclairer ; il auroit fallu échauffer les esprits pour nous retirer de notre engourdissement, et nous donner du courage. MM. les princes pouvoient guérir la nation, mais toute leur conduite a fait voir qu'ils sont pour le moins aussi malades que nous.

(4) Quelle remarque ne pourrois-je pas faire ici sur la dernière catastrophe du parlement ? Mais je suis las de m'occuper d'une nation qui est perdue sans ressource, et qui par son inconsidération et sa légéreté mérite que nos ministres soient détestables.

Je dirai seulement que les parlemens n'ont eu pour partisans que les jansénistes et les amis nombreux de M. le duc de Choiseul, qui vouloient se venger en suscitant des difficultés au chancelier. On a dit à MM. du parlement de Paris qu'ils étoient perdus, s'ils ne demandoient pas les états-généraux ; les uns ont répondu que cette démarche étoit trop dangereuse, les autres ont dit : que serions-nous s'il y avoit des états-généraux ? Depuis le ministère de Laverdy, la corruption du parlement étoit publique. Pour les parlemens de province, la plupart s'étoient rendus odieux par leurs injustices et leur vanité. On a détruit les parlemens, non pas parce qu'ils gênoient le pouvoir arbitraire, mais parce qu'ils avoient offensé M. le duc d'Aiguillon et M. le chancelier. C'est la vengeance de ces deux hommes qui a fait la révolution.

Il est temps de finir ces humiliantes réflexions. Je proteste, en terminant cet ouvrage, que je n'ai voulu nuire à personne, ni à aucun ordre de l'état. J'ai été obligé de dire des choses dures ; mais la vérité me les a arrachées. Je suis historien, je suis Français ; et quelle n'auroit pas été ma satisfaction, si au-lieu d'un Philippe-le-Bel, d'un Charles V, d'un Louis XI, j'avois pu peindre des Charlemagne ? Le bonheur de mes compatriotes est l'objet que je me suis proposé ; mais ce bonheur n'existera jamais, si nous ne nous corrigeons pas de nos erreurs et de nos vices.

FIN DU TOME QUATRIÈME.

TABLE

Des Chapitres contenus dans le quatrième
Tome.

LIVRE SEPTIÈME.

LIVRE HUITIÈME.

REMARQUES ET PREUVES.

Fin de la Table du Tome quatrième.

Lightning Source UK Ltd.
Milton Keynes UK
UKOW06f0142071014

239731UK00009B/498/P